पराजिता का आत्मकथ्य

पराजिता का आत्मकथ्य

रामकिशोर मेहता

वाणी प्रकाशन

वाणी प्रकाशन

4695, 21-ए, दरियागंज, नयी दिल्ली 110 002

शाखा

अशोक राजपथ, पटना 800 004

फ़ोन: +91 11 23273167 फ़ैक्स: +91 11 23275710

www.vaniprakashan.in
vaniprakashan@gmail.com

PARAJITA KA AATMKATHYA
by Ramkishore Mehta

ISBN : 978-93-5072-149-0

Novel

प्रथम संस्करण

मूल्य : ₹ 295

ओम ऑफ़सेट, दिल्ली-110093 में मुद्रित

वाणी प्रकाशन का लोगो मक़बूल फ़िदा हुसेन की कूची से

समर्पण

आदरणीय चाचाजी
श्री ब्रह्मदयाल मेहता
को
जिनके श्री चरणों में बैठ कर
मैंने लिखना पढ़ना सीखा

रामकिशोर मेहता

भूमिका

'जाके पाँव न फटी बिबाई, सो का जाने पीर पराई' उक्ति के अनुसार समान स्थितियाँ और समान अनुभवों के आधार पर ही आदमी एक-दूसरे के सुख-दुख को गहराई से समझ सकता है। पर इस उपन्यास 'पराजिता का आत्मकथ्य' को पढ़कर उपर्युक्त उक्ति एकदम झूठ, सतही और शब्दाडम्बर-सी लगती हैं। सशक्त स्त्री-विमर्श का यह उपन्यास एक पुरुष द्वारा लिखा गया है। कोई पुरुष स्त्रीमन के अनेकानेक द्वन्द्वों को इतनी रागात्मकता से अनुभव कर, सुलझे और सटीक शब्दों में कहे, तो यह सुखद आश्चर्य ही है।

"पुरुषों ने अपने लाभ के लिए युगों से स्त्री को विनिमय की वस्तु के रूप में तथा दान दिये जाने योग्य सम्पत्ति के रूप में प्रयोग किया है। स्वयं मेरा उपयोग भी मेरे पिता ने इसी तरह किया है। इसके लिए मैं अपने पिता को कभी क्षमा नहीं कर पाई। हमेशा उस समाज से विद्रोही बनी रही।" (इसी उपन्यास से) सत्ताधीश पुरुष समाज द्वारा छली गई 'पराजिता का आत्मकथ्य' कैकेयी द्वारा कही गई अनेक स्त्रियों की आत्मकथा है। अब तक स्त्रियों पर बहुत कुछ लिखा गया तथा लिखा जा रहा है। ऐसे में एक पुरुष द्वारा त्रेता युग की उपेक्षिता, निन्दनीया के माध्यम से स्त्री की नियति को गहराई से समझकर, मन की परतें खोलकर, सच उजागर करने का सफल प्रयास किया गया है। तकरीबन हर देश में, हर समाज में, वर्चस्व पुरुष के हाथ में ही है। आज भी कमोबेश औरत का मानवीय रूप सहोदरा कहे जाने के बाद भी समाज द्वारा स्वीकृत नहीं हो पाया। हम सभी पुरुष को उसकी सम्पूर्णता में देखते हैं। उसकी खूबियों और खामियों के साथ उसका मूल्यांकन करते हैं। पुरुष स्वयं को पदच्युत देवता के रूप में देखता है। वह सोचता है कि वह एक महान आत्मा है, जो शापवश, इच्छाओं के विरुद्ध, सीमित शक्तियों वाली मानव-देह में आ गई है। यही पुरुष स्त्री का मूल्यांकन उसकी सम्पूर्णता में न कर उसे दो भागों में बाँटकर करता है। उसके लिए स्त्री या तो देवी है, जो करुणा से भरी, ममत्तामयी, त्यागमयी जगत्-जननी, आदि कुल मिलाकर पूजनीया है या फिर कुलटा, कपटी, धूर्त, कुचाली, मूर्खा, नरक का द्वार आदि है कुल मिलाकर निन्दनीय है।

लब्बो-लुआब यह कि स्त्री को पुरुषों के द्वारा बनाए गए दो पालों में से एक की सदस्यता स्वीकार करनी ही पड़ती है, कभी धर्म के नाम पर, कभी समाज के नाम पर। सारे साहित्यिक और सांस्कृतिक शब्दजाल से पुरुषों ने स्त्री की जिस चीज को कुचला है, छीना है, वह है उसकी स्वतन्त्रता। क्योंकि पुरुष स्त्री की स्वतन्त्र सत्ता से डरता है। वह जानता है कि स्त्री अपनी सम्पूर्णता में अजेय है। इस अजेय पर विजय प्राप्त कर ही पुरुष अपना पौरुष सार्थक मानता है। पुरुष द्वारा परिभाषित और प्रदत्त जीवन को स्वीकारना ही स्त्री की नियति है। स्त्री को सहजता से गुलाम बना रखने का शान्तिपूर्ण रास्ता धर्म, शास्त्र और आचार-संहिताओं-से होकर गुजरता है। आप हिन्दू धर्म की कोई भी आचार-संहिता, समाज-निर्देशिका और उनके स्त्री-सुबोधिनी धर्मोपदेशिका आदि उठाकर देख लीजिए व्रतों-उपवासों, कठिन कर्मकाण्डों के माध्यम से शरीर को क्षीण कर अपने पितृगृह, पतिगृह और सन्तानों को सुखी-सम्पन्न और स्वस्थ बनाए रखने की कामना से ईश्वर को प्रसन्न रखने की जिम्मेदारी स्त्री की है। इनके अनुसार अमुक व्रत को अमुक प्रकार से पूरा करने वाली स्त्री यहाँ तो सुख भोगेगी ही, ऋषियों मरणोपरान्त स्वर्ग में भी राज करेगी। स्त्री को बेवकूफ बनाए रखने के लिए हमारे मुनियों ने स्वर्ग की अच्छी कल्पना की है। जिसे भ्रमित अथवा कायर स्त्री ने सिधाई से स्वीकार कर भी लिया है और यदि वह सहजता से स्वीकार नहीं करती है तो उसे दूसरे यानी शस्त्र वाले रास्ते से यहीं नरक का मजा चखा दिया जाता है। इसकी वजह, पूर्व जन्मों के पाप बताए जाते हैं, जबकि असली वजह विद्रोह ही होता है। परिवार में भी स्त्री का पुरुष सत्ता के खिलाफ जाना बैल को सींग कोंचने का न्योता देना है।

विवाह संस्था में पत्नी, पति की निजी सम्पत्ति भी है और घरेलू गुलाम भी। विवाह संस्था से बाहर वह उपयोग की वस्तु है। लब्बो-लुआब यह कि "चित भी मेरी, पट्ट भी मेरी, अन्टा मेरे बाप का।" मर्यादाओं के मकड़जाल में उलझी स्त्री के लिए उसकी निजी जिन्दगी का अर्थ समाज की नजर में व्यभिचार है और विवाह सम्बन्ध से परे सहज मानवीय सम्बन्ध भी पाप, अनैतिक और अक्षम्य अपराध हैं। जब तक पुरुष स्त्री को सिर्फ देह मानकर उसका शोषण, उपभोग, उपयोग करे, तब तक सब कुछ सहज स्वभाविक और सही है और जब स्त्री स्वयं यह तय करने लगे कि उसे अपनी देह, श्रम, रूप आदि का उपयोग कब, कहाँ, कितना, कैसे और क्यों करना है, तो आसमान टूट पड़ता है और धर्म के भव्य महल की सदा विजयी-कालजयी नींव सूखे पत्ते-सी डोलने लगती है। आखिर क्यों...??? पुरुष द्वारा स्त्री व्यक्तित्व के बड़े से बड़े महल को भी नैतिक स्खलन की मामूली-सी ठोकर मारकर पल भर में ध्वस्त किया जा सकता है। बड़ी से बड़ी विचारवान नारी हस्ती को आप चरित्रहीन कहकर दो न कौड़ी की बना

सकते हैं। आज भी समाज में दैहिक पवित्रता की माँग स्त्री से की जाती है, पुरुष से नहीं। आज भी जीत का जश्न हो या हार की हताशा, सन्धि की शर्त हो या नुकसान की भरपाई, स्त्री के बिना अधूरी ही होती है...। दुश्मन को नीचा दिखाने के लिए आज भी उनकी बहन-बेटियाँ बड़े चाव से भ्रष्ट की जाती हैं...क्यों...? जीवन के हर क्षेत्र में स्त्री को उन अपराधों की सजा झेलनी पड़ती है जो न तो उसने किये हैं और न ही उनके लिए वह जिम्मेवार है। सारे पत्ते पुरुषों के हाथ में हैं, कच्चे पत्तों से बराबरी का खेल स्त्रियाँ आखिर कब तक खेल सकती हैं...?

ऐसे कितने ही प्रश्न? इस पराजिता अपूर्व के मन में उथल-पुथल मचाते रहे होंगे, तभी तो वह कच्चे पत्तों से ही खेल जीतने का प्रयास करती रही। आत्मकथात्मक शैली में लिखा यह उपन्यास परिस्थितियोंवश साधारण से असाधारण बनी स्त्री के मन में राग-द्वेष, सुख-दुख से साक्षात्कार कराता है। आदरणीय रामकिशोर मेहता जी की सामर्थ्यवान परानुभूति ऊर्जा का यह प्रामाणिक दस्तावेज बनाई गयी सीमाओं से बहुत ऊपर है, जहाँ रचनाकार सिर्फ रचनाकार होता है, स्त्री या पुरुष नहीं। उपन्यास की पहली पंक्ति "इस बात से कोई फर्क नहीं पड़ता कि मैं कहूँ कि मेरा नाम अपूर्व है" समाज में स्त्री की पहचान की जरूरत का मापदण्ड तय करती है। अपनी लेखनी के माध्यम से मेहता जी ने अतृप्त स्त्री मन का विद्रोह, हताशा, व्यथा, साहस, भय आत्मग्लानि, घृणा, प्रेम, षड्यन्त्र, छल-कपट, आत्ममंथन आदि लिखने में जबरदस्त सफलता हासिल की है। दशरथ की हत्या के बाद कैकेयी का कल्पनाओं में डोलता दशरथ, दुस्साहसी कैकेयी को भयभीत करता है—"जब भी मैं महल में अकेली होती, मेरी याद के किसी कोने से निकलकर वह मेरे सामने आ खड़ा होता। हाथों में विष का पात्र लिए, तातार स्त्रियों से घिरा, दया की भीख माँगता दशरथ। एक बूढ़ा थका हुआ लाचार दशरथ। आसन्नमृत्यु के भय से डरा-डरा दशरथ। जाने-अनजाने किए अपराधों की क्षमा माँगता दशरथ...दिन में तो बहुत बार मैं अपने आप को किसी तरह बचा ले जाती, पर रात के अंधकार में मेरे दुःस्वप्नों का कोई अन्त नहीं होता था। उसकी अट्टहास करती आकृति न जाने कितने भयानक रूप ग्रहण करती। फिर वह मुझे जकड़ लेता और मेरा गला दबाने लगता। मेरा दम घुटता मालूम पड़ता, मैं चिल्लाना चाहती, मैं उससे छूटकर भागना चाहती, पर न तो चिल्ला पाती न भाग पाती। वह मेरा मुँह खोलकर मुझे विष पीने के लिए विवश कर रहा होता। मैं चीखती, चीख से मेरी नींद खुलती और तब मैं देखती, मेरी दासियाँ चम्मच से मेरे मुँह में पानी डालने का प्रयत्न कर रही हैं। यह ऐसा स्वप्न था जो मुझे बार-बार सताता था। मैं अब रातों से डरने लगी।" कैकेयी के मन को सालते अपराधबोध...स्त्रीमन की वह अँधेरी खोह है, जहाँ जाना पुरुष के

बूते का नहीं। अपराधबोध स्त्रियों को ज्यादा सालते हैं। बात-बात पर खून पी जाने की धमकी देने वाली स्त्री रोजमर्रा की जिन्दगी में घर में उत्पात मचाती चुहिया से त्रस्त रहकर और उसे किनारे पड़ा पाकर भी कुचल नहीं सकती। कैकेयी द्वारा पति पुरुष की हत्या संस्कारों के बन्धनों में जकड़े विद्रोही मन की क्रियात्मक परिणति है घृणा में सीझे क्रोध का सकर्मक रूप है। किन्तु हर चरम बिन्दु के बाद एक और ठहराव आता है। एक शून्य; जिसमें डूबकर व्यक्ति गुजरे क्षण, गुजरी क्रिया परिणाम के बारे में अवश्य सोचता है अपराधबोध, पश्चात्ताप, स्थायी दुख अथवा अनिर्वचनीय सुख, गहरी शान्ति इसी समय महसूस होती है। कैकेयी के जबरन ही थोपे गए संस्कारों से सना स्त्रीसुलभ भीरु मन के चित्रण में मेहता जी ने सफलता पाई है। सफलता का दूसरा मुकाम है भाषाई कसाव। पूरी आत्मकथा में एक भी वाक्य निरर्थक अथवा 'भरपाई' वाला नहीं है।

पीले बस्ते की धूल बनी अपूर्व को कैकेयी से पुनः अपूर्व बनने का अवसर देने के लिए मेहता जी बधाई के पात्र हैं।

कटनी

श्रीमती अरुणा दुबे

पराजिता का आत्मकथ्य

मेरे एक मित्र थे डॉ. अतिरंजन शर्मा, एम.ए, (पाली, प्राकृत), पीएच.डी., डी. लिट्। गजब के आदमी थे। मुझे यह स्वीकार करने में जरा भी हिचक नहीं है कि आज मैं एक लेखक के रूप में जैसा, जो कुछ भी हूँ, सब कुछ उनका ही किया धरा/दिया धरा है। उनके पास पुराकथाओं का एक अपूर्व भण्डार था। पीली पड़ी, बादामी हुई पोथियों का अपार खजाना। कुछ तो सचमुच इतनी पुरानी थीं कि छू भर देने से उनके नष्ट हो जाने का खतरा रहता था। कागज हापुड़ के पापड़ों जैसे खस्ता। छुए नहीं कि टूटे। मैं फटने की बात नहीं कर रहा हूँ। कुछ किताबों पर दीमक की तो कुछ पर घुन की मेहरबानी हो चुकी थी। उनमें से अधिकतर पाली भाषा में थीं और कुछ प्राकृत की। वे एक लेखक के रूप में मुझमें कुछ सम्भावनाएँ देखते थे। वे चाहते थे कि मैं उनमें से कुछ पुराकथाओं का पुनर्लेखन आधुनिक संदर्भों को ध्यान में रखते हुए करूँ। इसके लिए मुझे उन पुराकथाओं का अनुवाद करके सुनाया करते थे। उन्हीं कथाओं में से प्राकृत में लिखी एक कथा थी 'पराजिता का आत्मकथ्य'। कथा तो प्राकृत में थी पर शीर्षक शुद्ध संस्कृत जैसा। आत्मकथा की प्रमुख पात्र थी अपूर्व और कथा का नाम 'पराजिता का आत्मकथ्य' एक विडम्बना ही थी।

कुछ इस तरह, जैसे बच्चे अपनी दादी-नानी से कुछ कहानियों को बार-बार सुनाने का आग्रह करते हैं, मैंने भी यह कथा डॉ. साहब से बार-बार सुनी। हर बार सुनाते हुए डॉ. साहब ने उस कथा के कुछ नये आयाम मेरे सामने ठीक उसी प्रकार रखते, जैसे कोई गुरु शिष्य की बढ़ती समझ के साथ करता है। उस पुस्तक के आदि और अन्त काल के ग्रास हो चुके थे। बीच-बीच में भी कुछ पन्नों के हिस्से, कहीं कुछ किनारे गायब थे, जिनकी कमी की पूर्ति डॉ. साहब अपनी कल्पना से कर दिया करते थे। मैं यह सोचा करता था कि आखिर इस कथा में ऐसा क्या है जो मुझे बार-बार अपनी तरफ खींचता है। मेरे विचार से कथ्य में लोकप्रिय होने की सारी सम्भावनाएँ थीं। फिर पता नहीं क्यों लोक पर छा नहीं पायी। शायद यह समय के बहाव के विपरीत रुख किये चलने वाली कथा थी। एक ऐसी कथा थी जिसमें जिन्दगी के कुछ कड़वे सच थे। कड़वाहट को पचाने के लिए कोई विषपायी कण्ठ होना चाहिए। यह पुस्तक विषपायी के कण्ठ अर्थात् डॉ. अतिरंजन शर्मा के लोहे के ट्रंक के किसी

कोने में अपने जैसी और बहुत-सी किताबों के साथ समय तथा समय को परास्त करने वाले जीवों को परास्त करते, भंग हुए अंगों के साथ ही सही, बची तो रही। इस पुस्तक ने मानवीय मन ग्रन्थियों को समझने में मेरी अपार सहायता की।

यह डॉ. साहब की कथा-वाचन शैली या लेखक की सशक्त अभिव्यक्ति थी, जो मुझे आज तक इस कथा से बाँधे रख सकी, मैं नहीं कह सकता। शायद दोनों थे। जो भी हो, बात बहुत ही प्यारी थी। मैंने कई बार डॉ. साहब से आग्रह किया कि जिस प्रकार वे मुझे इस कथा को सुना रहे हैं ठीक उसी तरह, उसी शैली में, उसका हिन्दी में अनुवाद कर प्रकाशित कराएँ और हिन्दी के पाठकों को अनुगृहीत करें। पर वे मेरी बात नहीं माने। वे पलायन कर मुझसे कहते, भाई—मैं लेखक नहीं हूँ।' मैं जानता था कि उनके पास लिखने की अच्छी कला थी। बहुत आग्रह करने पर एक दिन उन्होंने मुझसे कहा कि वे इस कथा को नहीं लिख सकते, क्योंकि उनको अपने बीवी-बच्चे पालने थे। पता नहीं उनकी समझ में ऐसा क्या था! क्या वह इस कथा में था या उसके प्रकाशन में?

फिर एक दिन अचानक सूचना मिली कि डॉ. अतिरंजन शर्मा नहीं रहे। मुझे लगा कि उनके जाने के बाद अब एक लेखक के रूप में मेरा कोई अस्तित्व नहीं रह जायेगा। मेरी ऊर्जा का महत्त्वपूर्ण स्रोत नहीं रह गया था। बहुत कुछ करने की इच्छा रखने के बावजूद मैं उनके परिवार की मदद नहीं कर पाया। यों भी उनसे मित्रता बहुत वैयक्तिक थी, पारिवारिक नहीं। उनका परिवार कुछ समय बाद शहर छोड़कर कहीं और चला गया। किताबों का वह खजाना अब कहाँ, किस हाल में होगा या होगा भी कि नहीं, पता नहीं। किताबें किसी के लिए अमूल्य निधि होती हैं तो किसी के लिए बोझ। पुरानी जर्जर किताबों को लोग रद्दी में भी नहीं खरीदते। जहाँ रोटी की समस्या हो, वहाँ इस किस्म की पुरानी-धुरानी किताबों पर पैसा खर्च करने का काम कोई डॉ. अतिरंजन शर्मा जैसा सिरफिरा आदमी ही कर सकता है।

समय अपनी मंथर गति से व्यतीत होता रहा पर 'अपराजिता का आत्मकथ्य' की अपूर्व से मैं मुक्त नहीं हो सका। और जीर्ण-शीर्ण पुस्तक से मुक्त होने की अनुहार करती रही वह प्रेतात्मा की भाँति मेरे मन पर छायी रही। उसकी मुक्ति और अपने मन को उसकी जकड़न से छुड़ाने के लिये, मैंने उसके कत्य को लिपिबद्ध करने का निर्णय लिया। मुझमें लेखक होने का दम्भ कभी नहीं रहा। मैंने कभी कुछ लिखा नहीं। आज भी जब कभी कुछ लिखने की कोशिश करता हूँ या यूँ कहूँ कि कोशिश करके लिखना चाहता हूँ तो कुछ नहीं बनता। जो बनता है वह स्वयं को पसन्द नहीं आता। ऐसी मनःस्थिति में भावावेगों के वशीभूत हो, कभी-कुछ लिख जाता है, वही ठीक लगता है। ऐसे ही भावावेश में, जितनी शर्मा जी से सुनी थी, जो कुछ नोट्स उस समय बनाये थे, उसी के आधार पर अपूर्व की इस कथा को लिख दिया है। कैसी बन पड़ी है, यह पाठक ही बतायेंगे। हाँ, इसे पढ़कर अपूर्व की आत्मा को, यदि वह

कहीं है, तो कुछ-शान्ति अवश्य मिलेगी।

और अन्त में डॉ. अतिरंजन शर्मा का आभार व्यक्त कर मैं मुक्त नहीं होना चाहता और न ही पाठक व अपूर्व के बीच और रहना चाहता हूँ। इति।

लेखक

इस बात से कोई अंतर नहीं पड़ता कि मैं कहूँ कि मेरा नाम अपूर्व है। या कहूँ कि मेरे पिता मुझे अपरा कहकर पुकारते थे। मुझे इन नामों से कभी कोई नहीं पहचानेगा। नाम होता है विजेता का। इस पुरुष वर्चस्ववादी समाज में स्त्री तो शाश्वत पराजिता है। उस पर विजय पाने के लिए कोई पराया नहीं आता। वह तो अपनों से ही विजित है। पराधीन है। पहले पिता के, फिर पति के और अंततः अपने ही पुत्रों के भी। उसका अपना कोई व्यक्तित्व होने ही नहीं दिया जाता। सीमा तो तब आ जाती है जब उसका अपना नाम तक भी अपना नहीं रहता। उसका नाम, उसकी व्यक्तिवाचक संज्ञा के अस्तित्व तक को समाप्त कर समूहवाची कर दिया जाता है और इस तरह मैं अपूर्व से कैकेयी हो जाती हूँ। एक समूह का हिस्सा भर। जैसे कोई भेड़, बकरी अथवा गाय। जिसे पिता नाम का स्वामी, पति नाम के स्वामी के पास उसी प्रकार दान कर देता है जैसे कोई गौ किसी ब्राह्मण को दान कर दी जाती है। विवाह का एक नाम कन्यादान भी तो है।

पति के लिए पत्नी एक खिलौने से ज्यादा महत्त्व नहीं रखती केवल एक कल्लोल का साधन। तनाव से मुक्ति का एक साधन। एक सुखद बिछावन। एक नींद की ओषधि। जब जी चाहा खेला। जब मन भर गया तो किनारे कर दिया और दूसरा खिलौना ले आये। एक सन्तानोत्पत्ति का यन्त्र। फिर उनको पालने-पोसने वाली धाय। एक बिन पैसे की दासी। बेटे के लिए माँ पूजा करने योग्य गले में बँधा हुआ एक भारी पत्थर।

मुझे स्त्री की यह स्थिति कभी सहन नहीं होती थी। मैंने अपने इस संघर्षमय जीवन में इससे बाहर आने के लगातार प्रयास किये। मेरी यह आत्मकथा भी उसी संघर्ष का, उसी छटपटाहट का एक हिस्सा है। मैं नहीं जानती कि मेरी यह कहानी कभी दिन का प्रकाश देख भी पायेगी या नहीं। मैं इसके बारे में बहुत आशावादी नहीं हूँ। फिर यह सोचती हूँ कि यह संघर्ष ही तो है। इसमें मैं नहीं जीती, तो भी कोई बात नहीं, हम स्त्रियों की आगे आने वाली पीढियाँ इस संघर्ष में अवश्य जीतेंगी। कभी तो स्थापित हो पायेगा मातृ-सत्तात्मक समाज। कभी तो स्त्रियाँ मिलकर पुरुषों को दिखा पायेंगी कि वे सन्तान-उत्पत्ति की नैसर्गिक आवश्यकता से अधिक कुछ भी नहीं हैं, परन्तु यह शायद अभी बहुत दूर की बात है। अभी तो आवश्यकता इस बात की है कि मैं अपने इस तिरस्कार एवं मानसिक यन्त्रणाओं से भरे एकान्तवास से कुछ समय के लिए तो मुक्ति पा सकूँ। मेरा यह एक लम्बा एकान्तवास है। महलों में रहते हुए भी एक बंदी जैसा जीवन। एक ऐसा जीवन जिसमें न कोई मुझसे मिलने आता है और न ही मैं किसी से मिल पाती हूँ। मैं किसी छूत की व्याधि की तरह

हूँ। कोई भी मुझसे मिलकर अपने को सत्ताधीश दृष्टि में से गिराना नहीं चाहता। मेरे अपने भी मेरे पास आते हुए डरते हैं। अपनी यादों में खोये रहने के अतिरिक्त मेरे पास कोई सुखमय काम नहीं है। पिछले कुछ समय से मैं अपनी इन्हीं यादों को लिपिबद्ध करती रही हूँ। उसे समेटकर रखना चाहती हूँ ताकि शीघ्रातिशीघ्र अपनी दासी मंथरा के हाथों में सौंपकर उसे केकय भेज दूँ।

मंथरा को अपनी दासी कहकर एक अपराध कर रही हूँ। वह मेरी दासी नहीं है। वह तो केकय देश की कूटनीतिज्ञ है। मेरी मित्र है। दासी होना तो एक दिखावा है। वह इस देश में मेरा सबसे बड़ा सहारा रही है। उसने अपनी जान पर खेलकर भी केकय राज के हित साधने का प्रयत्न किया है। उसने हमेशा चाहा कि केकय का विस्तार हो। अब हम दोनों ही अपने जीवन के अंतिम पड़ाव पर हैं। जहाँ पर अपने किये-धरे का या जो कुछ नहीं कर पाये, उसका लेखा-जोखा ही हो सकता है। पता नहीं कालदण्ड का कब प्रहार हो जाये। कब यमराज के सामने (यदि कहीं यह वास्तव में है ही तो) अपने किये/अनकिये की सफाई पेश करनी पड़े।

आज सूचना मिली कि सीता ने आत्महत्या कर ली। मेरा अपराधबोध आज अपनी पराकाष्ठा पर है। बाकी लोगों के साथ किये गये अपने अच्छे-बुरे पर मुझे कोई दुख, कोई पश्चात्ताप नहीं है। पर सीता के साथ जो कुछ हुआ और उसमें मेरा जो भाग था, उसके लिए मेरे मन में बड़ी ग्लानि है। मुझे लगता है कि मैं सीता की हत्यारिन हूँ। राजनीति का खेल खेलते हुए न जाने कितनी हत्याएँ हुई होंगी पर ऐसा अपराधबोध कभी नहीं हुआ।

अपने इस अयोध्या के जीवन में मेरा पाला हजारों स्त्रियों से पड़ा, पर उनमें से केवल सीता ही एक ऐसी स्त्री प्रतीत हुई, जो मुझे अपने समकक्ष लगी। नापने के मापदण्ड चाहे जो हों बुद्धिमत्ता, वीरता या सौन्दर्य। वह मुझसे कुछ मायनों में अधिक सौभाग्यशाली थी। वह अपने पति की एकमात्र प्राणवल्लभा थी। मैं साढ़े तीन सौ रानियों तथा तीन पटरानियों में से एक। इस नाते मुझे सीता से बहुत ईर्ष्या भी होती थी। सीता से मेरे रिश्ते तथा उसके प्रति मेरे मन में जो भाव थे, वे बहुत ही जटिल थे। जिसमें प्रेम और जलन साथ-साथ थे। कभी उस पर श्रद्धा होती थी, कभी उस पर तरस आता था। कभी उसे देखकर लगता था कि कदाचित् मेरी भी एक ऐसी पुत्री होती। कभी मुझे उस पर बहुत स्नेह आता था। कभी-कभी मैं अपने हाथों से उसका श्रृंगार कर अपने मातृत्व को तृप्ति प्रदान करती थी। मुझे लगता कि मेरी माँ को भी मेरे साथ इसी प्रकार का सुख मिलता होगा। माँ के बारे में फिर कभी। आज अभी सीता पर ही ठहरना चाहती हूँ।

अपने पति की एकमात्र प्रेयसी होने के कारण जहाँ सीता से ईर्ष्या होती थी,

वहीं इस बात को लेकर उस पर तरस भी आता था कि वह एक ऐसी बच्ची थी, जिसके माँ-बाप का कोई पता नहीं था। सोचती हूँ कि कभी न कभी तो उसके मन में भी आता होगा कि कौन थे उसके निर्दय माता-पिता? क्यों त्याग दिया गया था उसे? महाराज जनक व महारानी सुनयना कितने अच्छे थे जिन्होंने उसे इतने स्नेह से पाला था।

सीता का रूप-सौन्दर्य मुग्ध कर देने वाला था। यदि मैं पुरुष होती तो निश्चित रूप से उस पर अपना एकाधिकार जमा लेती। किसी को उसकी एक झलक भी न पाने देती। मुझे वह माण्डवी, उर्मिला व श्रुतिकीर्ति की तुलना में कहीं अधिक प्यारी लगती थी। यों माण्डवी मेरे अपने पुत्र भरत की पत्नी थी। फिर भी सीता की बात ही कुछ और थी। मैं सीता में अपना प्रतिरूप देखती थी। मैं चाहती थी कि वह भी मेरी तरह स्त्री की पक्षधर बने। पुरुष की दासी नहीं। वह भी मेरी तरह स्त्रियों के अधिकारों के लिए लड़े। वह समर्थ थी। मैं उससे घण्टों बातें किया करती थी। समय कब बीत जाता, इसका पता ही नहीं चलता था। वह बड़ी सौम्य थी। अपनी असहमति व्यक्त तो करती पर बड़े ही मधुर से। उसका संसार व संस्कार मेरे संसार व संस्कारों से भिन्न था। मैं विद्रोही थी। वह समर्पिता। फिर भी कई बार सीता अपने मन की बात मुझसे कहती थी। एक बार महारानी सुनयना ने उससे जो कहा था, वह सीता ने मुझे कुछ इस प्रकार बताया :

"माँ ने एक बार मुझे बताया था कि सीता यह तू थी, जिसके कारण मेरे मन में विपुल वात्सल्य जन्मा और मैं उर्मिला को जन्म दे सकी।" उससे पहले लम्बे अरसे तक उनको कोई सन्तान उत्पन्न नहीं हुई थी। इसी कारण उन्होंने सीता को उर्मिला से कुछ अधिक ही अपनी बेटी समझा था। महाराज जनक व महारानी से उसे कभी कोई शिकायत नहीं रही। फिर भी कभी न कभी, कहीं न कहीं उसे कुछ अपमानजनक सुनना पड़ जाता था।

एक अन्य बार सीता ने बताया था कि कैसे उसे पता चला कि वह महाराज जनक व महारानी की पुत्री नहीं थी। कि वह तो उन्हें खेत में पड़ी हुई मिली थी। हुआ यह था कि वह अपनी छोटी बहन उर्मिला के साथ राजोद्यान में खेल रही थी।

"एक नई दासी हम दोनों की देखभाल करने के लिए नियुक्त की गई थी। पुरानी दासी, जो हमारी देखभाल करती थी, वह नई दासी को समझा रही थी। मैं उनकी बातें सुन रही थी परन्तु उनका ध्यान केवल अपनी बातों में था। पुरानी दासी नई से कह रही थी कि उर्मिला का विशेष ध्यान रखा जाये, क्योंकि केवल वही अर्थात् उर्मिला ही महाराज व महारानी की पुत्री है, और सीता तो केवल एक पालिता बच्ची है, जो महाराज जनक को किसी खेत में पड़ी मिली थी और दया कर जिसे वे ले आये थे। पता नहीं किसका पाप है और कैसा भाग्य लेकर पैदा हुई कि राजमहल में राजकुमारी की तरह पल रही है जैसे कि महाराज की अपनी ही पुत्री हो।"

सीता यह सुनकर सन्न रह गयी थी। उसने आगे कहा था, "मुझे विश्वास ही नहीं हुआ। मैं दौड़ी-दौड़ी महारानी के पास गई और रोते-रोते मैंने उनसे पूछा कि क्या तुम मेरी माँ नहीं हो? क्या तुमने मुझे खेत में पड़ा पाया था? मैं किसका पाप हूँ? पाप क्या होता है? क्या संतान पाप होती है? यदि मैं पाप हूँ तो उर्मिला पाप क्यों नहीं है? मेरे माँ-बाप कौन हैं?"

महारानी आश्चर्य से मेरा मुँह देखती रह गयीं। मैं रोते-रोते अधीर हो रही थी। माँ ने मुझे अपनी छाती से चिपका लिया। मैं सुबकती रही, सुबकती रही। मेरे इस रोने के बीच महारानी शायद यह सोचती रहीं कि मुझे उस समय सत्य से अवगत कराएँ या नहीं। उस समय मेरी वय आठ या नौ वर्ष की रही होगी। महारानी को उस समय, उस सत्य को अनावरित करना उचित नहीं लगा। उस समय तो उन्होंने मुझसे यही कहा कि वह दासी कुछ नहीं जानती और दूसरी दासी से एकदम झूठ कह रही थी। तुम मेरी तथा महाराज की ही पुत्री हो। उसके बाद उन दासियों को मैंने कभी नहीं देखा। शायद उन्हें राजमहल से निकाल दिया गया था।

उम्र बहुत सारी बातें अपने आप सिखा देती है। मुझे भी सिखा दी। माँ ने जब समझा कि अब मैं उनकी बात समझने योग्य हो गयी हूँ, तब उन्होंने मुझे मेरे सत्य से अवगत कराया। सच में माँ महारानी कितनी अच्छी थीं, कि उन्होंने मेरा सत्य भी इतने मीठे ढंग से समझाया था। उन्होंने कहा था कि वे और महाराज बहुत समय तक निस्संतान थे। तुम्हें पाकर मेरे मन में न जाने किस तरह की ममता भरी हिलोरें पैदा हुईं। मुझे गर्भ ठहर गया। तुम न मिलती तो शायद मेरे मन में वह ममत्व भी पैदा न होता, न उर्मिला पैदा होती। तुम ही तो मेरी असली बेटी हो।"

अन्त में सीता ने कहा, "छोटी माँ! महाराज जनक व महारानी कितने अच्छे थे, उन्होंने मेरे लिए स्वयंवर रचा था। उर्मिला के लिए नहीं। वह तो..." सीता ने अपनी बात पूरी नहीं की। बिना उसके कहे ही मैंने उसकी बात समझ ली।

सीता को उन पापों का, उन अपराधों का दण्ड मिला, जो उसने किये नहीं थे। शैशव में उसके माता-पिता ने उसे त्याग दिया था। फिर राम के साथ उसे उस उम्र में वन जाना पड़ा, जब उसके खेलने-खाने के दिन थे। और जब वह गर्भवती थी, तब एक बार पुनः उसे अयोध्या से निष्कासित कर वन में धकेल दिया गया। वह भी तब, जब राम स्वयं महाराज थे और वह खुद महारानी थी। सीता ने स्थितियों को नियति की तरह स्वीकार किया। केवल इस अन्तिम बार को छोड़कर जब उसने विरोध तो किया पर कैसा विरोध? स्वयं की हत्या। अपने इस विरोध में वह स्वयं को स्वाभिमानी स्त्री से अधिक कुछ प्रमाणित नहीं कर पायी। उसने उस राम का मुख नहीं देखना चाहा, जिसने उसे लोक-निन्दा को आधार बनाकर, पर शायद अपने मन में कहीं गहरे

बसे किसी सन्देह के कारण निष्कासित कर दिया था। मैं यदि सीता की जगह होती तो राम के सम्मुख ही कहती—

"राम, तुम संभवतया यह सुनकर आश्वस्त होना चाहते हो कि ये कुश व लव नाम के मेरे दो नौजवान पुत्र, जो यहाँ खड़े हैं, ये तुम्हारे ही पुत्र हैं। राम, तुम्हारा यह प्रश्न मेरे इन नौजवान पुत्रों को कैसा लग रहा होगा, यह तुम इस प्रकार से समझो कि यदि कोई राजमाता कौसल्या से यह पूछता कि क्या तुम महाराज दशरथ के ही पुत्र हो? तब तुम्हारी अनुभूति क्या होती? राम, सत्य बहुत ही कड़वा होता है। उसके चारों ओर तुम चाहे मिथक के कितने ही जाल बुन लो, एक न एक दिन वह उजागर होकर ही रहता है। राम, जहाँ यह सच है कि मैं किसी के पाप की, किसी के कलुष की संतान हूँ, वहाँ तुम भी महाराज दशरथ के क्षेत्रज पुत्र से अधिक नहीं हो। महारानियों को प्रसाद की खीर खिलाने मात्र से संतति उत्पन्न नहीं होती। यदि वह खीर कोई ओषधि थी तो उसे तुम्हारे निर्वीर्य पिता दशरथ को खिलाया जाना चाहिए था। इस बात के लिए किसी प्रमाण की आवश्यकता नहीं कि तीनों महारानियाँ सन्तान उत्पत्ति के योग्य थीं और यदि अवसर मिला होता तो तुम्हारे पिता के महल में जीवन के दिन गिन रहीं तीन सौ पचास रानियाँ भी सन्तान का सुख प्राप्त करतीं।

"राम, जब मैंने सुना था कि तुमने मानवीय आधारों अहल्या का पक्ष पर महर्षि गौतम के सामने रखा था और महर्षि ने अहल्या को स्वीकार लिया था, तब मुझे लगा था कि मैं कितनी सौभाग्यशालिनी हूँ, जिसे एक महान युग प्रवर्तक पति मिला है। पर राम, तुम तो केवल 'पर उपदेश कुशल बहुतेरे' प्रमाणित हुए। तुमने तो एक साधारण से धोबी का अनुगामी होना पसंद किया। मैं समझती थी कि तुम अन्य लोगों से भिन्न हो। तुम स्त्री को मानवी समझते हो, परन्तु तुम्हारे मन का सत्य तो बाद में उद्घाटित हुआ। तुमने भी स्त्री को मात्र भोग्या समझा। उसे पुरुष की सम्पत्ति माना। चरण पादुका की तरह जब चाहा पहना और जब चाहा उतारकर फेंक दिया। राम! तुम्हारी अपेक्षा तो वह वनवासी समाज ज्यादा अच्छा है, जिसने मुझे उस समय शरण दी। राम पति-पत्नी जीवन भर एक-दूसरे का साथ देने के लिए बन्धन में बँधते हैं। जब राजनीतिक कुचक्रों के तहत तुम्हें वन जाना पड़ा था, मैं तुम्हारे साथ थी। मेरे कठिन समय में प्रवादों के बहाने तुमने मुझ अकेली को ऐसे समय वन में धकेल दिया और स्वयं राजसिंहासन से चिपककर रह गये, जब मुझे तुम्हारी सबसे अधिक आवश्यकता थी। तुम्हारे बाद भी लोग तुम्हारे ही अनुगामी होंगे। जो स्त्री को इसी प्रकार पददलित करना अपना अधिकार मानेंगे। तुम्हारी ही तरह अपने मन के सन्देहों के आधार पर स्त्रियों को घरों से निकालते रहेंगे।

मैं नहीं चाहती कि मेरे लव और कुश भी तुम्हारी ही तरह बनें। इसलिए आज सबके सामने यह घोषणा करती हूँ कि ये कुश व लव मेरे और केवल मेरे पुत्र हैं। यदि ये सामर्थ्यवान होंगे तो तुम्हारी ही तरह अयोध्या का साम्राज्य हस्तगत कर लेंगे,

अन्यथा वनवासी होकर जियेंगे और मर जायेंगे, परन्तु मानवीय मूल्यों को रखते हुए। राम, एक समय था जब तुमने मुझे तिरस्कृत कर घर से निकाल दिया था। आज मैं तुम्हें अस्वीकार करती हूँ।"

परन्तु सीता ने एक भी ऐसा शब्द राम से नहीं कहा। ये शब्द कोई अपूर्व ही कह सकती थी। सीता उस मिट्टी की बनी ही नहीं थी। उसने अपने बचपन में अगाध स्नेह पाया था। वह प्रेम ही दे सकती थी। किसी का अनादर, किसी का तिरस्कार उसकी प्रकृति में था ही नहीं। राम को उसने पूरी निष्ठा से प्यार किया था। वे दोनों तो एक प्रकार से दो तन एक प्राण थे। उसे शायद भय रहा होगा कि कहीं राम के सामने पड़ते ही वह पिघल न जाये। वह राम के सामने अपने आप को रोक नहीं पाती। शायद इसीलिए उस भामिनी ने अपने अन्दर की पीड़ा को, अपने अपमान को घनीभूत कर राम के उस तक पहुँचने से पहले ही स्वयं को मुक्त कर लिया। सीता स्वयं दुःख भोग सकती थी पर किसी को दुःख दे नहीं सकती थी। वह महामना थी।

समाज में सीता जैसी स्त्रियाँ विरले ही मिलती हैं। यद्यपि चौदह वर्ष के वनवास, विराध से लेकर कबंध और फिर खरदूषण से युद्ध, मारीच के छल से रावण द्वारा उसे अपहरित करने में कहीं न कहीं मेरा प्रत्यक्ष-अप्रत्यक्ष हाथ होने की जानकारी सीता को थी फिर भी अयोध्या के साम्राज्य की महारानी बनने के बाद वह मेरे चरण स्पर्श करने आयी थी।

राजनीति में मात खाने के बाद लोगों की नजर में व्यक्ति का पतन बहुत तेजी से होता है। लोग आपको दूध में पड़ी मक्खी की तरह निकालकर फेंक देते हैं। मेरी स्थिति भी बिलकुल वैसी ही थी। मन में बहुत सारे प्रबल भाव थे। अपमान के घूँट पीने पड़ रहे थे। असमर्थता की गहन अनुभूति थी। मुझे लगता था कि मेरे राजनीतिक षड्यन्त्रों के लिए (अधिकारों की राजनीतिक लड़ाई परास्त होने पर षड्यन्त्र की संज्ञा को ही प्राप्त करती हैं।) मुझे मृत्यु-दण्ड मिलता तो एक ही बार में मुक्ति मिल जाती, परन्तु ऐसा बिलकुल नहीं किया गया। जो किया गया, वह बिलकुल इसके विपरीत था। अयोध्या का महाराज बनने के बाद स्वयं राम भी आये थे मेरे चरण-स्पर्श करने के लिए, पर उनका चरण-स्पर्श एक राजनीतिक चरण-स्पर्श था, ठीक वैसा ही जैसा चित्रकूट से राम की चरण पादुका लाकर भरत का आयोध्या पर शासन करना। परन्तु सीता के चरण-स्पर्श की बात ही कुछ और थी। शायद वह अपने चरण-स्पर्श से कहना चाहती थी कि हे माँ! हे देवी भवानी! अब कोई अन्य षड्यन्त्र मत रचना। शायद

वह कहना चाहती थी कि चलो जो हो गया सो हो गया, उसे जीवन की नियति मानकर और सब कुछ भूलकर एक नया जीवन आरम्भ करें। वह अपने शेष जीवन को शान्ति से जीना चाहती थी। उसके स्पर्श में अपनापन था, आँखों में तरलता थी। मैंने उसके साथ जो किया तो भी उसके लिए मैं स्वयं को क्षमा नहीं कर सकती।

मुझे अच्छी तरह याद है कि मैंने उसे आशीर्वाद दिया था "सौभाग्यवती हो, सन्तानवती हो।" मेरे सन्तानवती कहने पर उसने मुझे डबडबाई आँखों से देखा था। क्या था उसकी आँखों में, कहना कठिन है। फिर सीता ने पूछा, "माँ, आपने मुझे सन्तानवती होने का आशीष दिया। सामान्यतः सभी पुत्रवती होने का आशीष देते हैं।"

सीता ने मेरी बात को पकड़ा था। उसके वनवास के पूर्व भी मैं उससे नितान्त अकेले में बातें करती थी। मानसिक स्तर पर उस राजमहल में सीता ही एक ऐसी स्त्री थी, जिससे स्त्री व पुरुष के सामाजिक सम्बन्धों पर बात की जा सकती थी। शेष तो अपने आप को पुरुष की दासी मात्र समझती थीं। अधिक से अधिक वे एक भामिनी हो सकती थीं, जो रूठने पर अपने पिया द्वारा मनाए जाने की कामना भर कर सकती हों।

मैंने सीता की दासी की तरफ इंगित किया। सीता ने मेरे मन के भावों को समझा तथा दासी को चले जाने को कहा। दासियों का छुपकर सुनने का स्वभाव होता है। वे सबसे अच्छी गुप्तचर होती हैं। वे छोटी-छोटी बातों के पीछे छुपे बड़े-बड़े अर्थ निकालने में समर्थ होती हैं और जो अर्थ निकालने में समर्थ होते हैं, वे अनर्थ करने में भी उतने ही सक्षम होते हैं। दासी के चले जाने के बाद सीता को मैंने अपने पास बिठा लिया। मैं जानती थी कि दासी यद्यपि दूर जा चुकी है फिर भी उसके कान हमारी बातों पर ही लगे होंगे। आज जो बात मैं सीता से कहने जा रही थी, उसमें यदि दासी भी साथ रहती तो कोई अन्तर नहीं पड़ता। परन्तु मैं चाहती थी कि वह दासी हमारी बातों को ध्यान से सुने।

दासी के चले जाने के बाद सीता ने पुनः पूछा, "माँ आपने मुझे संतानवती होने का आशीर्वाद दिया, क्या कारण है?"

"पुत्री, हम स्त्रियाँ तो केवल सन्तान ही पैदा कर सकती हैं। वे पुत्र होंगे या पुत्री, इस पर हमारा बस नहीं है। हाँ, एक बात मुझे समझ में नहीं आती कि हम स्त्रियाँ होकर भी केवल पुरुष सन्तान की ही कामना क्यों करती हैं? हम क्यों पुरुष की पक्षधर होती हैं? हम स्वयं क्यों पुरुष के हाथ का खिलौना बनना चाहती हैं? हम स्वयं को क्यों पुरुष से कमतर आँकती हैं?"

"क्या हम अपने चाहने या सोचने भर से पुरुष के समकक्ष हो सकती हैं? पुरुष कितना शक्तिशाली होता है!"

"क्यों नहीं?"

"सच-सच बताना माँ, क्या आप अपने आप को कभी ससुर महाराज दशरथ

के समान बलवती पाती थीं?"

दशरथ का निम आते ही मन कड़वाहट से भर गया। मेरी मुखाकृति उस समय निश्चित रूप से विकृत हो उठी होगी। सीता ने भी देखा होगा।

"यदि मैं हाँ कहूँगी तो निश्चय ही तुम्हें अविश्वास होगा परन्तु यह सच है कि मैं किसी भी सामर्थ्य में महाराज से कम नहीं थी। यह मूलतः इस बात पर निर्भर होता है कि बचपन में आपको कैसा जीवन मिला है। आपका समाज कैसा है। सीता, इस देश का पुरुष छल-छद्म से भरा हुआ है। पुरुषों में जहाँ यह वीरता को प्रधान गुण मानता है, वहीं स्त्री में कमनीयता की कामना करता है। वह चाहता है कि स्त्री छुई-मुई हो। नाजुक हो। छूते ही मैली हो जाये। लज्जा उसका प्रधान गुण हो। जो सामने देखकर नहीं, सर झुकाकर चले। वह स्त्री को एक फूल की, एक कली की उपमा से विभूषित करता है। स्वयं को एक भँवरे की। कली या फूल जो सुन्दर है, कोमल है परन्तु किसी पेड़ की, किसी पौधे की शाख पर स्थित है, स्थिर है। उसका भविष्य किसी दूसरे पर निर्भर है। कोई भँवरा आये, उसका रस चूसे। कोई मनचला आये और तोड़कर ले जाये और यदि कोई माली चाहे तो फल की इच्छा से उसे बचाये रखे और भँवरा स्वच्छंद। पुत्री! जीवन के क्रम में हम पेड़-पौधे, कीड़े-मकोड़ों से काफी पीछे हैं। पुरुष जब स्त्री से अपनी तुलना करता है, वह स्त्री को काफी पिछड़ा बताता है।

"पुत्री, जब राम के साथ तुम वन गयी थी, तब आपातस्थितियों में भी अपनी रक्षा करने के लिए तुम्हारे हाथों में धनुष, तुम्हारे कंधे पर बाणों का तूणीर नहीं था। तुम्हारे तन पर थे आभूषण। तुम स्वयं असुरक्षित थीं और तुम्हारे तन पर लदे आभूषण तुम्हें और अधिक असुरक्षित बना रहे थे। इस पुरुष, प्रधान समाज ने स्त्री को आत्मनिर्भर होने से रोका है। येन-केन-प्रकारेण उसे यह अनुभव कराया गया कि वह छोटी है, तुच्छ है।

"पुरुष समाज ने स्त्री को धन व धरती के समकक्ष रखा है, जिसके लिए उसने युद्ध किये हैं। पुत्री! स्त्री को धन व धरती की तरह जड़ समझा जाये, क्या यह उसका अपमान नहीं है? धन व धरती जैसी भोग्या समझा जाये, क्या तुम उससे सन्तुष्ट हो? महलों में रखी गयी स्त्रियों की स्थिति क्या पशुशाला में रखे गये पशुओं से बेहतर है? जीवन के जिन अनुभवों से तुम गुजरी हो, क्या तुम नहीं सोचती कि स्त्री को अब दासता के भाव से मुक्त हो जाना चाहिए?"

सीता ने मुझे उत्तर दिया था। "माँ, आपके पास विराट अनुभव है, मानव समाज की गहरी समझ है। विश्लेषण के लिए आवश्यक तीक्ष्ण बुद्धि हैं, आपकी बातें, आपके तर्क मैं काट नहीं सकती। परन्तु आपके पुत्र राम तो वैसे पुरुष नहीं हैं। उनका महल तो पशुशाला नहीं है। उन्होंने तो मुझे हमेशा समकक्ष रखा है। उन्होंने तो हर स्त्री को मानवी समझा है। मेरी उन पर पूरी आस्था है। मेरे जीवन में तो प्रधानतः दो पुरुष

आये हैं— पहले पिता महाराज जनक तथा दूसरे आपके पुत्र। इन दोनों ने स्त्री को हमेशा मानवी समझा है।"

"मानवी समझना अलग बात है तथा समकक्ष समझना अलग और इन सबसे अलग है समकक्ष होना। होना और समझा जाना दो अलग स्थितियाँ हैं। यह समझने वाले, मानने वाले के ऊपर निर्भर है कि वह आपको आज समकक्ष समझ रहा है, मान रहा है। कल वह नहीं भी समझ सकता, नहीं भी मान सकता। इस पर आपका कोई वश नहीं है। पुत्री, मैं तो तुमसे उस सामर्थ्य के विकास की बात कर रही हूँ, जिससे सामने वाला तुम्हें अपने समकक्ष मानने के लिए बाध्य हो। यह उसकी सुविधा पर नहीं, हमारी क्षमता पर निर्भर होना चाहिए।"

मेरे तर्कों का सीता के पास कोई उत्तर नहीं था पर मन से वह मेरी बातों को स्वीकार नहीं कर पा रही थी। अनायास ही मेरे मन में एक बात आयी। मैंने सीता से सीधा प्रश्न किया, "पुत्री! यदि आज किसी कारणवश तुम्हें यह महारानी का पद छोड़कर वन जाना पड़े, तो क्या राम तुम्हारे साथ वन जायेंगे?"

सीता मेरे प्रश्न पर अवाक् थी। बहुत असहज हो उठी थी वह। बात बदलकर उसने कहा, "माँ, बहुत देर हो गयी है। फिर कभी आऊँगी।"

फिर से एक बार चरण-स्पर्श कर चली गई। इस बार वह एक भयभीत हिरणी की तरह थी। वन शब्द शायद उसके मन में बहुत भय उत्पन्न कर गया था।

मनुष्य का मस्तिष्क बड़ा उपजाऊ क्षेत्र होता है। विशेष रूप से षड्यन्त्रों के लिए। सीता से बात करते समय ही मेरे मन में वह षड्यन्त्र उपजा था, जिसके कारण सीता को पुनः वनवास भोगना पड़ा।

विचार क्या था, एकदम ज्वालामुखी था। फट पड़ने के लिए तत्पर, उसके लिए जमीन बिलकुल तैयार थी। मात्र उस विचार का बीज रोपने भर की आवश्यकता थी। वह संशयी पुरुष समाज में जंगल की आग की तरह फैलने वाला था। परन्तु बड़ी कठिनाई यह थी कि इस विचार को बाहर कैसे पहुँचाया जाय! मेरे चारों तरफ गुप्तचरों का जाल बिछा हुआ था। गुप्तचरों के ऊपर गुप्तचर थे। मेरे सम्पर्क में आने वाला कोई भी व्यक्ति गुप्तचरों की नजरों में आने ही वाला था। चौदह साल तक अयोध्या में राज करने के बाद मेरा अपना भी एक गुप्तचर तन्त्र था। उसके पूर्व भी महाराज दशरथ के काल में ही मैंने अपना निजी तन्त्र विकसित करना शुरू कर दिया था। इसी कारण राम के राज्याभिषेक के समय मैं दशरथ को परास्त कर सकी, परन्तु राज्य कर्मचारी तन्त्र में सबसे बड़ी विशेषता कहो या कमी, यह होती है कि सत्ता में परिवर्तन होने के साथ ही इनकी स्वामिभक्ति भी परिवर्तित हो जाती है और अपने इस परिवर्तन का प्रदर्शन भी वे बड़े उत्साह के साथ करते हैं। कभी-कभी उस उत्साह में वे अपनी

सारी सीमाएँ पार कर जाते हैं। यही मेरे चारों तरफ हो रहा था। मुझे लगता था कि मेरे बारे में ऐसी सूचनाएँ तक कि मैंने आज क्या खाया, कितने पात्र पानी पिया, कितने समय सोयी, किस करवट सोयी, कितने समय जागी, इस सब का पता रखा जा रहा था। मेरे मन में तो यह भी भ्रम था कि शायद किसी विधि से वे यह भी ज्ञात कर लेते होंगे कि रात में मैंने सोते हुए क्या सपना देखा! ऐसी गुप्तसूत्रीय व्यवस्था में अपनी योजना को कार्यान्वित कर लेना कोई आसान काम नहीं था। मेरी विश्वस्त दासी मंथरा तो मुझसे भी अधिक गुप्तचरों के आँखों में थी। कोई भी कर्मचारी, दास-दासी या नागरिक उससे बात करता पाया जाता तो वह भी गुप्तचरों के संदेह के घेरे में आ जाता। राज्य में कौन किसकी गुप्तचरी कर रहा है, यह कहना कठिन था। फिर भी कुछ परीक्षित लोग थे जिनकी मेरे प्रति असंदिग्ध आस्था थी। उनमें से ही एक था सरयू नदी के किनारे शिव मन्दिर का पुजारी पंडित भाव पार्श्व।

भाव पार्श्व एक शिव के अवधूत की तरह रहता था। वह बहुत ही विद्वान था। कूट भाषा की उसे अच्छी समझ थी। जो बात दूसरे लोगों के लिए एक सीधा-सादा-सा अर्थ रखती हो, वह उसमें से असाधारण गूढ अर्थ खोजने की क्षमता रखता था।

मेरे सामने समस्या यह थी कि भाव पार्श्व से मिला किस प्रकार जाये? मैं अवसर के प्रतीक्षा में थी। अवसर आ गया। शिवचतुर्दशी का त्योहार था। मैंने सरयू के किनारे शिव मंदिर जाने की इच्छा प्रकट की। एक रथ, सखि एवं सेविका के साथ प्रातः उपस्थितवार दिया गया। वे दोनों ही मेरे लिए नये थे। दोनों गुप्तचर रहे होंगे पर मुझे इसकी चिन्ता नहीं थी। मैंने एक गूढ़ वाक्य की रचना कर ली थी, जो मुझे पुजारी से बहुत सारी सामान्य कुशल-क्षेम की बातों के बीच एक राजमाता के अशीषवत् कहना था। वह था—'शिवभक्त का प्रताप सरयू द्वारा संरक्षित हो और फूले-फले।' भाव पार्श्व ने इसे ठीक से समझा। उसका परिणाम भी शीघ्र ही सुनने को मिला।

शिवालय से लौटने के बाद मैंने स्वयं को अपने महल में इस तरह बंद कर लिया जैसे कछुआ संकट देखकर मुण्डी खोल में छुपा लेता है। मैंने अपना समय वेदों व दर्शन शास्त्रों के अध्ययन में व्यतीत करना आरम्भ कर दिया।

मुझे चार्वाक का लिखा बहुत अच्छा लगता था। वे भौतिक जीवन के बारे में सोचते, लिखते थे। उनके हिसाब से हमारा यह जीवन एक मात्र जीवन है। न आत्मा है, न परमात्मा। न पुनर्जन्म। न हम इससे पहले कभी पैदा हुए थे और न ही इसके उपरान्त कभी पैदा होंगे। तो जो कुछ भी जीना है, वह इसी जन्म में जीना है। फिर उसे सुख से क्यों न जिया जाये पर कभी-कभी सब कुछ खोखला-खोखला-सा लगता था। जीवन जड़ पदार्थों—पृथ्वी, जल, वायु व अग्नि से बना है और अंततः इन्हीं में मिल जाता है। कभी कोई इन तत्त्वों की संख्या चार बताता तो कभी पाँच। किसी

का कहना था कि केवल एक ही तत्त्व है, बाकी सब उसके ही भिन्न रूप हैं। कभी कोई कहता कि तत्त्वों की संख्या अनन्त है। कभी कोई अन्न को जीवन मानता तो कभी कोई जल को जीवन कहता। किसी का कहना होता कि वायु ही प्राण है। सारा का सारा ज्ञान बिल्कुल नीरस लगता। इसमें समाज कहाँ है? इसमें स्त्री-पुरुष कहाँ हैं? वर्णाश्रम कहाँ है? ब्राह्मण, क्षत्रिय, वैश्य और शूद्र कहाँ हैं? इसमें अर्थ कहाँ है? काम कहाँ है? लोभ कहाँ है? मोक्ष कहाँ है? छल-कपट कहाँ है? कहाँ है पाखण्ड? इन सबसे अलग लगता है अपना जाबाली जो कहता है—व्यक्ति अकेला जन्म लेता है, उसका न कोई सम्बन्धी है न मित्र। माता-पिता, घर-धन आदि एक ठहराव है। अंत्येष्टि क्रिया में पिण्डदान एक अपव्ययता है क्योंकि कोई भी मृत व्यक्ति भोजन नहीं करता। बलि, यज्ञादि कर्म चालाक व्यक्तियों द्वारा अपने स्वार्थ के लिए बनाये गये हैं। शरीर ही एकमात्र सत्य है। इसलिए शरीर का उपयोग मात्र मानव-जीवन का श्रेयस होना चाहिए।

इन विचारों में एक बड़ी कमी दिखाई देती थी। वह थी किसी थके-हारे व्यक्ति के लिए संबल, जो कि आस्थावादी लोगों के लिए ईश्वर के होने में था। ये भौतिकवादी चार्वाक के अनुगामी ईश्वर को कहीं देखते भी थे तो राजा में और जो स्वयं राजा के विरोध में खड़ा हो और पराजित हो, वह कहाँ जाये? उसके लिए इनके पास कोई जगह नहीं थी। उसके लिए ये लोग कोई रास्ता नहीं सुझा सकते थे।

यह समस्या पुरुषों के लिए इतनी जटिल नहीं थी। इन विचारों को अभिव्यक्ति देने वाले सब पुरुष ही थे, जो राजसत्ताओं से मुक्त वनों में आश्रम बनाकर रहने वाले मुक्त चिन्तक थे। राजाओं से इनके एक प्रकार से अनकहे परन्तु अच्छे समझौते थे। राजा लोग इनके कार्य-व्यापारों में कोई व्यवधान नहीं डालते थे और न ही ये राजाओं के कार्यों में। इनमें आपसी टकरावों की सम्भावनाएँ न के बराबर होती थीं। एक प्रकार से ये ऋषि-मुनि और राजा लोग एक-दूसरे के अनुपूरक थे। हाँ, यदा-कदा दूसरे के क्षेत्र में प्रवेश करने पर द्वन्द्व हुए हैं। ब्राह्मण परशुराम द्वारा हैहय क्षत्रियों के वंश का विनाश। मेरे अपने समय के महर्षि वसिष्ठ तथा क्षत्रिय कुल में उत्पन्न विश्वामित्र के ब्रह्मर्षि के पद को प्राप्त करने के लिए हुए द्वन्द्व जग-प्रसिद्ध हैं। यहाँ विभाजन रेखाएँ भी बड़ी स्पष्ट दिखाई देती हैं। एक तरफ हैं वसिष्ठ, भरत, शत्रुघ्न तथा मैं तो दूसरी तरफ विश्वामित्र, दशरथ, राम व लक्ष्मण। गुरु-शिष्यों व राजपुरुषों की मण्डली। अब जब पीछे मुड़कर देखती हूँ, तब यह समझ पाना कठिन हो जाता है कि मैंने दशरथ व राम के विरुद्ध वसिष्ठ का उपयोग किया या वसिष्ठ मेरा उपयोग विश्वामित्र के विरुद्ध कर गये, पर सच यही है कि वसिष्ठ आज भी राजपुरोहित के पद पर स्थापित हैं। समस्या हम स्त्रियों के साथ थी, जिनका सारा का सारा अस्तित्व पुरुषों के आधार पर खड़ा था। यों कुछ स्त्रियाँ भी अपने आप में विचारकों के रूप में प्रसिद्धि प्राप्त कर चुकी थीं, उनमें प्रमुख थीं अनसूया, लोपामुद्रा, गार्गी आदि। पर वे भी कहीं न

कहीं पुरुषों से अपनी स्वीकृति की आकांक्षी थीं। मैं स्त्री के लिए पुरुष की स्वीकृति नहीं चाहती थी। मैं चाहती थी कि स्त्री भी अपने आप में उतनी ही सहज स्वीकृत हो जितना कि पुरुष।

दूसरी तरफ यह सारा अध्ययन; समय को सहज व्यतीत करने की एक विधि मात्र था। मैं अपने विरुद्ध समय के झंझावत को गुजर जाने की प्रतीक्षा कर रही थी। यह इन विषयों पर सामग्री प्राप्त कर, उन्हें पढ़ने का प्रदर्शन कर दूसरों का ध्यान अपनी तरफ हटाने का प्रयास था। एक बगुला-भगतीय प्रयास। मैं लोगों को यह दिखाना चाहती थी कि मेरी अब राजनीति में कोई रुचि नहीं रह गयी है। मैं चाहती थी कि राजसत्ता का ध्यान मेरी तरफ से बिलकुल हट जाये। राजमहल में रहते हुए भी मैं एक प्रकार से संन्यासिनी की जिन्दगी व्यतीत कर रही थी। इसी बहाने मुझे कुछ विचारकों व चिन्तकों से मिलने तथा विचार-विनिमय करने का अवसर भी मिलता था और धीरे-धीरे मैं अन्दर से जीवन्त होती जा रही थी।

फिर एक दिन अचानक देखा कि सारी अयोध्या नगरी आमोद से झूम रही है। सीता के गर्भवती होने की सूचना सार्वजनिक हो चुकी थी। अयोध्या के घरों में एक बार पुनः घी के दीपक जल उठे थे। महल जगमगा उठा था। राजपथ दीपमालाओं से प्रदीप्त थे। वीथियों में दीपकों के प्रकाशपुंज थे। घी के धूम की सुगन्ध हर तरफ फैली हुई थी। होती भी क्यों न? अयोध्या को अपना उत्तराधिकारी राजा जो मिलने वाला था। बहुत समय बाद मैंने इस प्रकार प्रकाशित अयोध्या को देखा था। प्रकाश का अपना एक अलग प्रभाव होता है। मेरे हतोत्साहित मन को यह प्रकाश भला ही लगा था। अगले दिन सीता उर्मिला को साथ ले मेरे चरण-स्पर्श करने आयी थी। मैंने उसे पुत्रवती होने का आशीर्वाद देते हुए कहा कि तेरा पुत्र अपने पिता के समान ही पराक्रमी एवं यशस्वी हो। इस पर उसने नजरें उठाकर मेरी तरफ देखा था। शायद वह मुझे उलाहना देना चाहती थी कि हे माते, इस बार आशीष क्यों बदल दिया। मैंने उसके उत्तर में उर्मिला की तरफ देखा। सीता ने मेरा मंतव्य समझ लिया होगा। कुछ बातें ऐसी थीं जिन्हें हम अकेले में ही करते थे। फिर सीता ने मुझे बताया कि उर्मिला भी गर्भवती है। मैंने उसे भी पराक्रमी पुत्र की माँ बनने का आशीष दिया। मैंने दोनों को गाय के दूध से बने छैनी की मिठाइयाँ खिलाईं। दोनों खुशी-खुशी अपनी दासियों के साथ अपने-अपने महल लौट गयीं।

जीवन धीरे-धीरे अपने ढर्रे पर आ रहा था। लगा कि सबने समझौते कर लिए हैं। लगा कि भाव पार्श्व भी अब मेरे किसी काम आने वाला नहीं है। हर किसी की सामर्थ्य एक न एक दिन चुक जाने लगती है। राजसत्ता के विरुद्ध कुछ कर पाना कोई आसान काम नहीं होता। मंथरा के साथ-साथ अब भाव पार्श्व का आसरा भी नहीं रह गया। डूबते को तिनके का सहारा भी अब छूट रहा था। जिन्दगी की नौका को अब लहरों के सहारे छोड़ने के अतिरिक्त और कुछ मेरे पास नहीं रह गया था।

गहन निराशा के वे दिन असहनीय थे। अपनी असमर्थता पर क्रोध आता था। संदेह होता था कि क्या मैं वही कैकेयी हूँ, जिसकी तर्जनी पर सारा अयोध्या नाचा करता था? क्या मैं वही अपूर्व हूँ, जिसके एक शब्द पर पूरा अयोध्या इधर से उधर हो जाया करता था? क्या मैं वही अपरा हूँ, जिसके ज्ञान का, जिसकी राजनीतिक, कूटनीतिक क्षमताओं का लोहा बड़े-बड़े दिग्गज मन्त्री, राजगुरु माना करते थे? कितनी हीन, तिरस्कृत राजमाता, महल के एक कोने में अछूत की तरह पड़ी हुई! कभी-कभी अपनी असमर्थता पर इतना क्रोध आता था कि चाहती कि अपने बाल नोच लूँ, कपड़े फाड़ डालूँ। परन्तु इतने आपे से बाहर मैं कभी हुई नहीं। इस प्रकार आपे से बाहर होना निर्बलता का प्रदर्शन होता और मैं कभी निर्बलता दिखना नहीं चाहती थी। निर्बलता के प्रदर्शन से कोई लाभ नहीं होने वाला था। घृणा व तिरस्कार की पात्र तो मैं बन ही चुकी थी, अब हँसी का, दया का पात्र नहीं बनना चाहती थी। नियति के हाथ की कठपुतली बनना मुझे कभी स्वीकार नहीं हुआ। भाग्य के भरोसे जीने वाली होती तो यह हाल कभी नहीं होता। मैं तो भाग्य के निर्माण में विश्वास रखती थी। हताशा कभी-कभी इतनी प्रबल हो उठती कि लगता अब मुझे आत्म-हत्या कर लेनी चाहिए। पर मैंने आत्म-हत्या नहीं की।

इसी तरह जीवन व्यतीत हो रहा था, एक दिन दासी ने सूचना दी कि विश्वामित्र गुरुकुल के कुलपति महर्षि विश्वामित्र अयोध्या पधार रहे हैं। उनका आना मेरे लिए भय का सूचक था। वे जब आते थे, कोई न कोई झंझावात् आता था। इसके पूर्व भी वे दो बार अयोध्या आये थे। पहली बार तब, जब वे राम व लक्ष्मण को अपने साथ सिद्धाश्रम की सुरक्षा के लिए वन में ले गये थे। वहाँ उन्होंने राम तथा लक्ष्मण को ऐसी शिक्षा व दीक्षा दी कि राम कभी भी जीवन में पराजित नहीं हुए। यदि कभी हारे भी तो केवल कुछ समय के लिए। कठिनाइयों के बाद राम तपकर कुन्दन की तरह निकल आये। एक वीर, धीर, गम्भीर, उदार जननायक के रूप में। प्रकृति किसी पुरुष को जो कुछ भी प्रदान कर सकती थी, वह सब उसने राम को दिया था। ऐसा नहीं कि शेष तीनों पुत्रों को उतना नहीं मिला। मिला तो उन्हें भी, पर शायद इस तरह निखर कर आने का उतना अवसर नहीं मिला, जितना कि राम को। कुछ दिनों के लिए ही सही राम उन सबमें बड़े थे। महाकोसल की परम्पराओं के अनुसार बड़ा पुत्र होने के नाते अयोध्या की सत्ता के अधिकारी थे। कोसल्या के पुत्र थे और कोसल्या स्वयं कोसल देश की पुत्री थी। यहीं की रहने वाली थी। सब कुछ राम के पक्ष में था सिवाय महारानी कैकेयी के, कैकेयी की राजनीतिक, कूटनीतिक चालों के। यह सब राम का सौभाग्य ही था कि उसके सामने कैकेयी जैसी स्त्री थी। इतिहास राम को याद रखेगा तो केवल कैकेयी के कारण।

मैं अपने विषय से भटक गई हूँ। राम की कथा कहने के लिए तो कोटि-कोटि लोग आगे आयेंगे। मैं तो सीता के बारे में कहना चाह रही थी। उस पर वापस आती

हूँ। दूसरी बार जब विश्वामित्र अयोध्या आये थे, तब राम व लक्ष्मण के साथ-साथ भरत व शत्रुघ्न का परिणय जनक सीरध्वज व उनके छोटे भाई कुशलध्वज की पुत्रियों यथा सीता, उर्मिला, माण्डवी, तथा श्रुतिकीर्ति से करा कर राम के राज्याभिषेक के बीज बो गये थे। इस बार पुनः आये हैं, लगता है फिर कोई घटनाचक्र शुरू होने वाला है। मेरे लिए उनका आना कभी शुभ नहीं रहा।

वे आये और चले गये। उनके आने का कारण बहुत दिनों बाद समझ में आया। इस बार वे स्वयं नहीं आये थे। संकट के समय परामर्श के लिए राम ने उन्हें बुलवाया था। संकट ही कुछ ऐसा था कि राम स्वयं उनके पास नहीं जा सकते थे। राम अपने आप को बहुत अकेला अनुभव कर रहे होंगे। इस बार तो लक्ष्मण भी उनका साथ नहीं दे सकते थे। राम इस समय धर्मसंकट में थे। उनका यह धर्मसंकट कभी भी राजसंकट के रूप में उभर सकता था। इसी कारण राम अयोध्या छोड़कर कहीं भी नहीं जाना चाहते थे। उस समय मुझे अनुमान भी नहीं हो पाया कि भाव पार्श्व अपनी भूमिका इतनी सफलतापूर्वक निर्वाह कर देगा। मैं तो लगभग निराश हो चुकी थी परन्तु उसने तो राज-संकट खड़ा कर दिया था। जन-जन में फैला यह प्रवाद शायद राम के मन में किसी संदेह को भी पुष्ट करता होगा। एक ऐसा संदेह जिसे राम किसी पर भी प्रकट नहीं कर सकते थे। पुरुष स्वभाव से ही संशयी होते हैं। मैं राम के संशयों का केवल अनुमान लगा सकती हूँ। इस संशय के बहुत सारे हिस्से होंगे। सीता का राम से अनुराग। उसका त्याग। राम के साथ वन-गमन। वनों की कठिनाइयों को झेलते हुए चौदह साल तक का प्रवास। सीता का रावण द्वारा हरण। इस हरण की संदेहास्पद स्थितियाँ। वह स्वर्ण हिरण। वह सीता का उसको पकड़कर लाने का आग्रह और अन्ततः सीता की सुरक्षा में रखे गये लक्ष्मण को भी वहाँ से भेज दिया जाना। राम के अनुमान में सीता इतनी सक्षम तो थी ही कि कोई भी व्यक्ति उसे उसकी इच्छा के विरुद्ध नहीं ले जा सकता था। वह चिल्लाकर राम व लक्ष्मण को बुला भी सकती थी। बाद में जैसा गिद्धराज जटायु से ज्ञात हुआ था कि रावण उसे अकेला ही उठाकर ले गया था। सीता हनुमान के साथ भी लंका से लौट सकती थी पर वह नहीं आयी। राम रावण को युद्ध में परास्त कर ही सीता को वापस पा सके थे।

एक गुप्तचर होने के नाते भाव पार्श्व को ये सारी बातें भली प्रकार ज्ञात थीं। उसने इन सब सूचनाओं का उपयोग किया था। इस पुरुष-प्रधान समाज में सीता को महारानी बनाए रखना अब राम के लिए सम्भव नहीं रह गया था। यह एक विडम्बना ही है कि पुरुष सहस्त्र व्यभिचार करे, उसके लिए सब क्षम्य। परन्तु नारी के ऊपर हुआ एक बलात् स्पर्श भी उसे अपवित्र कर जाता है।

इस स्थिति में राम के पास केवल दो विकल्प शेष थे, या तो वे सत्ता को त्याग कर सीता को साथ ले अयोध्या को छोड़कर चले जायें या फिर सीता को निष्कासित

कर दें। राम के लिए कोई भी निर्णय आसान नहीं रहा होगा। राम स्वयं को एक आदर्शवादी राजा के रूप में प्रस्तुत करना चाहते थे। इसी संकट से उबरने के लिए उन्होंने अपने गुरु एवं हितचिन्तक महर्षि विश्वामित्र को बुलाया होगा। कुलगुरु, राजपुरोहित एवं प्रधानमन्त्री व्याघ्रपाद वसिष्ठ पर उनको विश्वास नहीं था। ये दोनों गुरुकुल सतत गुप्त संघर्ष की स्थिति में रहते थे और कभी एक-दूसरे की टाँग खींचने से नहीं चूकते थे। राम महर्षि विश्वामित्र के शिष्य थे।

महर्षि विश्वामित्र आये व चले गये। राम से उनकी क्या मंत्रणा हुई, पता नहीं। कुछ दिनों बाद मुझे माण्डवी से पता चला कि राम ने सीता को त्याग दिया है। लक्ष्मण उसे किसी वन में छोड़ आये हैं। राजमहल के केन्द्र होते हैं। जितने मुंह उतनी बातें। कोई कहता है कि वे जनकपुरी गई हैं, कोई कहता था कि उनका मन राजमहल में नहीं लगता। उनका यहाँ दम घुटता था अतः वे पुनः वन में चली गई हैं।

षड्यन्त्र शास्त्र के ज्ञाता लोग इसमें कहीं न कहीं मेरा हाथ होने का अनुमान भी लगाते पर इसमें संदेह भी व्यक्त किया जाता। उन्हें लगता कि राजमहल में लगभग कैद एवं सतत गुप्तचरों की दृष्टि के सामने रहने वाली एक बूढ़ी राजमाता इसे किस प्रकार रच पायी होगी? अपने अनुमान में ही सही लोग वहाँ तक पहुँच पाये, मुझे इससे एक सुखद आश्चर्य अवश्य हुआ। सुखद इसलिए कि लोग अभी भी मेरी क्षमताओं को भूले नहीं हैं और उतने मूढ़ भी नहीं हैं जितना कि मैं समझती थी।

राम के बारे में मेरा अनुमान एक बार पुनः सत्य सिद्ध हुआ। वे मेरे अनुमान से कहीं अधिक अच्छे राजनीतिज्ञ प्रमाणित हुए। उन्होंने एक आदर्श एवं भावुक प्रेमी पति होने की बजाय एक चतुर कूटनीतिज्ञ शासक होना उपयुक्त समझा। मेरा सारा मनोविज्ञान एवं गणनाएँ धरी की धरी रह गयीं। मैं तो यह चाहती थी कि राम इस प्रवाद के चलते सीता का साथ देते हुए स्वयं अयोध्या का राज्य त्याग दें और यहाँ से चले जायें। इस प्रकार सत्ता एक बार पुनः भरत के हाथ में आ जाये, परन्तु दुर्भाग्य फिर एक बार स्त्री के हिस्से में आया और पिछली बार की तुलना में अधिक तीखा, अधिक विषैला, अधिक घातक और अधिक घिनौने निकृष्टतम रूप में। सीता को निष्कासित कर दिया गया। उसे वन में छोड़ आया। मुझे इस बात की पीड़ा, इसका पश्चात्ताप जीवन भर रहेगा कि मेरे कारण सीता को यह सब भोगना पड़ा। इसके लिए मैं अपने आप को कभी क्षमा नहीं कर सकती। सीता को अकेले वन जाना पड़ा, वह भी इस स्थिति में। सीता के साथ जो हुआ, उसे पूरी स्त्री जाति को कभी भी नहीं भूलना चाहिए।

सीता के निष्कासन के बाद कभी-कभी उसके बारे में सूचना मिलती। किसी वनवासी जाति के ऋषि वाल्मीकि के यहाँ उसने जुड़वाँ पुत्रों को जन्म दिया। इधर अयोध्या

में छोटे-मोटे राजनीतिक खेल चलते रहे।

वन से लौटने के बाद सत्ता सँभालते ही राम ने राजनीति पर अपनी पकड़ दृढ़ करनी शुरू कर दी थी, यों भी वह लंका के सामुद्रिक लुटेरे को पराजित कर धनधान्य के साथ एक बड़ी सेना लेकर लौटा था। रावण के समुद्री बेड़े पर अब राम का कब्जा था। उसकी पूरी सेना समुद्री मार्ग एवं गंगा नदी के रास्ते प्रयाग पहुँच चुकी थी। वह स्वयं एक तीव्रगामी रथ के सहारे अयोध्या लौटा था और उसके अयोध्या पहुँचने के पूर्व ही ये सारी सूचनाएँ हम तक पहुँच गयी थीं। उसके साथ जितनी बड़ी सेना थी, उसको देखते हुए हम किसी भी प्रकार उसे अयोध्या की सत्ता से अलग नहीं रख सकते थे। हमने वैसे भी यह कह रखा था कि भरत तो केवल राम के प्रतिनिधि के रूप में शासन कर रहा है। राम की चरण-पादुकाएँ सिंहासन पर विराजमान थीं। वह अपनी चौदह साल की वनवास की अवधि पूरी कर एक विजेता की तरह लौट रहा था। अब हम पर संकट की घड़ी थी। मैं सोच रही थी कि मैंने कहाँ और क्या भूल कर दी? क्या चौदह साल की अवधि भी कम थी? मैंने राम के वनवास के लिए चौदह साल का समय ही क्यों चुना? क्या मैं और अधिक सालों के लिए राम का वनवास नहीं माँग सकती थी? मेरे अवचेतन मन में ऐसा क्या था कि जो मैंने राम के लिए चौदह वर्ष का ही वनवास माँगा? कहीं यह अयोध्या के उस राजकीय विधान का परिणाम तो नहीं था, जिसके अनुसार किसी व्यक्ति की संपत्ति चौदह साल या उससे अधिक सालों तक उसके अधिकार में नहीं रहती है, तो वह व्यक्ति उस सम्पत्ति पर अपना अधिकार खो देता है। परन्तु यह बात तो प्रजा पर लागू होती है, सत्ताधीशों पर नहीं। वे तो अपने बाहुबल से अधिकार ग्रहण करते हैं। फिर राम को तो हम स्वयं ही सिंहासन पर अधिकार दे चुके थे। प्रतीक के रूप में उसकी चरण-पादुकाएँ सिंहासन पर विद्यमान थीं। चौदह साल की अवधि बहुत बड़ी होती है। यदि इतनी बड़ी अवधि में भी मैं इस काँटे को नहीं निकाल पाई तो क्या आगे कर पाती, जबकि बालि व रावण को पराजित कर राम अतिशक्तिशाली हो चुका था। मुझे नहीं लगता कि यदि यह वनवास पन्द्रह, सोलह या बीस साल का भी होता तो कुछ अन्तर पड़ता। इससे अधिक लम्बी अवधि का वनवास माँगने का मतलब यह हो सकता था कि मैं राम के वापस लौटने की सारी सम्भावनाओं को समाप्त करना चाह रही हूँ और उत्तर में राम हमसे युद्ध भी कर सकते थे और पूरी अयोध्या ही अंतर्संघर्षों में फँस सकती थी। अवचेतन मन ने शायद ये सारी गणनाएँ कर ली होंगी। ये सारे विचार कर लिये होंगे।

प्रजा को सत्ता में बैठे लोग जितना मूर्ख समझते हैं, वास्तव में वह उतनी मूर्ख होती नहीं। दमन के सामने जनता झुक जाती है और तब तक झुकी रहती है जब तक उसे कोई संबल नहीं मिल जाता। परन्तु प्रबल अन्तर्धाराएँ हर समय बहती रहती हैं जिन्हें समाप्त करना किसी सत्ता के बस की बात नहीं होती। बहुत प्रयत्न करने के बाद उन्हें थोड़ी-बहुत दिशा अवश्य दी जा सकती है। ऐसा ही रूप उस समय

देखने को मिला, जब राम सीता व लक्ष्मण के साथ वन जा रहे थे। उस समय सारी सैन्य सत्ता मेरे हाथ में थी। सारे साम, दान, दण्ड, भेद के बावजूद अयोध्या की प्रजा पागलपन का प्रदर्शन करते हुए राम के पीछे-पीछे सरयू तक चली गई थी। वही पागलपन, वही उत्साह आज फिर अयोध्या की जनता में दिखाई पड़ रहा था।

वह बहाव इतना तेज था कि उसके दिशा में रुख कर चलना सम्भव नहीं था। हमने इस बहाव में बह जाने में ही अपनी सुरक्षा समझी। किसी भी राज्य की सत्ता बहुत सीमा तक उसके कोषागार में निहित होती है। हम राम को भरा-पूरा कोषागार नहीं सौंपना चाहते थे। अतः हमने निर्णय लिया कि राम के स्वागत में हम अयोध्या को इतना सजाएँगे कि सारा राजकोष ही खाली हो जाय। इस प्रकार प्रजा की दृष्टि में हम अपने राजा का स्वागत कर रहे थे। अपने लिए एक सुरक्षित स्थान बना रहे थे। राम के स्वागत में अयोध्या में पग-पग पर तोरण द्वार बनाये गये थे। रात-रात भर अयोध्या में घी के दीपक जलाए जाते थे। जगह-जगह यज्ञ किये जा रहे थे। वेदपाठी ब्राह्मणों को मुक्त हस्त-दान दिया जा रहा था। राम के स्वागत के लिए नये सिरे से राजपथों का निर्माण किया गया। उनके किनारे नये सिरे से वृक्षारोपण किया गया। राजपथों पर कुछ-कुछ दूरी पर धर्मशालाएँ बनाई गईं। नए जलाशय खोदे गये। नए कुएँ बनवाए गए। राम के आने की खुशी में सैनिकों और राज्य कर्मचारियों को कई-कई मास का वेतन उपहार में दिया गया। राजमहलों का पुन-निर्माण किया गया। नए ढंग से उनकी रँगाई-पुताई की गई। पुनः अलंकृत किया गया। सीता व राम के लिए एक अलग महल बनाया गया।

हम तो अपनी तरफ से यह सब राजकोष खाली करने के लिए कर रहे थे परन्तु वास्तव में इसका एक अन्य ही प्रभाव—जिसकी हमने बिल्कुल आशा नहीं की थी—राज्य पर पड़ा। प्रजा का उत्साह कई गुना बढ़ गया। कामगारों को काम मिला। व्यापारियों को व्यापार के अवसर। अच्छी सड़कों व रास्तों में पड़ने वाली धर्मशालाओं, कुओं व अच्छी सुरक्षा के कारण अन्तर्राज्यीय व्यापार बढ़ा। कुओं, तालाबों व अच्छी वर्षा के कारण राज्य में अच्छी फसलें हुईं। कुल मिला कर हमने जो दिल खोलकर खर्च किया था, उसका सुफल राम राज्य को मिला। यह हमारी विडम्बना थी।

राम जब अयोध्या लौटे, तब सारी अयोध्या में राजपथ पर, वीथियों में, राज महलों में, घरों में, कुटियों में, घी के दीपक जल रहे थे। पूरी अयोध्या घी के धूम से सुगन्धित व श्रीवर्धित थी। केवल राजकोष खाली था।

परन्तु राम भी उस सोने की लंका से खाली हाथ नहीं लौटे थे। उनके साथ एक भरापूरा राजकोष था। एक विशाल सेना थी। यह वह राम नहीं था, जिसे एक तपस्वी के रूप में वल्कल एवं मृगछाला के साथ अयोध्या से निष्कासित किया गया था। यह तो वह राम था, जिसने अपने बाहुबल से, विवेक से, अपनी बुद्धि से, अपने बाणों से, पूरे दण्डकारण्य को, दक्षिणावर्त को और समुद्र पार लंका को जीता था। जिसने

शत्रुओं का विनाश किया था, अपने मित्रों को राज्य सौंपे थे। उनके वे सभी वीर सेनापति मित्र राम के साथ आये थे। उनमें प्रमुख थे बलशाली विशालकाय स्वामिभक्त हनुमान, नल, नील जैसे वास्तुकार, महाराजा सुग्रीव व बाली' पुत्र अंगद जैसे योद्धा व ऋक्षराज जामवंत जैसे कूटनीतिज्ञ। साथ ही सुषेण, तार, मैन्द्र, द्विविद, शरभ, शतबलि, गज, गवाक्ष, गवय, धूम्र, ज्योतिमुख, गंधमादन आदि सेनापति भी थे।

राम जब सीता व लक्ष्मण के साथ अयोध्या के प्रवेश द्वार पर पहुँचे तो उनके पीछे इतनी बड़ी सेना थी कि जिसका दूसरा सिरा दृष्टिगोचर ही नहीं पड़ता था। दूसरी तरफ से अयोध्या के लाखों नर-नारी अपने प्रिय राजा राम की एक झलक देखने के लिए उमड़ पड़ रहे थे। इस भीड़ को नियन्त्रण में रखना एक बड़ा काम था। राजमहल की छत से वह दृश्य मैंने स्वयं अपनी आँखों से देखा था। मैं भयभीत थी। मेरे आश्चर्य की कोई सीमा नहीं थी। क्या यह वही प्रजा थी, जिस पर मैं भरत के माध्यम से शासन करती थी?

प्रजा के चरित्र को ठीक से समझना बड़ा ही कठिन काम है, जिसे हम राज्य सत्ता के शीर्ष पर बैठे लोग अपने गुप्तचरों के रहते हुए भी ठीक से कहाँ समझ पाते हैं। सच तो यह है कि बहुत बार गुप्तचर भी उसी जनता का हिस्सा होते हैं। बहुत बार ऐसा भी होता है कि गुप्तचर राजा के सामने वही सूचना परोसते हैं जो राजा सुनना चाहता है।

और अब, कुछ ही समय तो बीता था कि प्रजा ने अपना रुख इस प्रकार पलट लिया। राम को इतना बड़ा झटका लगा कि उसे अपनी प्रिय पत्नी को त्यागना पड़ा, निष्कासित करना पड़ा। प्रजा सीधी-सरल रेखाओं में चलती है भेड़चाल की तरह। पलटकर विपरीत दिशाओं में चलने में भी उसे कुछ समय नहीं लगता। उतनी ही उत्सुकता से चल देती है। राजा को हर समय प्रजा के समक्ष परीक्षा देते रहना पड़ता है। उसे मूल्य चुकाना पड़ता रहता है। फिर चाहे वह दशरथ हो, भरत हो या राम।

समय का चक्र अपनी गति से चलता रहता है। राज-काज अपनी गति से। राज के ढंग कितने निराले होते हैं, ऊपर से कुछ और दिखते हैं अन्दर से कुछ और होते हैं। ऊपर से कितने आदर्शों से लदे हुए, भीतर से कितने षड्यन्त्रों से परिपूर्ण। हत्याएँ भी कितनी धूम-धाम से होती हैं। ऐसी ही एक हत्या कल होगी। अभी-अभी एक दासी बातों-बातों में सूचना दे गयी कि सरयू के किनारे बने शिवालय के पुजारी कल भू-समाधि लेंगे। जब मैंने पुजारी का नाम जानना चाहा तो उसने बताया भाव पार्श्व। मैं अन्दर से सन्न रह गयी। मेरा यह किला भी ढह गया। परन्तु मैंने प्रकट में कोई प्रतिक्रिया व्यक्त नहीं की। मैंने उस दासी की ओर आँख उठाकर देखा। मुझे अपनी ओर देखते हुए देखकर वह कुछ घबरा गई थी। शायद अपने काम में नयी थी। उसे

तो मेरी प्रतिक्रिया जानने के लिए ही भेजा गया होगा।

"आप चलेंगी न रानी माँ, उनके अन्तिम दर्शन करने?"

"कौन-कौन जा रहा है उनके अन्तिम दर्शनार्थ?"

"राजमाता कौसल्या व राजमाता सुमित्रा सहित सभी राजमाताएँ।"

"मेरे भी जाने का प्रबन्ध करो।"

दासी चली गई।

राम ने एक बार फिर एक सफल राजनीतिज्ञ होने का परिचय दिया। उसने खोज निकाला कि सीता के प्रति फैले प्रवाद का असल सूत्रधार कौन था। उसे जड़ से खत्म कर देने का निर्णय लिया। कोई गुप्तचर यों ही नहीं समाधि लेने का निर्णय लेता। निश्चित रूप से उसे यातना देकर यह जानने की कोशिश की गई होगी कि उसने यह प्रवाद किसके कहने पर और किस लिए फैलाया। भाव पार्श्व की एक शिव-भक्त के रूप में बड़ी मान्यता थी। इसलिए उसे मृत्यु दण्ड देकर राजा अलोकप्रिय नहीं होना चाहता होगा। अतः उसको विवश किया गया होगा कि अपनी मृत्यु के लिए कोई अच्छा-सा रास्ता चुन ले। उसे बता दिया गया होगा कि या तो वह स्वयं ही भू-समाधि ले ले, अन्यथा उसकी हत्या कर दी जाएगी। राम के गुप्तचरों ने निश्चित ही भाव पार्श्व का इतिहास जान लिया होगा। इससे उसकी जानकारी में यह बात भी आ गयी होगी कि वह मेरे लिए काम कर रहा था। उसे धमकी दी गई होगी कि यदि वह ऐसा नहीं करेगा तो केकय राज का अहित होगा। अतः अपने देश के लिए प्राणों का बलिदान करने वाले उस बलिदानी के अन्तिम दर्शन करने तो मुझे जाना ही था।

भाव पार्श्व द्वारा भू-समाधि लिए जाने के अवसर पर एक बड़ा मेला-सा लग गया था। नगर के लब्ध-प्रतिष्ठ नागरिक वहाँ पर आये थे। उनमें राज्य के अधिकारी भी थे, रानियाँ और राजमाताएँ भी थीं। पाँच हाथ गहरा गड्ढा खोदा गया था, जिसमें नीचे उतरने से पहले भाव पार्श्व ने नजरें घुमाकर चारों तरफ देखा। उसकी मुझ पर दृष्टि पड़ी, फिर उसने अपनी ग्रीवा झुका ली, जैसे वह मुझे अपना अंतिम प्रणाम प्रेषित करना चाह रहा था। वह कहना चाहता था कि अपने देश के लिए, अपने केकय देश के लिए मैं अपने प्राणों का उत्सर्ग कर रहा हूँ। फिर वह कमलासन की मुद्रा में उस गड्ढे के तल में बैठ गया। प्राणायाम द्वारा अपनी साँस को रोका। धीरे-धीरे उस गड्ढे को मिट्टी से पाट दिया गया। मिट्टी से भरे उस गड्ढे पर या यूँ कहूँ कि भाव पार्श्व की सद्यःसमाधि पर अयोध्या के श्रद्धालुओं द्वारा सहस्त्रों नारियल फोड़े गये। यह नारियल फोड़ने का कार्य कुछ इस प्रकार हो रहा था—उस समाधि-स्थल पर एक भारी शिला लाकर रखी गयी थी। भक्त लोग नारियल लाकर भाव पार्श्व के शिष्यों को देते। वे उसे उस शिला पर रखकर एक दूसरे पत्थर से नारियल को तोड़ते। इस प्रकार वह सद्यःनिर्मित समाधि की मिट्टी और दबती जाती, बैठती जाती। मेरा मन कैसा-कैसा होता जा रहा था। मैं यह और नहीं देख सकती। सुनती हूँ, यह काम

रात-दिन चलता रहा। फिर उस स्थल पर एक पक्की समाधि बना दी गई।

इस प्रकार केकय राज का एक और सेवक हमेशा-हमेशा के लिए अयोध्या में समाप्त कर दिया गया। उस सेवक की मौत पर मैं आँसू भी नहीं बहा सकती थी। सत्ता में शीर्ष पर बैठ लोगों को कैसी-कैसी परिस्थितियों से गुजरना पड़ता है। हम चाहते हुए भी खिलखिलाकर हँस नहीं सकते। हम चाहते हुए भी दहाड़ मारकर रो नहीं सकते। हम लोगों को कैद में डाल सकते हैं पर वहाँ भी कैदी अपने भावों का प्रदर्शन करने के लिए तो कम से कम स्वतन्त्र होता है। पर हम स्वतन्त्र नहीं थे। बदला चुका लेने के भाव का प्रदर्शन राम नहीं कर सकते थे और मैं अपनी पराजय नहीं दिखा सकती थी। शायद हम लोग साधारण कैदियों से अधिक कैद में थे। समय ऐसे ही गुजरता रहा, जिसमें कहने और करने के लिए कुछ नहीं था, कम से कम मेरे पास तो निश्चय ही कुछ नहीं था। सुमित्रा को छोड़कर शायद पूरा ही राजपरिवार मन में कुछ न कुछ कसक लिये जी रहा था। मैं दुखी थी क्योंकि भरत के हाथ से राजसिंहासन छिन गया था। कोसल्या दुखी थी क्योंकि राम एकाकी जीवन जीने के लिए अभिशप्त हो चुका था। सीता के निष्कासन के बाद सभी ने यह प्रयत्न किया कि राम दूसरा विवाह कर ले परन्तु राम न जाने किस मिट्टी का बना था, वह दूसरे विवाह के लिए कभी राजी ही नहीं हुआ। मैं भी चाहती थी कि वह दूसरा विवाह करे। और दूसरा ही क्यों, कई-कई विवाह करे, ताकि उसकी गति भी वही हो, जो उसके पिता दशरथ की हुई थी। इस सब के लिए उसके पास बहुत सारे प्रस्ताव भी भेजे गये पर सब लौटा दिये गये। राम बहुत ही योग्य व्यक्ति था। उसकी समझ बहुत गहरी थी। वह जानता था कि उसके पिता पर स्त्रैण होने के आरोप लगते थे। पुरुष के स्वभाव के विपरीत वह शायद संसार का एकनिष्ठ प्रेमी पति था। प्रकृति ने पुरुष को एकनिष्ठ बनाया ही नहीं है। राम अपवाद था। संयम राम का सबसे बड़ा गुण था।

राम को अपने एकनिष्ठ होने की सबसे बड़ी परीक्षा तब देनी पड़ी, जब वह अश्वमेध यज्ञ करना चाहता था। उस यज्ञ के विधान को पूरा करने के लिए पत्नी का वाम अंग की ओर बैठा होना आवश्यक होता है। राम का दूसरा विवाह कराने के लिए होताओं ने बहुत प्रयास किये। परन्तु राम नहीं माना। अन्ततः इस सबसे छुटकारा पाने के लिए राम ने सीता की स्वर्ण-प्रतिमा बनवाकर यज्ञ करते समय अपने वाम पार्श्व में बिठा लिया और यज्ञ किया।

अब लिखते समय बहुत थकान का अनुभव होता है। स्मृति भी बहुत साथ नहीं देती। फिर भी कुछ बातें मुझे राम के बारे में और कहनी हैं।

सीता को त्यागने के बाद राम जिस बात से सबसे अधिक व्याकुल जान पड़ा,

वह था राम पर तप कर रहे शूद्र शम्बूक का वध करने के लिए दबाव। क्या यह वही राम था, जिसने वानर तथा ऋक्ष जैसी पिछड़ी जनजातियों को साथ ले लंका द्वीप के अद्‌भुत शौर्यसम्पन्न शक्तिशाली राजा रावण तथा उसके सैन्य बल को परास्त कर सीता को मुक्त कराया था? क्या यह वही राम था, जिसके बारे में कहा गया था कि उसने शबरी के हाथों चुने गये मीठे सुस्वादु बेर खाकर अपने आप को उन पिछड़ी जातियों के मन में बिठाया था? क्या यह वही राम था, जिसने अपनी प्रेयसी पत्नी सीता को पिछड़ी जाति के ऋषि वाल्मीकि के आश्रम में सुरक्षित अनुभव किया था।

आज सोचती हूँ कि इन धूर्त पर तथाकथित ब्रह्मज्ञानी जनमत-निर्माताओं के षड्यन्त्रों के सामने राम जैसा शक्तिशाली, बुद्धिसम्पन्न राजा भी कभी-कभी कितना निरीह दिखाई पड़ता है।

शूद्र शम्बूक की तपश्चर्या की सूचनाओं के कारण इन सारे वेदपाठी ब्राह्मणों के नीचे की भूमि हिल रही थी। क्षत्रिय होने के बावजूद, महाराज राम के राजगुरु होने के बाद भी विश्वामित्र बड़ी कठिनाई से ब्रह्मर्षि की पदवी पा सके थे। अब यदि शूद्र भी यज्ञ और तप करने लगे तो इन वेदपाठी दानजीवियों का क्या होगा? इस संगठित परजीवी वर्ग ने दूसरे वर्णों अर्थात् वैश्यों और शूद्रों का उतना ही विकास होने दिया, जितना इनकी स्वार्थ-सिद्धि में उपयोगी था। परशुराम क्षत्रियों का तब तक विनाश करते रहे, जब तक राम-लक्ष्मण जैसे वीर उनके सामने नहीं थे। वसिष्ठ एवं विश्वामित्र गुरुकुलों के द्वन्द्व तो सर्वविदित हैं ही। क्षत्रियों के वर्चस्व को वे किसी न किसी प्रकार यह कहते हुए सहते रहे हैं कि राजा में परब्रह्म का अंश होता है। शूद्र शम्बूक का तप कर अपने आपको ब्रह्मवेत्ताओं की श्रेणी में शामिल कर लेने का प्रयत्न उन्हें किसी भी प्रकार सहन नहीं हो सकता था। उचित अवसर पा वसिष्ठ के नेतृत्व में एक तीर से दो शिकार करने के उद्देश्य से एक षड्यन्त्र रच डाला गया।

सर्पदंश से अकाल मरणासन्न एक ब्राह्मण-कुमार के शरीर पर जाग्रत होते हुए शूद्रों के दमन के लिए एक ऐसी राजनीतिक चाल चली गई, जिसमें राम के लिए दोनों तरफ अपकीर्ति थी। राम यदि शम्बूक की हत्या करते, तो राम का वह आधार कमजोर हो जाता, जिसके बल पर उन्होंने रावण जैसे शक्तिशाली राजा का वध किया था। दक्षिण भारत की ये अनार्य जातियाँ राम की सेना का शक्तिशाली व सबसे विश्वसनीय पक्ष थीं। शम्बूक-वध से वे लोग राम के विरुद्ध जा सकते थे। राम के लिए उनके मन में व्यक्तिगत स्नेह, श्रद्धा व आस्था का भाव था। उस भाव को क्षति पहुँच सकती थी। वे लोग राम के प्रति प्राणपण से जुड़े थे। इस आधार को समाप्त करना ही वसिष्ठ का मूल उद्देश्य था। सच तो यह है कि राम को ब्राह्मण समुदाय से कभी कोई विशेष सहायता नहीं मिली। राम की सहायता के लिए जो सबसे पहला व्यक्ति सामने आया था, वह निषाराज गुह था। कोसल साम्राज्य की सीमा पार करते ही राम एक ऐसे राज्य में पहुँच गये थे, जहाँ उनकी हर प्रकार से सहायता एवं सुरक्षा

की गयी। वह निषादराज की राम के प्रति वैयक्तिक मैत्री थी, कोई राजनीतिक काम नहीं था। यह निषादराज का साम्राज्य ही था, जिसने हमारे गुप्तचरों के लिए काम करना असम्भव कर दिया था। निषादराज गुह यह जानता था कि वह जो कर रहा है, उसके कारण उसे हमारा कोपभाजन होना पड़ेगा। परन्तु इस बात की उसने कभी कोई चिन्ता नहीं की। उसके गुप्तचरों ने राम को संकटों से पहले ही सावधान कर दिया था।

निषादराज की राम से यह मैत्री हमें बहुत भारी पड़ी। हमारे ही गुप्तचरों को, जो छद्म वेश में राम का पीछा कर रहे थे, निषादराज के धनुर्धर मल्लाहों ने तमसा नदी के जल में डुबो दिया। जल में आखेट करने में निपुण इन मल्लाहों के बाणों से मगर जैसे निःशब्द जलचर प्राणी भी नहीं बच पाते फिर मनुष्य की तो बात ही क्या थी। रात के समय पानी में हुई हल्की-सी छपाक भी हमारे गुप्तचरों को इनका निशाना बना देती। रात के समय अँधेरे में भी ये नाविक उसी प्रकार देख लेते जैसे उल्लू देख लेता है। हमारे गिने-चुने गुप्तचर ही तमसा पार कर पाये थे, वह भी कई योजन दूरी का चक्कर काटकर वनों में भटकते हुए। तब तक राम-लक्ष्मण व सीता निषादराज के यहाँ से जा चुके थे। फिर भी हमारे कुछ गुप्तचर राम का पीछा करने में सफल रहे। वे राम के रहने के स्थलों के बारे में हमें कूट सूचनाएँ भेजते रहे।

इसके पूर्व मुझे निषादराज की राजनीतिक क्षमता व दक्षता, सैन्य-सामर्थ्य, रण-कौशल एवं गुप्तचर-व्यवस्था के बारे में इतना ज्ञान नहीं था। मेरी सारी सामर्थ्य महाराज को अपने वश में रख अयोध्या पर अपनी पकड़ को शक्तिशाली जाने में प्रयुक्त हो रही थी। यद्यपि तात्कालिक रूप से दशरथ-राम-विश्वामित्र की धुरी को मैं परास्त कर चुकी थी परन्तु मेरे राजनयन की सीमाएँ अयोध्या के बाहर कहीं गई थीं तो वे अपने पैतृक देश केकय की तरफ ही गईं। वहाँ से मुझे अपनी अपेक्षाओं के अनुरूप सहायता मिलती रही। राज्य की दूसरी सीमाओं की तरफ मैंने कभी ध्यान ही नहीं दिया। मेरा सोच था कि राजनीति में कोई किसी का दोस्त नहीं होता। स्वार्थ के वशीभूत राजा शीर्षासन करने से नहीं चूकते फिर निषादराज जैसे छोटी-मोटी जनजाति के कबीले के मुखिया अयोध्या जैसे शक्तिशाली राज्य का विरोध क्यों कर मोल लेना चाहेंगे? पर यह शायद, शायद क्यों, निश्चित रूप से मेरी भूल थी। ये नीची जाति के लोग हम ऊँची जाति वालों की अपेक्षा कहीं अधिक मानवीय लोग हैं। सताये हुए शरणागत लोगों के लिए ये शायद अपनी जान भी दे सकते हैं। राम और राम से ज्यादा महाराज दशरथ के सारथी सुमन्त इस बात को अच्छी तरह से जानते थे। इसलिए जब राम के वनवास का प्रश्न आया तो वे राम, लक्ष्मण और सीता को सबसे सुरक्षित क्षेत्र दक्षिण में निषादराज की तरफ ले गये और उन्हीं के संरक्षण में छोड़ आये।

बाद में अपने गुप्त सूत्रों से जो बातें हमें ज्ञात हुईं वे और भी अधिक आश्चर्यचकित करने वाली थीं। निषादराज ने राम को अपना समस्त राज्य सौंप कर उनके अधीन

हो अयोध्या से निकट रहने का प्रस्ताव रखा था, जिसे राम ने नहीं स्वीकारा। राम उस सत्ता-संघर्ष में अभी पराजित होकर आया था। वह अपनी मातृभूमि को युद्ध का मैदान बनाकर अपने पिता व अपनी माता कौसल्या का जीवन संकट में नहीं डालना चाहता था। वह जल्दी से जल्दी हमारी दृष्टि से दूर हो जाना चाहता था। उसे भरोसा था कि हम सभ्य समाज के लोग सत्ता प्राप्त लेने के बाद कम से कम उसके बूढ़े माँ-बाप की हत्या तो नहीं ही करेंगे। परन्तु यदि दशरथ को जीवित छोड़ दिया जाता तो वह आज नहीं तो कल पासा पलट सकता था। इसलिए उसका अंत तो अति आवश्यक था। और वह किया भी गया। यह मेरी जिन्दगी का सबसे विष भरा निर्णय था। मैं उन क्षणों में एक नागिन थी।

मैं उन क्षणों को फिर से नहीं जीना चाहती। कम से कम अभी तो नहीं। फिर किसी अवसर के लिए उसे टालती हूँ। अपने अन्दर के उस सच को कहने का जब साहस जुटा पाऊँगी तब कहूँगी। हाँ, मैं इतना अवश्य कहना चाहती हूँ कि इस संघर्ष में मैंने यह प्रयास अवश्य ही किया कि स्त्रियों को कोई हानि न पहुँचाऊँ चाहे वे मुझे पसंद हों या न हों। मैं अपने आपको स्त्री की पक्षधर के रूप में स्थापित करना चाहती थी। अपने जानते मैंने कौसल्या को कोई कष्ट नहीं पहुँचाना चाहा। महारानी सुमित्रा को कभी कोई कष्ट नहीं दिया। महाराज दशरथ की उन तीन सौ पचास रानियों को कभी कोई दुख नहीं होने दिया। वैसे भी महाराज दशरथ के होने या न होने का उनके लिए कोई अर्थ नहीं था। वे मुझे हमेशा ही दया का पात्र नजर आती थीं। पति उनके लिए परमेश्वर से कम नहीं था। यदि किसी दिन उनके महल में नजर आ जाएँ तो वह दिन उनके लिए एक उत्सव से कम नहीं होता था। मेरी लड़ाई तो हमेशा ही शक्ति का दुरुपयोग करने वाले पाखण्डी पुरुषों से रही।

मन की शक्तियाँ अब क्षीण होती जा रही हैं। अब अनुभव होता है कि मैं बहुत शीघ्र ही थकी जा रही हूँ। अधिक लिखना अब सम्भव नहीं होता। मन भटक जाता है। किसी एक विषय पर लिखना चाहती हूँ पर मन भटकाकर कहीं और ले जाता है। बात शक्ति से बाहर हो जाती है। मैं बात कर रही थी शम्बूक-वध की, उसके पीछे की राजनीति की। राम की उस शक्ति की, जो उसने दक्षिण भारत में अनार्य व जन-जातियों के सान्निध्य में रहकर, उनसे मिलकर प्राप्त की थी। जिसमें सबसे पहला था निषादराज गुह। परन्तु इससे पहले कि मैं राम तथा निषादराज गुह के सम्बन्धों की बात करूँ, मैं शंबूक-वध के किस्से को निपटा लेना चाहती हूँ।

संज्ञाहीन वह ब्राह्मण-कुमार राज्य सभा में लाकर रख दिया गया था। जिस पर सीखे-सिखाये विप्रों ने राजा राम की दुहाई देते हुए यह कहना आरम्भ कर दिया कि यह समय से पहले कैसा कलियुग आ गया है जिसमें शूद्रों ने तप आरम्भ कर दिए हैं। दक्षिण में एक शूद्र राजा ने घोर तप किया, जिसके परिणामस्वरूप यह ब्राह्मण-कुमार सर्प-दंश से आहत हो मरणासन्न राम की राज्यसभा में धरती पर पड़ा अपनी अन्तिम

साँसें गिन रहा है। यदि क्षत्रिय-श्रेष्ठ राम उस शूद्र का वध नहीं करते तो यह ब्राह्मण-कुमार अपनी अकाल मृत्यु को प्राप्त हो जायेगा।

राम बहुत ही चतुर व्यक्ति है। उसने व्याघ्रपाद-वसिष्ठ की इस चाल को बहुत जल्दी समझ लिया। अचेत हुए उस ब्राह्मण-कुमार को अपने गुप्त मन्त्रणा कक्ष में ले गया, साथ ही अपने प्रधानमन्त्री-राजपुरोहित और राजगुरु को भी ले लिया। वहाँ पर एक तरफ उस ब्राह्मण-कुमार के सर्पदंश की राजवैद्य ने चिकित्सा की, तो दूसरी तरफ महाराज राम ने, जिनकी अब सत्ता पर अच्छी पकड़ बन चुकी थी, व्याघ्रपाद को भली प्रकार यह समझा दिया कि इस प्रकार षड्यन्त्र रचकर वे बहुत दूर तक नहीं जा सकेंगे। राम ने उन्हें बताया होगा कि उन्हें इस षड्यन्त्र की पूर्व में ही सूचना मिल चुकी थी। वे चाहते तो इसका भण्डाफोड़ कर राजपुरोहित को उनके स्थान से च्युत कर सकते थे। पर इससे गलत संदेश जनता के बीच जाता। अच्छा होगा कि वसिष्ठ अब ऐसा कोई खेल भविष्य में न खेलें। राजवैद्य की चिकित्सा से ब्राह्मण-कुमार स्वस्थ हो चुका था। एक नया मिथक आचार्य वसिष्ठ द्वारा गढ़ा गया। 'राम अपनी अलौकिक शक्तियों द्वारा शूद्र राजा शम्बूक का वध करते हैं और ब्राह्मण-कुमार स्वस्थ हो जाता है।'

सब तरफ राम का गुणगान होने लगता है। इस द्वन्द्व में वसिष्ठ की स्थापनाएँ जीतीं या राम की कूटनीति, यह कहना मेरे लिए कठिन है। प्रत्यक्षतः तो इसमें ब्राह्मणवाद की ही स्थापना हुई, यद्यपि राम ने कोई शम्बूक-वध नहीं किया। यह बात केवल सत्ता के करीबी लोग ही समझ पाये, जो खुद ही ऐसे खेलों में सम्मिलित रहते थे। पर एक बात बहुत स्पष्ट हो चुकी थी कि व्याघ्रपाद वसिष्ठ की चालें खुल चुकी थीं। अब वे केवल दिखावे के राजगुरु व प्रधानमन्त्री रह गये हैं।

मैं पुनः राम तथा निषादराज गुह के सम्बन्धों पर आती हूँ।

वन जाते हुए राम निषादराज गुह के यहाँ बहुत कम समय तक ठहरे थे। निषादराज का हृदय से धन्यवाद करते हुए, यह कहते हुए आगे निकल गये कि अभी वह सब करने का समय नहीं है। समय आने पर वे निषादराज की सहायता अवश्य ही लेंगे। तब तक निषादराज राम के लिए इसी प्रकार मन में स्थान बनाए रखें। इस सब में मेरे लिए जो सबसे बड़ी चिन्ता की बात थी, वह थी स्वयं निषादराज का नाव खेते हुए राम, सीता व लक्ष्मण को महर्षि सुहोत्र भारद्वाज के आश्रम में पहुँचाना। मेरे लिए निषादराज का यह व्यक्तिगत लगाव एक अपशगुन था। एक संकट का संकेत था।

गंगा और यमुना के तट पर बसा महर्षि सुहोत्र भरद्वाज का आश्रम अपने आप में एक साम्राज्य था। हजारों में थी उनके शिष्यों की संख्या। गंगा और यमुना के संगम पर बसा होने के कारण प्रयाग व्यापार का बड़ा केन्द्र था। बड़े-बड़े नगरों के

बड़े-बड़े सेठ महर्षि के दर्शन प्राप्त कर अपने आप को अनुगृहीत अनुभव करते थे। उनका आश्रम धन-धान्य से सम्पन्न था। बड़े-बड़े राजाओं-महाराजाओं में महर्षि का सम्मान था। बड़े-बड़े ऋषि उनका नाम आदर व श्रद्धा से लेते थे। राम जैसे सौम्य व्यक्ति ने जब उनके आश्रम में संन्यासी के वेश में वल्कल धारण किये, जटा बनाकर, जनकसुता सीता और सौमित्र लक्ष्मण के साथ प्रवेश किया होगा, तब अनायास ही उसने महर्षि की सारी सहानुभूति प्राप्त कर ली होगी।

राम वहाँ भी अधिक दिन नहीं ठहरे, पर जितने दिन भी वे वहाँ रहे, उतने ही दिनों में उन्होंने कुलपति एवं आश्रमवासियों का मन मोह लिया था, ऐसी सूचनाएँ मुझे अपने गुप्तचरों से मिलती रही थीं।

एक रात राम वहाँ से आगे बढ़ गये पर मेरी कठिनाइयों में एक और कठिनाई जुड़ गई। वह थी महर्षि सुहोत्र भरद्वाज का आश्रम। तब तक मैं इन ऋषि-मुनियों के आश्रमों को कोई बहुत महत्त्व नहीं देती थी। पर अब आकर समझ में आया कि किस प्रकार ये आश्रम अपने आप में सत्ता के केन्द्र-बिन्दु थे और इनका प्रभाव दूर-दूर तक अनुभव किया जाता था। महर्षि के पास बुद्धि व ज्ञान-बल की सत्ता थी, जिसके आधार पर उनका दूर-दूर तक के शासकों पर प्रभाव था। कुलपति तो शायद ही कहीं जाते थे पर यदि उनका कोई शिष्य भी किसी महाराज के यहाँ चला जाता तो महाराज स्वयं सिंहासन से उठकर आते तथा ऋषि के पैर पखारकर अपने आप को धन्य होने का प्रदर्शन करते। इन्हीं ऋषियों के आधार पर तो शासक यह स्थापित कर पाते थे कि राजा के अन्दर ईश्वर का अंश होता है। राजा जनता से तो कर वसूलते थे पर प्रकारान्तर से इन ऋषियों को कर देते थे। कभी कोई ऋषि या उसका कोई पटु राजा के यहाँ से खाली हाथ नहीं लौटता था। ऋषियों को दान दे राजा लोग कीर्ति अर्जित करते थे। राजा व ऋषि मिलकर प्रजा के चारों ओर एक ऐसा अदृश्य जाल बुनते थे कि प्रजा को कभी यह अनुभव ही नहीं हो पाता था कि वह किसी के फंदे में फँसी हुई है। वैसे ऋषि लोग राजाओं के आन्तरिक सत्ता-संघर्षों में कभी भाग नहीं लेते थे परन्तु उनका प्रभाव तो होता ही था।

राम प्रयाग स्थिति महर्षि सुहोत्र के आश्रम से भी अँधेरी रात में निकले थे। नितांत चुपचाप। ऐसा कहीं से भी प्रतीत नहीं हुआ कि कोई राजपुत्र किसी महर्षि के आश्रम से विदा हो रहा हो। नितान्त निशब्द वे आश्रम छोड़कर चले गये।

राम यदि अकेले वन गये होते तो शायद हमारे गुप्तचरों को उन्हें खोज पाना सम्भव नहीं होता। इसमें हमारी सहायता की सीता ने। सीता के रूप-सौन्दर्य ने। उसके उन गहनों ने जो ससुर दशरथ ने उसे विदा के समय उपहार में दिये थे। हमारी सहायता की लक्ष्मण ने। उन दो राजपुत्रों के बीच एक लावण्यमयी स्त्री सीता एक ऐसा दृश्य उत्पन्न करते थे जो हर किसी का ध्यान आकर्षित करते थे। सीता की चूड़ियों तथा पायलों के नूपुरों की ध्वनि अँधेरे में भी हमारे गुप्तचरों के पथ-प्रदर्शन का

साधन बनती थी। सुहाग के ये चिह्न किस प्रकार स्वयं उसके तथा उसके सुहाग के लिए संकट थे, वह शायद ही कभी समझ पायी हो।

कहीं गीली या रेतीली जमीन से जब वे गुजरते तो उनके पद चिह्न ही हमारे गुप्तचरों को उनका पता देने के लिए पर्याप्त होते थे। हमारे गुप्तचर यह चिह्नों सहरचों (पैरों के निशानों) में से राम, सीता व लक्ष्मण के यह चिह्नों सहरचों (पैरों के निशानों) को पहचान सकते थे। रात के अँधेरे में मानवों को जंगल से गुजरते देख पशु-पक्षी कैसी बोलियाँ निकालते हैं, कैसा व्यवहार करते हैं, वह हमारे गुप्तचरों को भली प्रकार पता था। वे जानते थे कि घास के ऊपर से अभी जो गया है, वह मानव था या कोई पशु। कौन-सी घास कब कितनी मुड़ी, टूटी व सूखी है इससे उसकी पहचान कर लेते थे। उन्हें राम, सीता व लक्ष्मण के दाँतों के चिह्न तक पता थे। वे खाकर, चखकर छोड़े गये फलों पर बने दाँतों के चिह्नों से राम, लक्ष्मण व सीता की पहचान करने में सक्षम थे।

हमने अपने गुप्तचरों का जाल सब तरफ फैला रखा था। वे कहीं पर ऋषि-मुनियों के वेश में थे तो कहीं आखेटकों के वेश में थे। कहीं वे राजपुरुषों का वेश धारण किये थे तो कहीं वे तापस थे। कभी व्यापारी तो कभी सेवक तो कभी केवट तो कभी कुम्भकार के वेश में। कभी आदिवासी वनचरों के वेश में। वे सारे जंगलों में फैले हुए थे।

पर राम भी कम सावधान नहीं थे। वे अपनी यात्रा के लिए नित नये साधनों का उपयोग करते थे। राम ने अँधेरे में गुप्त रास्ते से महर्षि सुहोत्र का आश्रम छोड़ा था। पर उनके लिए यह तो सम्भव नहीं था कि उनके गुजरते ही उल्लू बोलना बंद कर दें। राम चुपचाप दबे पाँव चल सकते थे पर सूखे पत्तों के ऊपर पाँव पड़ने पर तो आवाज होती ही है। राम चाहे नदी पार करते हुए नाव का प्रयोग न करें पर स्वयं के बनाए बजरे के अवशेषों का वे क्या करते? बजरे बनाने के लिए जिन पेड़ों से लकड़ी काटी या तोड़ी गई होती, उन पर निशान शेष रहते थे। तोड़ी गई कुशा के निशान तो नहीं मिटा सकते थे। सबसे बड़ी बात तो यह थी कि किसी विजन में नदी पार करते समय गीली रेती में बने तीनों के पद चिह्नों को तो नष्ट नहीं ही किया जा सकता था।

मैं नहीं जानती कि राम को हमारे गुप्तचरों के बारे में कितनी सूचनाएँ थीं। थीं भी या नहीं। पर राम की यात्रा की पग-पग की सूचना मुझे थी। हमारे गुप्तचर चित्रकूट तक उनका पीछा करते रहे। मंदाकिनी नदी के किनारे कामदगिरी पर्वत पर राम ने अपने लिए एक कंदरा को चुना और वहाँ पर निवास करने लगे। हमारे गुप्तचर भी वहाँ पर संन्यासियों व तापसों के रूप में रहने लगे। उनकी गतिविधियों की सूचना हमें मिलती रही।

इधर अयोध्या में स्थितियाँ हमारे काबू से बाहर होती जा रही थीं। यह नहीं कि यहाँ पर कोई सामूहिक विद्रोह था। नहीं, विद्रोह से बहुत दूर की बात थी। अयोध्या में मृत्यु का-सा सन्नाटा छाया था। यह एक मृत नगर था, जिसमें जिजीविषा न के बराबर थी। लोगों के चेहरे एक अनजाने भय से पुते हुए थे। ऐसा लगता था कि जैसे वे अपने आप को असुरक्षित अनुभव कर रहे हों। जिन लोगों के लिए अयोध्या छोड़ना सम्भव था वे लोग या तो छोड़ चुके थे या छोड़ने की तैयारी में लगे थे। व्यापार लगभग ठप्प था। प्रकृति भी उन दिनों हमारे विरुद्ध थी। वर्षा न होने के कारण फसलें लगभग सूख चुकी थीं। कुओं, तालाबों व नदियों में पानी तो था पर उसे खेतों तक कोई पहुँचा नहीं रहा था। खेतों तक पानी पहुँचाने की इच्छा लोगों में मर चुकी थी। लगता था कि प्रजा का अपनी भूमि से आत्मीय सम्बन्ध टूट चुका था। आमोद-प्रमोद के स्थल लगभग जनशून्य थे। यह अचानक अयोध्या को क्या हो गया इसकी व्याख्या कर पाना लगभग असम्भव था। कम से कम यह बात मेरी समझ के बाहर थी। मैंने ऐसा कभी नहीं जाना था कि प्रजा अपने राजा के बारे में इतनी गहराई से अनुभव करती है। उससे इतना जुड़ती है। मैंने राजप्रासादों के अन्दर घट रहे षड्यन्त्रों को ही अच्छी तरह से समझा और खेला था। आज सोचती हूँ कि वहाँ जो घट रहा था उसका आधा सच भी यदि जनता जान पाती तो हम लोगों से कितनी घृणा करती?

पर सच यह भी हो सकता है कि जनता समझती सब है पर शायद कुछ कह नहीं पाती। या शायद वह कहती भी है पर हम उसे समझ नहीं पाते या हमें तब पता लगता है, जब वह कुछ करने लगती है या कुछ करना छोड़ देती है। राम, लक्ष्मण व सीता के वनगमन तथा राजा दशरथ की अकाल मृत्यु में प्रजा राजप्रासाद का गृह-कलह देख रही थी। वह देख रही थी राज्य के ऊपर छाते जा रहे विपत्तियों के बादलों को। वह देख रही थी एक गृहयुद्ध में फँसा हुआ राज्य, जिसमें हरेक का किसी न किसी का पक्षधर और दूसरे का विरोधी होना अनिवार्य था। वह देख रही थी एक ऐसा राज्य, जहाँ पर गुप्तचरों और परनिन्दकों की बन आती है, जिसमें सैनिक ही अपनी प्रजा को लूटने लगते हैं, जिसमें खेती और व्यवसाय सुरक्षित नहीं रह जाता। जिस प्रकार उमड़ आयी काली घटाओं को देखकर लोग अपने-अपने घरों में घुस जाते हैं, ठीक उसी प्रकार का व्यवहार जनता कर रही थी।

राजपथ और वीथियाँ खाली थे। राज-दरबार सूना था। प्रजा का राजप्रासाद पर से भरोसा उठ गया था। अब लोग न्याय पाने के लिए राज-दरबार में नहीं आ रहे थे। शायद उन्हें इसकी आशा भी नहीं रह गई थी। शायद लोगों ने अपनी सुरक्षा के लिए राजा पर निर्भर रहना बंद कर दिया था।

प्रजा अपने राजा को अपनी आय का छठा हिस्सा कर के रूप में देती है पर साथ ही वह अपने राजा के ऊपर एक कर भी लगाती है। उसका राजा कोई साधारण आदमी नहीं होता। वह उसमें एक आदर्श की तलाश करती है। प्रजा अपने राजा

से वह कुछ चाहती है, जो एक बच्चा अपने माता-पिता से चाहता है। इसीलिए राजा पितृवत् होता है और प्रजा पुत्रवत्। जब राजा या राजप्रासाद के हित प्रजा के हित से ऊपर होने लगते हैं, तो वैसी स्थितियाँ निर्मित होती हैं जैसी उस काल में अयोध्या में थीं। मैं ऐसी जीवनशून्य अयोध्या नहीं चाहती थी। ऐसी अयोध्या की राजमाता होने में कोई सुख नहीं था।

प्रजा की स्मृति बहुत ही अल्पकालिक होती है। उसे यदि किसी भ्रम में, किसी भुलावे में डाला जा सके तो शायद स्थिति कुछ सुधर सके। यदि अयोध्या से प्रजा का पलायन इसी प्रकार जारी रहा तो एक दिन वह भूतों की नगरी बन जायेगी, यह बात मेरी समझ में आ चुकी थी। मुझे इसे रोकना था। मैं नहीं चाहती थी कि कोई भी मेरे पुत्र भरत के राज्यकाल की तरफ उँगलियाँ उठाये। कोई भी यह कहे कि अपने गुणों में भरत रघुवंशियों से कम था। मैंने मंत्रणा के लिए राजगुरु एवं प्रधानमन्त्री व्याघ्रपाद वसिष्ठ को बुलवा भेजा।

अधिक प्रतीक्षा नहीं करनी पड़ी। दासी ने आकर सूचना दी कि महामन्त्री गवाक्ष में राजमाता की प्रतीक्षा कर रहे हैं।

'राजमाता'! मैं चौंक गई। मंथरा ने मेरे इस चौंकने पर ध्यान दिया था और अपनी सौम्य मुस्कान से मुझे आश्वस्त किया था, "अपूर्व, अब तो तुम्हें राजमाता से ही सम्बोधित किया जायेगा।" चालीस-पैंतालीस साल की अल्प वय में राजमाता। जब मुझे ठसके के साथ महारानी होना था। वह आयु लोगों के मनों पर शासन करने की आयु थी। सच के कड़वेपन को चुपचाप पी जाने के अतिरिक्त कोई और चारा नहीं था। अब मैं महारानी नहीं थी। अब मैं कभी महारानी नहीं हो सकती थी। कुछ क्षण लगे थे मुझे प्रकृतिस्थ होने में। हाँ, महारानी से बदलकर यह राजमाता का सम्बोधन एक अलग अनुभव करा गया। इस सम्बोधन के लिए अभ्यस्त होने में समय लगा।

मंथरा के साथ मैं गवाक्ष पर प्रतीक्षा कर रहे महामन्त्री एवं राजगुरु महर्षि व्याघ्रपाद वसिष्ठ के पास पहुँची। मैंने उसे भी अपनी ही तरह चिन्तित पाया। मुझे आता देखकर वह खड़ा हो गया। मैंने उसे देखकर कहा, "प्रणाम महामन्त्री।"

प्रत्युत्तर में उसने भी कहा, "प्रणाम...राजमाता।"

वह शायद महारानी ही कहने वाला था पर समय रहते अपने आप को सँभाल लिया।

"आसन ग्रहण करें महर्षि।"

हम दोनों अपने लिए नियत आसनों पर बैठ गये। कुछ समय तक दोनों चुपचाप बैठे रह गये। शायद दोनों स्वयं को इस बात के लिए तैयार कर रहे थे कि अयोध्या की राजनीतिक स्थिति पर किस तरह बात करें। उस स्थिति को स्वीकार करते हुए

उसे शब्द देने के लिए दोनों अपने आप को तैयार कर रहे थे।

यद्यपि यह महामन्त्री का दायित्व था कि वे सुशासन की व्यवस्था करते, पर यहाँ जो कुछ घट रहा था, उसके लिए यदि कोई व्यक्ति उत्तरदायी था तो वह मैं थी। जो कुछ हुआ, मैं उसके लिए निमित्त थी, अपराधी नहीं। किसी भी तर्क के आधार पर मैंने कभी इसके लिए स्वयं को अपराधी नहीं माना। फिर भी कुछ था जो मुझमें अपराध-बोध भर रहा था। सवाल पूरे अयोध्या राज्य का था, वहाँ की जनता का था। मैं चुपचाप दर्शक बनकर नहीं रह सकती थी। अतः मैंने ही बात शुरू की।

"महामन्त्री!"

"आज्ञा दें, महा..." महारानी कहते अटक गये महामन्त्री। अपनी इस भूल के अहसास से शर्मिंदा हुए महामन्त्री ने कहा, "आज्ञा दें, राजमाता।"

राजमाता बनने के साथ ही मेरा पद भी बदल गया था।

"भरत के राज्य की स्थिति क्या है?"

"अभूतपूर्व है राजमाता। ऐसा इससे पहले कभी नहीं हुआ कि प्रजा अपने बसे-बसाये घरों को छोड़कर पलायन करने लगे।"

"इसका क्या कारण है महामन्त्री? क्या प्रजा को वे सभी सुविधाएँ उपलब्ध नहीं हो रहीं, जो महाराज दशरथ के शासन काल में उपलब्ध थीं? जहाँ तक मुझे ज्ञात है, भरत ने नियम और व्यवस्था में कोई परिवर्तन नहीं किया। जो कुछ हुआ, वह सब तो राजपरिवार का आन्तरिक मामला था। प्रजा के इस पलायन के मूल में कारण क्या है? उसे जानने और उसका निदान करने का प्रयास किया?"

महामन्त्री से किये गये मेरे प्रश्न की भाषा एवं स्वर में अधिकार तत्त्व था। सहभागिता की बात नहीं थी। जैसे सारा कुछ महामन्त्री को ही करना होता है।

महामन्त्री ने बड़े स्थिर स्वर में अपनी बात कही, "कारण का बहुत सोमा तक अनुमान मुझे है राजमाता। निदान के लिए हम सबको बैठकर मंत्रणा करनी पड़ेगी।"

"हम सबसे आपका तात्पर्य?"

"मेरा तात्पर्य आप, महाराज भरत और सेनापति युधाजित से है। बाद में हमें उन लोगों को शम्मिलित करना पड़ेगा, जिन्हें महाराजा दशरथ का विश्वास प्राप्त था।"

"ठीक है, पहले आप कारण की विवेचना करें।"

"कारण तो मूलतः राम का वन भेजा जाना है।"

"क्या राम के यहाँ अयोध्या में रहते भरत का राज सुरक्षित रह सकता था?"

"कहा नहीं जा सकता। पर यहाँ की प्रजा राम को अपना भावी शासक मान चुकी थी। कोसल देश की परम्पराओं के अनुसार सम्राट का बड़ा बेटा ही पिता के सिंहासन का उत्तराधिकारी होता है। यह प्रजा के मन में, उसके संस्कारों में रचा-बसा है। उसे किसी भी प्रकार से निकालकर फेंका नहीं जा सकता।"

"परन्तु महाराज दशरथ ने मुझसे विवाह के पूर्व वचन दिया था कि मुझसे पैदा हुआ पुत्र ही अयोध्या का राजा होगा।"

"देवी, यह महाराज का वचन था, प्रजा का नहीं।"

"लेकिन यह प्रजा को ज्ञात तो था।"

"राजमाता, इसको ठीक से समझ लें। जब महाराज ने आप से विवाह किया था, तब महाराज को किसी रानी या महारानी से कोई सन्तान नहीं थी। वे बूढ़े हो चले थे। यदि आप उन्हें पुत्र दे पातीं तो वे तथा प्रजा दोनों ही प्रसन्न होते। परन्तु ऐसा हुआ नहीं।"

"परन्तु इसमें मेरा या भरत का क्या दोष है?"

"जहाँ तक महाराज भरत का प्रश्न है, उसमें उनका कोई दोष नहीं, वे बड़े ही निश्छल प्राणी हैं।"

"तब यही सच आप प्रजा को क्यों नहीं बताते।"

"मेरे बताने से क्या होगा, राजमाता। मैंने तो उन्हें यह भी बताया कि किस प्रकार आपने देवासुर संग्राम में शम्बासुर से महाराज की रक्षा की थी। कैसे उन्होंने आपको दो वरदान माँगने को कहा था, जो कि आपने समय आने पर माँगने के लिए रख लिए थे। जिसके आधार पर आपने अपने पुत्र के लिए अयोध्या का राजा माँगा तथा दूसरे के आधार पर राम के लिए चौदह वर्ष का वनवास। मैंने तो तुरन्त एक मिथक की रचना कर प्रजा के सामने यह भी रखा कि महाराज दशरथ को तो अंधमुनि का एक शाप था, जिसके तहत उनकी मृत्यु तो पुत्र के दुख के कारण ही होनी थी, क्योंकि महाराज के शब्दवेधी बाण से रात के अंधकार में अंधमुनि के पुत्र पितृभक्त श्रवणकुमार की मृत्यु हो गयी थी और अपने पुत्र की मृत्यु से विह्वल होकर अंधमुनि ने महाराज दशरथ को शाप दिया था कि जिस प्रकार अपने पुत्र के शोक में मैं अपने प्राण त्याग रहा हूँ, उसी तरह एक दिन तू भी अपने प्राण त्यागेगा। अब उस शाप को तो फलीभूत होना ही था। पर राजमाता, मेरा गढ़ा गया मिथक प्रजा को पचा नहीं। पचता भी कैसे, उनमें से बहुत से लोगों ने स्वयं अपनी आँखों से देखा था कि किस प्रकार उनका राजा हाथों में हथियार लिए तातार स्त्रियों से एक बंदीवत् घिरा हुआ अपने प्रियपुत्र राम को वन जाने की आज्ञा दे रहा था। उसकी मृत्यु पुत्र से बिछुड़ने के शोक से हुई होगी, प्रजा को यह स्वीकार नहीं है। प्रजा अपने आप को उस साम्राज्य में, जहाँ स्वयं उसके प्रिय महाराज सुरक्षित नहीं थे, कैसे सुरक्षित अनुभव कर सकती है?"

"क्या आप भी अपने आप को असुरक्षित अनुभव करते हैं, महामन्त्री?"

यद्यपि मैं जानती थी कि महामन्त्री ने जो कुछ कहा था, वह अक्षरशः सत्य था। पर मुझे उस समय उनका यह लम्बा भाषण बिलकुल भी नहीं भा रहा था। मैं चाहती थी कि उस समय तो कम से कम महामन्त्री मुझे कुछ आश्वस्त करते। मैं चाहती

थी कि राजगुरु और महामन्त्री ब्रह्मर्षि वसिष्ठ कुछ ऐसा करें, जिससे सब कुछ ठीक-ठाक हो जाये, परन्तु ऐसा चमत्कार उस समय सम्भव नहीं था। महामंत्री मेरे इस व्यंग्यात्मक शब्द-प्रहार से असहज हो उठे मैं उसके चेहरे पर बहुत से भावों का आना-जाना देखती रही। देखती रही उसके चेहरे पर आती छटपटाहट को। कभी लगता कि मेरे प्रति उसके मन में वितृष्णा के भाव उभर रहे हैं, कभी तिरस्कार के। कभी उसके चेहरे पर मजबूरी झलकती दिखती थी। स्त्रियों की तथाकथित छठी इन्द्रिय मेरे अन्दर खूब विकसित थी। मुझे लगता था कि मेरे अंदर एक बिल्ली बैठी हुई है और सामने जो पुरुष बैठा है, वह एक चूहा है। मेरा शिकार, जिसे मैं कभी पकड़ती तो कभी छोड़ देती हूँ। एक चूहे-बिल्ली का खेल मेरे अन्दर ही अन्दर चल रहा था। जब मैं किसी सामर्थ्यवान स्थापित व स्वीकृत पुरुष को इस प्रकार छटपटाता देखती, तो मुझे बहुत सुख मिलता। वसिष्ठ ने अपने आप को शीघ्र ही सामान्य कर लिया।

"इस अकिंचन ब्राह्मण की निष्ठा पर राजमाता को यदि तनिक भी संदेह है तो यह ब्राह्मण अभी इसी समय सब कुछ त्यागकर चला जाता है। हाँ, साथ ही यह कहना भी नहीं भूलना चाहता कि इस किंकर को अयोध्या का महामन्त्री बनाने में अपूर्व का जो योगदान था, उसे मैं कभी नहीं भूल सकता।"

अपूर्व! बहुत वर्षों के बाद किसी ने मुझे याद दिलाया कि मैं अपूर्व थी। किसी ने मुझे उस नाम से सम्बोधित किया जो कभी मेरे माता-पिता लेते थे। कितना अपनापन था उस अपूर्व में। मैं खो गई। वह बिल्ली कहीं खो गई। वह आखेटक कहीं खो गई। इस शब्द के अपनेपन से भीग गई मैं। वसिष्ठ के प्रति सारा कलुष धुल गया। मुझे अपने आप को सामान्य बनाने में कुछ समय लगा। तब तक वसिष्ठ खड़ा हो चुका था। मैंने उसे हाथ के संकेत से बैठने को कहा। वह बैठ गया। मैं उठ गई। मुँह धोकर सामान्य होकर लौटी।

"क्षमा करें राजमाता, मुझसे शायद कोई भूल हो गयी जिससे आपके मन को इतना क्लेश पहुँचा।"

"नहीं, तुम बहुत चतुर हो व्याघ्रपाद! तुम्हें मालूम है स्त्री का मन सबसे अधिक कहाँ और कब कमजोर होता है और इसलिए तुम कोशल के महामन्त्री हो, राजगुरु हो; राजपुरोहित हो। कठिन समय पर तुमने हमारी बहुत सहायता की है। हम तुम्हारे बहुत ही आभारी हैं। अब हमें तुम्हारी सबसे अधिक आवश्यकता है। ऐसे कठिन समय पर हमारी गलतियाँ गिनाकर तुम्हें क्या लाभ मिलने वाला है? अब जो हो चुका है, सो हो चुका है। अब वह वापस तो नहीं होने वाला है। अब तो कृपा करके स्थितियों को ठीक करने का उपाय सुझाओ।" अकेले में मेरे लिए व्याघ्रपाद को आप कहकर सम्बोधित करना नहीं हो पाता था। वह आज जो भी था, वह मेरे ही कारण था।

इस बार मेरा रुख आक्रामक नहीं था और न ही मैं कोई दोष महामन्त्री होने के नाते वसिष्ठ पर मढ़ रही थी। अब मैं सौम्य थी। वसिष्ठ और युधाजित मेरे दो

संबल थे। मैं इन्हें नाराज नहीं कर सकती थी।

"राजमाता, मैं आपके दोष नहीं गिना रहा था। मैं तो केवल यथास्थितियों का विश्लेषण कर रहा था। अभी भी इस बात की आवश्यकता शेष है कि पहले हम निस्पृह होकर स्थितियों का ठीक से विश्लेषण कर लें, इसे अपना आत्म-निरीक्षण समझें। फिर मैं जो मंत्रण देने जा रहा हूँ, उस पर काम करना आसान हो जायेगा।"

"महर्षि, अपनी बात कहें।"

मैं पहलू बदलकर एक लम्बी बातचीत के लिए प्रस्तुत थी और इस बार मैं वास्तव में ही विश्लेषणपरक होना चाहती थी।

"मात्र श्रोता होकर काम नहीं चलने वाला है। मेरी जहाँ पर त्रुटि वहाँ पर मुझे टोककर अपना मत प्रस्तुत करें, राजमाता।"

"ठीक है।"

"फिर हम अपनी उन्हीं बातों पर लौटते हैं। आपने मुझसे प्रश्न किया था कि इसमें भरत का क्या दोष है? मेरा उत्तर था, "इसमें भरत का कोई दोष नहीं है। परन्तु यदि प्रजा के सामने चुनाव का प्रश्न हो, उसे अपना राजा चुनने का अवसर मिले, जैसा कि उसे इस बार मिल रहा था, तो वह अपना राजा दोषहीनता पर नहीं, गुणवत्ता के आधार पर चुनेगी। उसके सामने प्रश्न तुलनात्मकता का है। भरत वीर पुरुष हैं। राम स्थापित वीर हैं। सिद्धाश्रम से ताड़का तथा मारीच जैसे आर्य विरोधी संस्कृति के नायकों को नष्ट कर उसने अपने आपको सिद्ध किया है। भरत प्रजावत्स हैं परन्तु राम ने प्रजा के बीच अपनी पैठ बनाकर स्वयं को स्थापित किया है। वह जन-सामान्य के जीवन को जानता एवं समझता है तथा उसनें प्रजा से अपनेपन का सम्बन्ध स्थापित किया हुआ है। यदि राम चाहता तो बलपूर्वक अपना राज्य जीत सकता था। परन्तु, बहुत सम्भव है कि उसे अपने बहुत से प्रिय लोगों को खोना पड़ता। बहुत अपयश होता। गृह कलह के कारण राज्य निर्बल हो जाता। उसने यह प्रदर्शित किया कि वह प्रजा के हित में राज्य छोड़ रहा है। चौदह साल की अवधि पूरी होने के बाद वह पुनः लौटेगा। वह अपने पिता के शब्दों का मान रखना जानता है। वह आज्ञाकारी पुत्र है। भरत अन्दर-बाहर से एक है। राम के साथ ऐसा नहीं है। राम अल्प एवं मृदुभाषी है। वह सबका मन जीतने की कला जानता है। वह दृढ़प्रतिज्ञ है। हमारे युग में जो बात सबसे अधिक महत्त्व रखती है, वह है कि राम का साहसी एवं शक्तिशाली होना। मैं यह नहीं कह रहा कि भरत में ये गुण नहीं हैं पर राम परीक्षित है।"

मैं वसिष्ठ की बातें ध्यान से सुन रही थी, सच कहूँ उसकी बातें सत्य होते हुए भी बहुत अप्रिय लग रही थीं। एक कड़वी ओषधि की तरह मैं उन्हें पी तो रही थी लेकिन कड़वेपन की एक नितान्त प्राकृतिक प्रतिक्रिया वमन भी है। वही मैंने किया भी।

"महर्षि, भरत आपके प्रिय शिष्य रहे हैं।"

"मैं जानता था कि मेरी बातों को आप अधिक समय तक सहन नहीं कर पायेंगी और निश्चित ही यह प्रत्यारोप मुझ पर लगायेंगी। राजमाता, यही वह अन्तर है।" उसके बाद वसिष्ठ चुप हो गये। उनकी चुप्पी मुझे खल रही थी।

"मैं आपकी बात समझ नहीं पायी, महामन्त्री।"

"हाँ, वह बात ही कुछ ऐसी है जिसे हम सहज स्वीकार नहीं करते। राजमाता, अंतर यह है कि भरत मेरा शिष्य है। मैं जो महाराज दशरथ का महामन्त्री, राजपुरोहित तथा उनके पुत्रों का राजगुरु हूँ, जहाँ सब सुविधाएँ हैं, सब तरफ शान्ति है, जिसके कारण कोई युद्ध नहीं, कोई गृह-कलह नहीं, कोई दमन नहीं, कोई विरोध नहीं, अतः भरत की कोई वास्तविक परीक्षा भी नहीं। भरत महारानी कैकेयी का पुत्र है। महारानी कैकेयी महाराज दशरथ की प्रिय महारानी हैं, जिन्हें सारी सुविधाएँ सहज उपलब्ध हैं। राम के साथ ऐसा नहीं है। वे तपे हुए कुन्दन हैं।"

मैं अधीर होकर पहलू बदलने लगी थी, वसिष्ठ ने इसे इंगित किया।

"राजमाता, व्याकुल न हों। मैं समस्या के समाधान पर आ रहा हूँ। राजमाता, हमें कुछ सुन्दर से झूठ बोलने हैं। कुछ अच्छे से मिथक गढ़ने हैं। हमें कुछ नये नाटक करने हैं ताकि प्रजा को अपने पक्ष में किया जा सके। उसे लम्बे समय तक भुलावे में रखा जा सके। उसे तब तक भुलावे में रखना है, जब तक वह स्वयं ही राम को भूल न जाए। जब तक वह स्वयं महाराज भरत के शासन को स्वयं चाह न करने लगे। हमें प्रजा को आश्वस्त करना है कि यहाँ पर (रामराज्य) में वह सुरक्षित है।"

वसिष्ठ यहाँ पर जान-बूझकर रुके ताकि मैं यह स्पष्ट रूप से समझ लूँ कि उन्होंने राम का राज्य कहा, भरत का नहीं।

"तो क्या आप राम को राज्य वापस करने को कह रहे हैं?"

"हाँ, राजमाता।"

"आप मेरे सब किये-धरे पर पानी फेरना चाहते हैं? मैंने जो राजनीतिक खेलों से, सत्ता-संघर्ष से प्राप्त किया है, वह यों ही राम को लौटा दूँ?"

"हाँ राजमाता, और वह भी स्वर्ण पात्र में रखकर। इसके अतिरिक्त और कोई मार्ग नहीं है।"

"वसिष्ठ!" मैं उग्र हो उठी थी, तुम अभी-अभी यहाँ से..." मैंने वसिष्ठ को बाहर जाने का मार्ग दिखाया और मैं उठ खड़ी हुई।

"राजमाता आप समझती थीं कि यह चूहे और बिल्ली का खेल केवल आप ही खेल सकती हैं। यह खेल दूसरे भी खेल सकते हैं।"

अब की बार मैं घबरा गई थी। मैं समझ नहीं सकी कि जो चूहे-बिल्ली के खेल का भाव मेरे मन में था, वह वसिष्ठ ने कैसे पकड़ लिया। वह भी हू-ब-हू, उन्हीं शब्दों में। यह मेरे लिए आश्चर्यजनक था कि कोई व्यक्ति आपके अंतर में झाँककर आपके मनोभावों को शब्दों सहित इस प्रकार पकड़ सकता है। ऐसा व्यक्ति कितना घातक

हो सकता है? क्या यह केवल एक संयोग मात्र था? सोचने लगी कि कहीं वसिष्ठ राम के साथ मिलकर कोई नया खेल न खेल रहा हो! और यहाँ भी राजगुरु ने मेरे मन के भावों को तुरन्त पकड़ लिया।

"अपूर्व, तुम शायद समझ रही हो कि मैं राम के साथ मिलकर कोई खेल खेल रहा हूँ।"

अब की बार वसिष्ठ ने आप नहीं तुम कहा था। गवाक्ष में मैं और वह अकेले ही थे। बाहर मंथरा थी, जिससे कभी कुछ भी छिपा नहीं था। हाँ, वह तुम कह सकता था। सताने का आनन्द केवल स्त्रियाँ ही नहीं उठातीं। मैं कुछ आश्वस्त हुई। वह केवल मुझे कुछ सता रहा है, वैसे मेरे साथ है। ऐसे सताए जाने की पीड़ा में भी कुछ आनन्द होता है।

त्रस्त स्त्रियों को सताकर पुरुष के अहम् को कुछ सान्त्वना मिलती है न?"

"क्यों, क्या स्त्रियों को नहीं मिलती?"

इन हल्की-फुल्की बातों से वातावरण कुछ सामान्य-सा हो गया था। मैं पुनः अपने विषय पर लौट आयी।

"हाँ, तो आप कह रहे थे कि यह राज्य हमें राम को वापस कर देना चाहिए। कैसे?"

"जाकर राम से कहो कि लो भइया राम, यह तुम्हारा राज्य है, तुम्हीं इसे सँभालो।"

"पर ऐसा कौन कहेगा?"

"निश्चित रूप से भरत।"

"कहाँ कहेगा भरत? राम है कहाँ पर इस समय जो भरत जाकर कहेगा?"

"राम कहाँ है यह बात राजमाता भली प्रकार जानती हैं?"

"मैं शायद नहीं भी जानती होऊँ पर महामन्त्री तो अवश्य ही जानते होंगे।"

"चलो, मैं यह स्वीकार लेता हूँ कि मैं जानता हूँ कि राम इस समय कहाँ है। इस वितर्क में जीतना मेरा मंतव्य नहीं है। मैं जो कह रहा हूँ, उसे ध्यान से सुनें।" यह बात वसिष्ठ ने बहुत अधिकारपूर्वक कही थी।

उसने आगे कहा, "हमें ये सारे प्रदर्शन करने पड़ेंगे। ये अभिनय करने पड़ेंगे। हममें से हरेक को एक सुन्दर अभिनेता होना होगा। यह अभिनय प्रजा के सामने होगा, राजदरबार में होगा। राजमहल में होगा। इस अभिनय के पात्र होंगे महाराज भरत, राजमाता कैकेयी तथा दासी मंथरा। सूत्रधार आपका यह राजगुरु व्याघ्रपाद वसिष्ठ। सह-अभिनेता होंगे राजकुमार शत्रुघ्न। पर शत्रुघ्न को कभी भी मूल पाठ ज्ञात नहीं होगा। इस नाटक की खलनायिका होगी मंथरा। मंथरा की चाल व पुत्रमोह के जाल में फँसी हुई बेचारी राजमाता कैकेयी राम के वनवास के लिए अनवरत आँसू बहाती नजर आयेगी। अपने आपको, अपनी कुमति को, कोसती दृष्टि गोचर होगी, जो अपने अपराध-बोध से दबी होगी। महाराज भरत तो राजसिंहासन पर बैठेंगे ही नहीं। वे

तो यह प्रदर्शित करेंगे कि महाराज राम यदि वन में रहते हैं, तो वे भी नगर से दूर एक कुटिया बनाकर उसमें रहेंगे। राम यदि भूमि पर सोते हैं, तो वे भूमि के नीचे एक गड्ढा खोद कर उसमें कुशासन बिछाकर शयन करेंगे। अपने आप को राम का प्रतिनिधि मात्र कहकर अयोध्या पर प्रशासन चलायेगे। मैं और मेरी मण्डली इसका जोर-शोर से प्रचार-प्रसार करेगी। राजमाता कैकेयी हमेशा ही श्वेत वस्त्रों में एक विधवा के रूप में दृष्टिगत् होंगी।"

"अगले कदम के रूप में हम महाराज दशरथ के निष्ठावान व राम के पक्षधर लोगों को अपना लक्ष्य बनायेंगे। अपने क्रिया-कलाप उन पर केन्द्रित करेंगे।"

"अपनी बात स्पष्ट करें, महामन्त्री।"

"हम उन लोगों के सामने यह प्रदर्शित करेंगे कि हमसे बहुत बड़ी भूल हो गयी। 'हम' से यहाँ तात्पर्य है, कैकेयी तथा कैकेयी से सम्बन्धित होने के नाते भरत से। इस राजसिंहासन का अधिकारी तो राम और केवल राम ही हैं। हमें राम को मनाकर वापस लाना चाहिए और उन लोगों को यह विश्वास दिलाना पड़ेगा कि हम जो कह रहे हैं, उसका अर्थ भी वही है।"

"पर वे इस पर विश्वास क्यों करने लगेंगे?" विशेषरूप पर जब उन लोगों ने महाराज का परिणाम देखा हो। दूसरी बात, क्या मैं यह अभिनय ठीक से कर पाऊँगी?"

"अपूर्व, मुझे तुम्हारी अभिनय-क्षमता पर पूरा विश्वास है। सच तो यह है कि तुमसे बेहतर अभिनेत्री न तो संसार में अभी तक पैदा हुई और न होने की सम्भावना है। तुम सारे जीवन महाराज दशरथ को घृणा करते हुए भी प्रेम करने का नाटक करती रही हो। उसकी हत्या कर, उसकी मृत्यु के शोक में डूबे रहने का नाटक तुमसे बेहतर कौन कर सकता है? तुम्हें तो केवल उस घड़ी के लिए पछताना है, जब तुम पुत्र-मोह में अन्धी होकर राम की लिए वनवास माँग बैठी थीं। शेष कार्य तो मैं एक नया मिथक गढ़कर, कर दूँगा। मैं और मेरे बटुक यह प्रचारित करेंगे कि यह सब तो विधि का विधान ही था जो कि होना था और हुआ। होनी को कौन टाल सकता है। ईश्वर को यही स्वीकार्य था। देवताओं की यही इच्छा थी। इसीलिए माँ सरस्वती महारानी कैकेयी की जिह्वा पर आकर विराजमान हो गई थीं ताकि देवताओं का भला किया जा सके तथा दक्षिणावर्त से असुरों और राक्षसों को उसी प्रकार समाप्त किया जा सके जैसा सिद्धाश्रम में किया गया था। और यह काम राम जैसा महाप्रतापी ही कर सकता है। यह सब तो देवताओं की इच्छाओं एवं कृत्यों का परिणाम है कि महारानी ने उस समय ऐसे वर माँगे ताकि पूरी पृथ्वी पर आर्यों का साम्राज्य स्थापित हो सके। आपको तो ज्ञात ही है किस प्रकार ममतामयी महारानी कैकेयी राम को अपने पुत्र भरत से भी ज्यादा प्यार करती थीं।"

"क्या इतने बड़े-बड़े झूठ अपने पैरों चल पायेंगे, महामन्त्री?"

"राजमाता, झूठों को पैरों पर चलाना ही तो हमारा काम है। जब ब्राह्मण 'ब्रह्म'

जितने बड़े झूठ को पैरों पर चला सकते हैं। जब हम अपनी कल्पना के बल पर देवलोक, स्वर्ग व नरक को स्थापित कर सकते हैं, स्वर्ग में मन की गति से चलने वाला ऐरावत, मनवांछित फल देने वाले कल्पवृक्ष व कामधेनु की रचना कर सकते हैं, देवताओं का एक बड़ा साम्राज्य स्थापित कर सकते हैं, जब हम हर पाप को इन्द्र के मत्थे मढ़ सकते हैं, जब किसी के सत्कर्मों के कारण इंन्द्र के सिंहासन को हिलता दिखा सकते हैं, जब अपने मरे हुए पितरों को भोजन पहुँचा सकते हैं, जब हम राजा और प्रजा दोनों से दान के रूप में ठगी कर सकते हैं, तब कौन-सा ऐसा झूठ है, जिसे हम उसके पैरों पर नहीं चला सकते, राजमाता?"

"फिर भी ऐसे बहुत से लोग होंगे जो हमारी इन चालों को समझेंगे और हम पर विश्वास नहीं करेंगे।"

"अपूर्व, हर किसी की कोई न कोई निर्बलता एवं विवशता भी तो होती है जिसका लाभ उठाकर हम उन्हें अपने रास्ते पर ले आयेंगे।"

"फिर भी कुछ लोग तो निर्बलताओं के परे हो ही सकते हैं?"

"मैं अस्वीकार नहीं करता, ऐसे लोग भी होते हैं। अंततः समाज में सिरफिरे व्यक्तियों की कोई कमी थोड़े ही है। ऐसे अधिकतर लोग इस अयोध्या को छोड़कर जा चुके होंगे या फिर जाने की तैयारी कर रहे होंगे। उनकी चिन्ता करने की कोई आवश्यकता नहीं है। उनकी मानसिक चिकित्सा करना हमारे गुप्तचरों को आता है।"

"ठीक है, उसके बाद?"

"हमें अपने नाटक की विस्तृत रूपरेखा बनानी पड़ेगी।"

"उसके प्रमुख बिन्दु क्या होंगे? अभी स्थितियाँ मेरे लिए तो कम से कम स्पष्ट नहीं हैं।"

"सबसे पहले तो आप अब से ही राज-दरबार में या प्रजा के सामने केवल श्वेत परिधान में ही दिखेंगी, उदास व पश्चात्ताप में डूबी हुई। दूसरा बिन्दु है मंथरा की सार्वजनिक भर्त्सना एवं पिटाई। तिरस्कृत कर उसे एक किनारे डाल दिया जायेगा। यद्यपि आपकी पुरानी सेविका होने के नाते उसे रोटी-कपड़े मिलते रहेंगे, पर उसका कोई मान-सम्मान दासियों के बीच भी नहीं रहेगा। पिटने के बाद उसे मुख्य दृश्य-पटल से बाहर रखा जायेगा। जैसा कि मैंने पहले कहा है कि महाराज भरत कभी राजसिंहासन पर नहीं बैठेंगे। वह हमेशा रिक्त रहेगा, जब तक हम राम की चरण-पादुका उस पर लाकर नहीं रख देते। परन्तु राजकाज भरत करते रहेंगे। राम के प्रतिनिधि होकर। इस तरह हम प्रजा को यह आश्वासन देंगे कि यह राम का ही राजा है। भरत तो मात्र प्रतिनिधि हैं।

"चरण-पादुका प्राप्त करने के लिए हम सब अर्थात आप, मैं, भरत, शत्रुघ्न तथा युधाजित, मेरी परिषद के सदस्य, नगर-श्रेष्ठि, व्यापारी वर्ग व कृषक वर्ग के प्रतिनिधि व अन्य गण्यमान्य नागरिक व लगभग सारी सेना राम के प्रवास चित्रकूट जायेंगे।"

"तो राम चित्रकूट में है, यह आप जानते हैं?"

"यह तो राजमाता भी जानती हैं। पर हम सीधे चित्रकूट नहीं जायेंगे, क्योंकि हम जानते ही नहीं कि राम वहाँ है। हम तो पहले निषादराज गुह के यहाँ जायेंगे। उनसे अपनी बात कहेंगे तथा उन्हें विश्वास में लेने के बाद उन्हें साथ ले राम को खोजते महर्षि सुहोत्र भरद्वाज के आश्रम जायेंगे। उन्हें आश्वस्त कर राम का पता करेंगे तथा उनके किसी वटुक को साथ ले राम के पास चित्रकूट जायेंगे। राजमाता, यह ध्यान रहे कि ये दोनों बहुत शक्तिशाली हैं और राम का भला चाहते हैं। इन्हें विश्वास में लिए बिना हम राम से चरण-पादुका प्राप्त नहीं कर सकते।"

"वह मैं जानती हूँ। यहाँ अयोध्या में किस-किस को छोड़ा जायेगा।"

"राजमाता कौसल्या, राजमाता सुमित्रा और हमारे कुछ गुप्तचर, थोड़ी-सी पर योग्य, विश्वसनीय एवं निष्ठावान सेना।"

"राजमाता कौसल्या व राजमाता सुमित्रा को क्यों नहीं ले चलना चाहते? वे बेचारी भी अपने पुत्रों से मिल लेंगी।"

"राजमाता कौसल्या नहीं जा सकतीं। उनका यहाँ रहना ही हमारी सुरक्षा है, जिसके कारण राम वापस अयोध्या नहीं आयेंगे। राजमाता कौसल्या और सुमित्रा यदि राम के पास होंगी तो वह हमसे युद्ध करने का दुस्साहस भी कर सकते हैं। विशेष रूप से लक्ष्मण के रहते हुए। कौसल्या का यहाँ अयोध्या में रहना ही हमें राम की चरण-पादुकाएँ दिलायेगा।

"चित्रकूट में राम के साथ एंक गुप्त बैठक और एक सार्वजनिक बैठक होगी। उस गुप्त बैठक में राम, मैं, नगर श्रेष्ठि चित्ररथ तथा युधाजित भाग लेंगे। वहाँ सारी बातें कूट भाषा में होंगी।

"दूसरी सार्वजनिक बैठक आप, भरत, लक्ष्मण व सभी प्रजाजनों के सामने होगी।" इतना सब कुछ कह चुकने के बाद "कल फिर इसी समय आऊँगा; तब तक कुछ और बातें स्पष्ट होने लगेंगी" कहकर वसिष्ठ क्षणभर को मौन हुए फिर उठने लगा।

"कल?"

"हाँ, क्यों?"

"आठ प्रहर के बाद?"

"हाँ, इसमें चिन्तित होने की क्या बात है?"

"महर्षि, राजनीति में आठ प्रहर एक बहुत बड़ी अवधि होती है।"

"हाँ, मानता हूँ। पर यह वह समय नहीं है जब घटनाएँ बहुत तेजी से घट रही होती हैं। राजमाता अब तो अयोध्या राज्य धीमी मौत मर रहा है। अब इस समय आठ प्रहर तो क्या अस्सी प्रहर में भी कुछ होने वाला नहीं है। आप निश्चिन्त रहें। अब तो चक्र तब ही घूमेगा जब हम इसे घुमाएँगे। तब तक आप मंथरा से सलाह कर लें। उसका भाग उसे समझा दें।"

"मंथरा तो ठीक, पर मुझे सबसे अधिक कठिन काम भरत को समझाना लगता है।"

"पर क्यों?"

"मुझे लगता है कि वह मेरी बात समझेगा भी या नहीं? यदि समझ भी गया तो मानेगा भी या नहीं। राजगृह से लौटने के बाद भरत मुझे विचित्र दृष्टि से देखता है।"

"जानती हो अपूर्व, यह क्यों है?"

"शायद हाँ। शायद नहीं।"

वसिष्ठ इसके उत्तर में कुछ नहीं बोला शायद इस बात की प्रतीक्षा करता रहा कि मैं अपनी बात स्पष्ट करूँगी।

"तुम बता सकते हो, इसका कारण क्या है?"

"मेरे विचार में इसका कारण तुम दोनों के बीच की संवादहीनता है। तुम शायद भरत से बात ही नहीं करती हो। तुमने तो अपना सारा जीवन महाराज दशरथ के विरुद्ध षड्यन्त्र रचने में ही व्यय कर दिया। तुम्हारे पास जो जीवन था, उसका बड़ा भाग दशरथ को छलने में ही चला गया। इस प्रक्रिया में तुम स्वयं कितनी छली गयी, यह शायद तुम नहीं जानती। तुमने अपना जीवन तो जिया ही नहीं। तुम या तो अभिनय करती रहीं या उस अभिनय के दुश्चक्र का पाठ रचती रहीं। सच बताना अपूर्व, क्या तुमने भरत को गोद में खिलाकर, छाती से चिपकाकर मातृत्व का सुख भोगा? क्या कभी उसे रात को लोरी सुना कर सुलाया? क्या कभी ऐसा हुआ कि भरत के रोने की आवाज सुनकर तुम्हारा कलेजा मुँह को आया हो? क्या कभी ऐसा हुआ अपूर्व कि भरत के पैरों में बँधे नूपुरों की ध्वनि सुन तुम्हारा मन संगीतमय हो नाच उठा हो? क्या तुमने कभी भरत के गिरने पर धरती को डाँटा, मारा? क्या कभी धूल-मिट्टी में खेलकर, सनकर आये भरत को अपने सीने से लगाया? क्या कभी दूध के भार से भरत को खोजा? क्या तुमने कभी अपने हाथ से भरत को खाना खिलाया? क्या कभी तुमने अपने हाथों उसकी तेल मालिश की? क्या कभी तुमने भरत के कपड़े बदले? क्या तुमने कभी भरत के कान उमेंठे? क्या भरत कभी तुमसे रूठा? अपूर्व, वह तुमसे रूठ ही नहीं सकता। तुम तो केवल उसकी जैविक माँ भर थी। एक शासिका थी। तुमसे अधिक तो वह मंथरा को पहचानता है।"

व्याघ्रपाद ने जो कुछ कहा वह यद्यपि पूरा तो नहीं पर बहुत कुछ सच था। मेरे मन में बहुत विक्षोभ हुआ। उसकी बातें मेरे मातृत्व का अपमान करती हुई एक विष भी तीर-सी अंदर तक चीरती चली गईं। परन्तु मेरे पास उसका समुचित उत्तर नहीं था।

आज फिर मन से उस घटना के बारे में सोचती हूँ, तब यह बात बार-बार मन में आती है कि उस दिन व्याघ्रपाद इतना आक्रामक क्यों था? क्या वह मुझसे कोई

पुराना बदला चुका रहा था? क्या वह सोच रहा था कि चाहे जो हो; थी तो मैं एक स्त्री मात्र ही जो प्रयत्न कर उसके इस पुरुष-प्रधान समाज में, उनके क्षेत्र में हस्तक्षेप करने का प्रयास कर रही थी। क्या मैं उसकी दृष्टि में एक तुच्छ स्त्री थी, जो अपनी सीमाओं के बाहर फट पड़ रही थी? सोचती हूँ, अपने स्वयं के मन की ग्रन्थियों को तो हम समझ नहीं पाते, दूसरों के मन की ग्रन्थियों को कहाँ से समझेंगे? फिर भी सोचती जरूर हूँ कि उसने ऐसा क्यों किया था? क्या मैंने कभी उसका अपमान किया था? जहाँ तक मुझे स्मरण है, मैंने हमेशा उसके उज्ज्वल भविष्य के लिए ही काम किया। मेरे कारण ही आज तक वह अयोध्या के राजपुरोहित व कुलगुरु के पद पर सुशोभित है। शायद उसके व्यंग्य-बाणों के पीछे ऐसा कुछ था, जो केकय में ही छूट गया था। व्याघ्रपाद उसी गुरुकुल का कुशाग्र बुद्धि बटुक था, जिसमें मेरी शिक्षा हुई थी। उसने वेदों का गंभीर अध्ययन किया था। स्वयं भी ऋचाओं का द्रष्टा था। शस्त्र व शास्त्र दोनों पर उसका अच्छा नियन्त्रण था। उसे मैंने ही यहाँ वशिष्ठ के गुरुकुल में रखवाया था। अपनी कुशाग्र बुद्धि तथा मेरे सहयोग से वह कुलपति उपमन्युर्वासिष्ठ के बाद आश्रम का कुलपति बना था। यह भी हो सकता है कि उस समय घटे घटनाक्रम से व्याघ्रपाद परेशान था, या खीझ उठा था।

उस समय मैं इस स्थिति में नहीं थी कि नागिन की तरह फन उठाकर विरोध में खड़ी हो जाती। मुझे उस समय वसिष्ठ की जरूरत थी। मन मारकर समझौता करना पड़ा था। इसके अतिरिक्त कोई और चारा नहीं था। उसके कहे कड़वे अर्धसत्यों को पचाकर मैं पुनः अपने मतलब की बात पर आयी।

"शायद तुम ठीक कह रहे होगे व्याघ्रपाद! जो तुमने देखा, सुना और तर्क-सम्मत समझा, उसे एक अच्छे ईमानदार और सहृदय मित्र की तरह मेरे सामने रख दिया। मैं तुम्हें दोष नहीं दे सकती। सिर्फ इतना ही कहना चाहती हूँ कि माँ का सन्तान-प्रेम केवल बाह्य दिखावे मात्र से परिभाषित नहीं होता। वह एक ऐसी सम्पदा है जिसका वर्णन करना कम से कम किसी पुरुष द्वारा तो सम्भव नहीं लगता। उसे वे अनुभूतियाँ होतीं ही नहीं। वह उन्हें कैसे समझ सकता है।"

"मैं मानता हूँ अपूर्व कि तुम जो कह रही हो वह सत्य है परन्तु अनुभूति का हिस्सा मात्र माँ ही नहीं, बच्चा भी है और बच्चा वही समझ पाता है जिसका प्रदर्शन होता है। जहाँ तक मैं जानता हूँ, बच्चे के मन पर उस प्यार के प्रदर्शन की एक छाप पड़ती है।"

"हाँ, यह भी उस सत्य का एक हिस्सा है।"

इस सच को स्वीकारने के बाद मैं स्वयं ही एक आत्मविश्लेषण की मनः स्थिति में चली गई। पुरुषों के प्रति मेरे मन में एक स्वाभाविक प्यार व एक अर्जित घृणा थी और वह आज भी है। पुरुष के प्रति प्यार प्रकृति ने स्वाभाविक रूप से दिया, इस पर अपना कोई बस नहीं चलता। इसलिए जीवन के आरम्भिक वर्षों में मेरे मन

में भी अपने वय के लड़कों के प्रति आकर्षण था। मेरे अन्दर भी वे स्वाभाविक क्रियाएँ-प्रतिक्रियाएँ उत्पन्न होती थीं, जो आम लड़की के मन होती हैं परन्तु इस पुरुष वर्चस्व वाले समाज में जब मैंने अपनी ही माँ को तिरस्कृत होते देखा, तो दुख हुआ। मेरे मन में पुरुषों के प्रति रोष उपजा। जब स्वयं मुझको राजहित में बलि का पशु बना बूढ़े दशरथ को ब्याह दिया गया तो सारा पुरुष समाज मेरे लिए घृणा का पात्र बन गया। वह पुरुष चाहे मेरा पिता रहा हो या भाई या पति अथवा पुत्र या अन्य कोई भी। सबने मेरा उपयोग किया। यों सब पुरुष एक जैसे नहीं थे। कुछ ऐसे भी निकले जिन्होंने मेरे एक संकेत पर खुद को बलिदान कर दिया। पर इस रूप में उन्होंने एक ढंग से अपने पुंसत्व को, अपने पुरुष होने के अहम् को ही स्थापित किया। वे पुरुष होने के अपने अहम् की तुष्टि के लिए कुछ भी कर बैठने के लिए तत्पर थे। यह सम्भव है कि मेरे मन की इसी ग्रन्थि ने मुझे अपने भरत पर सब कुछ न्यौछावर करने से रोका हो, जो एक सामान्य माँ करती। मुझे लगता है कि मुझे सन्तान के रूप में एक बेटा न होकर एक बेटी मिली होती तो शायद मैं उसके लिए कुछ ज्यादा ही करती। वह अगली पीढ़ी की अपूर्व होती। पर मेरी यह कामना पूरी नहीं हुई।

"राजमाता, परेशान न हों।" व्याघ्रपाद ने मुझे चिन्तित देखकर मेरा ध्यान भंग किया।

"या फिर...।"

"या फिर?"

"मंथरा पर छोड़ दें।"

"नहीं राजगुरु, यह काम स्वयं ही करें तो अच्छा है।"

यह सुनकर राजगुरु हाथ जोड़कर प्रणाम करते हुए जाने लगे तब जाकर मुझे ध्यान आया कि मेरे महल में आने के बाद भी मैंने वसिष्ठ को जलपान तक के लिए नहीं पूछा। मैं भूल गई।

एक राजनीतिज्ञ मेरे स्व से अब बाहर जा चुकी थी और एक गृहिणी मुझ में प्रवेश कर चुकी थी।

"आचार्य, अभी बैठें।"

मैंने ताली बजाकर मंथरा को आवाज दी। मंथरा आयी। मैंने देखा मंथरा किसी गहन मंथन में थी। उससे फिर बाद में गहन बातचीत होनी ही थी, यह सोचकर उससे अभी उस विषय में कुछ नहीं कहा। उसे आचार्य के लिए एक पात्र स्वच्छ जल और साथ ही गाय का गर्म दूध लाने को कहा। आचार्य जानते थे कि अब उनका यहाँ से बिना कुछ खाये-पिये जाना सम्भव नहीं है, यद्यपि वे जाने की जल्दी में लगते थे। मंथरा रसोई की तरफ चली गई।

"इसकी क्या आवश्यकता थी? वैसे भी मुझे इस समय कुछ खाने-पीने का मन

नहीं था।”

“हाँ, मैं जानती हूँ।” मैंने मुस्कराकर कहा, “पर जब तक तृप्त होकर ब्राह्मण के मुख से डकार नहीं निकलती, तब तक वह मन भरकर आशीर्वाद नहीं देता। मुझे अपने भरत के लिए इस ब्राह्मण का आशीष चाहिए।”

वह कुछ कहने ही जा रहा था तभी एक पात्र में जल लिए तथा दूसरे में गाय के दूध से बनी खीर लिए मंथरा ने प्रवेश किया। मंथरा जानती थी कि आचार्य को खीर बहुत पसंद है। खीर को देखते ही आचार्य की मुद्रा बदल गयी।

मुझे लगा कि ब्राह्मण का नियन्त्रण बिन्दु उसका पेट है। वह खाता रहा। हम दोनों उसे देखते रहे। चेहरे पर तृप्ति की चमक लिए आचार्य चले गये।

मंथरा और मैं अपने शयन-कक्ष में आ गये। मैं मंथरा को उसके लिए नियत की गई भूमिका बताना चाहती थी। उससे सलाह व उसकी सहमति चाहती थी। मैं जानती थी कि मंथरा सारा कुछ सुन-समझ चुकी है। मंत्रणा-कक्ष के बाहर बैठी वह हमारी सारी बातें सुन रही थी। आखिर तो वह केकय देश की कूटनीतिज्ञ थी। मेरी हित-चिन्तक। मेरी मित्र। मंथरा ने अपना सारा जीवन मेरी व अपने पैतृक देश की सेवा में अर्पित कर दिया था। यों तो यहाँ पर मेरी दासी थी। मैं कुछ देर तक उसे देखती रही। मैं असमंजस में थी। कहाँ से बात आरम्भ करूँ? उसने मुझे इस असमंजस से निकाल लिया, वरना यह हो सकता था कि उस रात मैं उससे अपनी बात कैसे कहूँ, यह सोचते-सोचते ही मेरी सारी रात निकल जाती और मैं उससे कुछ न कह पाती।

“आप कुछ कहना चाह रही हैं, राजमाता?”

“मन!... ।” मैं रुकी। जब हम दोनों नितान्त निजी क्षणों में होते तो मैं उसे मन कहकर सम्बोधित करती। वह थी भी मन ही। अन्य लोगों के लिए वह मंथरा—धीमी गति वाली थी पर मेरे लिए मन जैसी चंचल, वेगवान। कहाँ से कहाँ चली जाने वाली। मेरे लिए वह मन थी, नितान्त निजी। हमारे शरीर दो थे पर मन एक। हमने एक-दूसरे के निजी क्षणों को एक साथ जिया था, बाँटा था। हम सहभागी थे सब कुछ के; चाहे वह अच्छा था या बुरा। अब तक मेरे पास हर प्रकार के सुख से रही थी पर अब दिन कुछ अनिष्टकारी दृष्टिगोचर हो रहे थे। मेरे कारण अब उसे जो भोगना पड़ेगा, वह सब मैं जानती हूँ कि वह हँसते-हँसते सह लेगी पर वह मेरे कारण होगा, यह मुझे साल रहा था।

“मन!”

उसने मेरी तरफ देखा।

“तुमने सुना वसिष्ठ का प्रस्ताव?”

“हाँ, सुना।”

“मुझे अच्छा नहीं लगा।”

"नहीं, ठीक तो है।"

"क्या ठीक है री! क्या चाहा था, क्या हो रहा है? राजमार्ग पर मेरी मन की पिटाई वह भी मेरे ही पुत्रों द्वारा।"

"तुम्हारी मन की नहीं। दासी मंथरा की। कुटनी मंथरा की। अरे यह तो अभिनय का हिस्सा है अपूर्व। मन को कौन पीट सका? तेरी मन तो तेरे पास ही है। तेरे साथ ही है।" उसने मुझे सांत्वना दी।

"तू राजगृह की ओर निकल जा, मैं तेरे जाने का प्रबन्ध किये देती हूँ।"

"तू मुझे अपने से अलग कर देना चाहती है?"

"नहीं रे, मन को कौन अलग कर पाया है। पर मैं अपने मन की ऐसी दुर्दशा देखना नहीं चाहती।"

"नहीं, मैं नहीं जा सकती। मेरी और तेरी एक ही नियति है। अब तू मन में बिना कोई अपराध-बोध लिए सो जा। कल जो होगा, सो देखेंगे।"

अगले दिन वसिष्ठ स्वयं आये। अपने नाटक का पूरा पाठ उनके साथ था। उसमें किसका क्या हिस्सा है, मंच पर कब कौन कहाँ से प्रवेश करेगा? कौन-सा हिस्सा मंच के किस भाग में खेला जायेगा, क्या प्रकाश व्यवस्था होगी, सब था उसमें। इस नाटक के तीन मुख्य भाग थे। एक भाग जो राजमहल में खेला जाना था, जिसके प्रमुख पात्र मैं तथा कौसल्या थे। मेरे महल पर एक उदासी का दृश्य उपस्थित किया जाना था। जिसमें अँधेरे की मुख्य भूमिका थी। मेरी भाषा, वेशभूषा व व्यवहार का पक्ष था। इस सबमें जो भी प्रदर्शित होना था उसमें 'शोक' एक स्थायी भाव था। वस्त्र श्वेत, कुछ पीलेपन की उदासी लिए होने थे। मेरी भाषा संयमित तथा अपराध-बोध लिए हुए, एक उपालाभ से भरी होनी थी, जिससे यह लगे कि यह तो वह कैकेयी हो ही नहीं सकती। मुझे अपनों के द्वारा ही तिरस्कृत होना था।

यह नाटक काफी लम्बा चला। मुझे तो लगने लगा था कि क्या मैं सचमुच ही तिरस्कृत हो गयी हूँ। कहीं यह नाटक न होकर सच ही तो नहीं हो रहा था। उदासी का नाटक करते-करते मैं सचमुच बहुत उदास रहने लगी थी। मेरे महल में लोगों का आना-जाना लगभग बंद-सा हो गया था। मेरा वास्तविक जीवन उस पात्र में ढलने लगी थी जिसका कि मैं अभिनय कर रही थी। अपने मन की व्यथा बाँटने के लिए मेरी दासी, मेरी सखी, मेरी मन भी मेरे साथ नहीं थी। वह तो उस काल कोठरी में पड़ी अपने जख्मों को सहला रही थी। सचमुच बड़ी बेरहमी से भरे बाजार मारा था शत्रुघ्न ने उसे। उसके सारे वस्त्र कोड़ों की मार से उधड़ गये थे। जगह-जगह रक्त-स्राव हो रहा था उसके शरीर से। क्या दशा बना दी गई थी उस कंचन काया की। सुना है वह यही कहती रही कि उसने जो किया, ठीक किया। वह शत्रुघ्न का क्रोध बढ़ाती रही। शत्रुघ्न उसे तब तक पीटता रहा जब तक सुमंत ने उसे रोक नहीं दिया। शत्रुघ्न व सुमंत उस नाटक के ऐसे पात्र थे, जिनका उपयोग तो हुआ पर उन्हें कभी यह

ज्ञात ही नहीं हो सकता कि उनका उपयोग किया जा रहा है। सुमंत राम व दशरथ के सबसे निकटती व्यक्ति थे। उनको प्रभावित करना वसिष्ठ का मुख्य उद्देश्य था। यही कारण था कि पिटाई का दृश्य वहाँ अभिनीत हुआ, जहाँ से सुमंत का घर समीप था और बात उसके घर तक, उन तक पहुँचा दी गई थी। सुमंत वास्तव में वैसे ही थे जैसे वे दिखते थे। सीधे-सरल व्यक्ति। जिनकी कथनी और करनी में कोई अंतर नहीं था। शायद यही कारण था कि महाराज दशरथ उन्हें बहुत प्यार करते थे। उन पर बहुत विश्वास करते थे। एक स्त्री का इस प्रकार पीटा जाना सुमंत से देखा नहीं गया।

सुमंत को आया देख मंथरा ने शत्रुघ्न को और उकसाया।

"तुम अपने आप को बहुत वीर समझते हो। दो मेरे हाथ में भी एक कोड़ा। फिर देखो यह केकय की वीर स्त्री तुम्हारी कैसी खाल उधेड़ती है।"

शत्रुघ्न ने उसे दो-चार अपशब्द कहे। फिर उस पर दो कोड़े बरसाये। सहृदय सुमंत ने शत्रुघ्न को रोका।

"काका, आप इसे छोड़ दें। यह स्त्री अयोध्या की शत्रु है। यह पिताश्री की हत्यारिन है।"

मुँह से खून थूकते हुए मंथरा ने कहा था, "उस झूठे, क्लीव, बूढ़े की हत्या? वह तो मुर्दा आदमी था। जो व्यक्ति अपने दिए वचनों को पूरा करने से बार-बार मुकर जाये, वह कैसा क्षत्रिय? और बेटा शत्रुघ्न, अपने इस काका से पूछो, ये बतायँगे कि वह तुम्हारा पिता, तुम्हारा तथाकथित पूज्य पिता, महाराज, हम औरतों की दान दी हुई जिन्दगी जी रहा था। पूछो, इनसे पूछो कि हम वीर स्त्रियों ने कैसे उसकी रक्षा की थी। ये सारथी थे, वे वीर। शम्बासुर से युद्ध के दौरान दोनों मृत्यु शैया पर थे। वह तो मैं तथा तुम्हारी माँ अपूर्व थे, जिसकी कारण से बच गये। युद्ध तो हमने किया था। शम्बासुर के छल तन्त्र को हमने समझा और तोड़ा था। बताओ मन्त्री, इस स्त्री पर बहादुरी दिखाने वाले वीर राजकुमार को बताओ कि इनके इस संसार में आने का कारण हम हैं।"

"यह जीवन आपका ऋणी है देवी।" सीधे-सच्चे सुमंत ने सीधी-सच्ची बात कह दी।

उस बीच-बचाव के बाद शत्रुघ्न घायल मंथरा को वहीं हाट में छोड़ आया। राजाज्ञा से मंथरा को क़ारागार की एक कोठरी में डाल दिया गया।

उस रात मंथरा से मिलने मैं गुपचुप तरीके से कारागार गयी थी। तब तक राजवैद्य उसके घावों पर लेप लगाकर जा चुके थे। मुझे देखकर मंथरा चहक उठी थी। जैसे उसने वह सब पा लिया हो जिसके लिए वह वहाँ थी। उसने ही इस घटना को इतने विस्तार से बताया था। उसकी स्थिति देखकर मैं बिसूरती रही। सोचती रही कि यदि उसके हाथ में भी एक कोड़ा होता तो क्या वह इस प्रकार पिट सकती थी? वैसे भी

उसने यह पिटना स्वयं स्वीकार कर लिया था। मेरे हित में, अयोध्या के हित में और अयोध्या में कैकेयी के हित में। मैं उसके पास बैठी आँसू बहाती रही और वह मुझे घटना का विवरण कुछ इस प्रकार सुनाती रही जैसे वह सब उसके साथ नहीं किसी और के साथ हो रहा था और वह तो मात्र एक दर्शक थी। इस घटना पर हो रही जन-प्रतिक्रिया को वह अपनी आँखों-आँखों में नापती रही थी। पहले भीड़ में उसके प्रति एक घृणा का भाव था और वह शत्रुघ्न को इस बात के लिए उकसा रही थी कि मंथरा नाम की इस कुटनी की अच्छी तरह धुनाई करे। भीड़ में कुछ लोग नितान्त जैविक भाषा में बोल रहे थे। कुछ मनचले इसका आनन्द उठा रहे थे। कुछ के लिए राजमहल की गाथा वीथियों में पहुँचकर ज्ञानवर्धन कर रही थी। उनके जीवन का शायद यह पहला ऐसा अवसर था। कुछ वरिष्ठ नागरिकों की दृष्टि में एक स्त्री का इस प्रकार बीच बाजार में पीटा जाना राज्य के अधःपतन का प्रतीक था। मंथरा ने एक बहुत मौलिक बात यह बताई कि उसे यह देखकर बहुत आश्चर्य हुआ कि कोई भी वीर पुरुष उसे राजकुमार शत्रुघ्न के हाथों पिटता देख बचाने के लिए आगे नहीं आया। मंथरा भी किसी स्थानीय स्त्री की तरह पिटते हुए कोई आर्तनाद नहीं कर रही थी, वह एक वीर कैकेयी थी, जिन्होंने पुरुषों की बराबरी करना सीखा था, आँसू बहाना नहीं। उस देश की स्त्रियाँ रोकर किसी के सामने दया की भीख माँगती नहीं देखी गईं। वे लड़ना जानती हैं, आत्मरक्षा करना जानती हैं, वे युद्ध करना जानती हैं, उन्होंने पराजित होना नहीं सीखा। मरने-मारने में वे पुरुषों से किसी भी प्रकार कम नहीं होतीं। पर्वतों पर जीवन कठिन होता है। वहाँ स्त्रियाँ पुरुषों की अपेक्षा कहीं अधिक परिश्रमी, कहीं अधिक सामर्थ्यवान होती हैं। वे बहुत ही अधिक निर्भय एवं स्वतन्त्र प्रकृति की होती हैं। मंथरा का तो कहना ही क्या था। वह हर गुण में मुझसे ऊपर थी। इसीलिए वह मेरी मित्र थी। एक मन, दो शरीर। उसके शरीर पर लगे हर कोड़े की पीड़ा मुझे हो रही थी। मेरे लिए उसने अपनी प्रकृति के विपरीत कितना कुछ सहा।

"क्या एक भी कैकेय वहाँ नहीं था?" मेरे मुँह से अनायास निकल गया।

"क्या तुम इतनी अबला हो गयी हो अपूर्व?" इस एक वाक्य में उसने क्या कुछ नहीं कह दिया। मन और मैं अपनी सामर्थ्य से भिन्न नहीं थे। यदि वह किसी और की तरफ सहायता के लिए देखती तो इसका अर्थ यह होता कि मैं किसी और की तरफ सहायता के लिए देख रही हूँ। कहीं वह गिरती तो इसका मतलब यह होता कि मैं गिरी हूँ। यदि उसके शरीर पर, मन पर वृण थे तो वे घाव मेरे शरीर पर थे, मेरे मन पर थे। आज वह कारावास की काल कोठरी में बन्दी तो कहीं न कहीं मैं अपने आप को बन्दी अनुभव कर रही थी। वह बहुत समय तक मुझको देखती रही, मेरे चेहरे पर आते-जाते भावों को पढ़ती रही।

"यदि तुम्हें कुछ हो जाता तो मैं अपने आप को कभी क्षमा नहीं कर सकती थी।"

"मुझे क्या हो सकता था अपूर्व? वहाँ जो कुछ हो रहा था, सब कुछ वैसा ही था जैसा व्याघ्रपाद चाहता था। सब कुछ मेरे नियन्त्रण में था।" फिर उसने हँस कर कहा, "वहाँ अपना अभिनव तो था ही। पता है अपूर्व, वह बहुत खतरनाक स्थिति में था। चाहता तो अपने खड्ग के एक वार में ही असावधान शत्रुघ्न का सर धड़ से अलग कर सकता था। बार-बार उसका हाथ अपनी खड्ग की मूठ पर चला जाता था। मैं निगाहों से उसे वर्जित कर देती थी। वह बहुत असमंजस में था कि क्या यह वही मंथरा है। कैसे वह इस राजकुमार के हाथ से पिट रही है? क्या हो गया है इसे? उस बेचारे को क्या पता था कि यह सब एक नाटक का हिस्सा है।"

अभिनव का नाम आते ही मंथरा कहीं दूर विचारों में खो गयी। उसका खो जाना स्वाभाविक था। उसे अभिनव के ध्यान में खोया देख मुझे कुछ सुख का, कुछ संतोष का अनुभव हुआ। पर शायद अभिनव का ध्यान था और शायद ओषधियों का प्रभाव कि वह सो गयी। परिचारिका को मंथरा का विशेष ध्यान रखने का निर्देश देकर मैं अपने महल चली आयी।

व्याघ्रपाद वसिष्ठ व उसकी शिष्य मण्डली के प्रचार तथा उस दिन बीच बाजार में शत्रुघ्न द्वारा की गई मंथरा की पिटाई प्रजा के मन पर असर डाल रही थी। भरत राज-सिंहासन पर नहीं बैठता था। यह प्रचार किया जा रहा था कि सिंहासन राम का है, राम के लिए सुरक्षित है। भरत राम के प्रतिनिधि के रूप में शासन कर रहा था। बड़े भाई राम के प्रति उसके प्रेम व आदर का प्रदर्शन कुछ इस प्रकार का था कि जनता सम्मोहित हो रही थी। राम चूँकि वन गये हुए थे तो भरत भी अयोध्या नगर में न रहकर नगर से दूर नन्दीग्राम में एक कुटिया बनाकर रहता था। राम भूमि पर सोते थे तो भरत जमीन के नीचे एक गड्ढा बनाकर कुशासन पर सोता था। जनता के मन पर इस सबका बहुत अच्छा प्रभाव पड़ रहा था। धीरे-धीरे जन-जीवन सामान्य होता जा रहा था। प्रजा का पलायन रुक गया था। धीरे-धीरे जनता के मन में यह बात घर कर रही थी कि यह सब जो कुछ भी हुआ है, वह सब उस कुटनी मंथरा का किया धरा है। सभी कुछ उसके उकसावे में हुआ है। शायद ईश्वर की यही इच्छा थी। वो जो करता है, अच्छा ही करता है। शायद इसी में हम सब की भलाई हो? अन्यथा इन चारों भाइयों में तो कितना प्रेम है। राजमाता कैकेयी भी राम को भरत से ज्यादा चाहती हैं। कितने भोले विचार थे?

राम को मनाकर वापस लाया जाये, इस बात की राज्य परिषद से आज्ञा लेकर, राम इस समय कहाँ हैं इसकी खोज के लिए चारों तरफ दूत भेजे गये। भोली जनता ने इस सबको सहज स्वीकार कर लिया।

सूत सुमंत की तरफ हमारा चलाया हुआ तीर ठीक निशाने पर लगा। शम्बासुर युद्ध के समय हमने महाराज दशरथ ही नहीं, उनके सारथी सुमंत की प्राण-रक्षा भी की थी। यह वही ऋण था जिसके कारण सूत सुमंत हमारी तरफ झुक गये थे। महाराज

दशरथ की ओर उनकी अपूर्व निष्ठा थी। इस कारण महाराज ने राम, लक्ष्मण व सीता को उन्हीं के साथ वन भेजा था ताकि वे सुरक्षित निकल सकें। राम दशरथ के सबसे प्रिय पुत्र थे, इस बात को उनके निजी सारथी सुमंत से ज्यादा कौन जान सकता था। महाराज दशरथ अब इस दुनिया में नहीं थे। सुमंत की प्रसिद्ध स्वामी-भक्ति व सरल स्वभाव जग-जाहिर था। इस कारण हमने सुमंत को अपने प्रचार का सबसे पहला लक्ष्य बनाया। अब उसकी विभाजित निष्ठा का उपयोग हमने किया। सुमंत को राज-दरबार की ओर लौटते देख निष्ठा की मुंडेर पर बैठे और बहुत से सामन्त और मन्त्री भी दरबार में लौट आये।

राजसिंहासन को भरत द्वारा स्पष्ट रूप से ठुकराए जाने के बाद मन्त्री परिषद ने भरत को तब तक राजकाज सँभालने के लिए कहा, जब तक राम को खोजकर उन्हें पुनः अयोध्या लौटने के लिए सहमत नहीं कर लिया जाता। हाँ, इस बात पर संदेह प्रकट किया जाता रहा कि राम जैसा उत्कृष्ट रघुवंशी कभी अपने पिता की आज्ञा को तोड़कर चौदह साल से पहले अयोध्या आयेगा?

व्याघ्रपाद वसिष्ठ बहुत ही तेज राजनीतिज्ञ प्रमाणित हुआ। उसने धीरे-धीरे एक-एक कर सुयज्ञ जाबालि, कश्यप, गौतम मार्कण्डेय, कात्यायन एवं वामदेव सहित सभी परामर्शदाता गुरुजनों को भरत के पक्ष में कर लिया। यद्यपि यह भरत, राम का अनुज भरत था। अमात्य परिषद के सभी यथा धृष्टि, जयंत, विजय, सिद्धार्थ, अशोक व क्षेत्रपाल को भी धीरे-धीरे साध लिया। सुमंत तो सध ही चुके थे।

राम इस समय कहाँ है, इसको खोजने का काम अमात्य परिषद की सलाह से वसिष्ठ ने सुमंत को सौंपा। अर्थ-साधक से उसके लिए पर्याप्त धन की व्यवस्था करने को कहा। धृष्टि से इस काम में सहायता करने के लिए आवश्यक राजपुरुष तथा गुप्तचर देने को कहा ताकि यह काम शीघ्रातिशीघ्र किया जा सके। वैसे सुमंत को यह अधिकार दिये गये थे कि राज्य के किसी भी साधन का उपयोग राम की खोज करने के लिए कर सकते हैं। यह सब प्रकट तौर पर था। असल में तो गुप्तचर व्यवस्था को यह निर्देश दिये गये थे कि इस काम में अधिक से अधिक समय व्यर्थ करें।

हम प्रजा को पूरे विश्वास में लेना चाहते थे। हम उसे दिखा देना चाहते थे कि हम जो कह रहे हैं, उसका अर्थ वही है। एक तरफ हम राम के खोजे जाने का प्रदर्शन कर रहे थे तो दूसरी तरफ हमारी यह तैयारी भी चल रही थी कि कौन राम को वापस बुलाने के लिए जायेगा। हम चाहते थे कि विशाल संख्या में प्रजा जन हमारे साथ हों; साथ ही विशाल सेना भी साथ में हो। हम रास्ते में पड़ने वाले निषादराज गुह व अन्य छोटे-छोटे राजाओं तथा महर्षि सुहोत्र भरद्वाज के गुरुकुल सहित सबको, जो राम के पक्षधर थे या हो सकते थे; आश्वस्त करना चाहते थे कि हमारा और हमारी प्रजा का उद्देश्य श्री राम को वापस अयोध्या लाना है। इसके लिए व्याघ्रपाद ने उन्हीं लोगों का उपयोग किया जो राम के पक्षधर माने जाते थे। यों तो यह सारा काम सुमंत

को सौंपा गया था पर व्याघ्रपाद वसिष्ठ का हर जगह नियन्त्रण था। वे सुमंत को निर्देश देते रहते थे।

परन्तु राजनीति केवल हम ही जानते हों, ऐसा नहीं था। हमारे सारे प्रदर्शनों के बाद भी लोगों के मन में कहीं न कहीं संदेह के कुछ हिस्से बच जाते थे। हमसे निषादराज गुह तथा महर्षि भरद्वाज ने स्पष्ट रूप से कह दिया था कि कहीं धोखा न दिया जाये, अन्यथा हमारा अहित होगा। वे नहीं चाहते थे कि ऐसी कोई सेना उनके अधिकार क्षेत्र से गुजरे जो राम का अहित कर सकती हो। निषादराज का तो स्पष्ट कहना था कि यदि राम, लक्ष्मण या सीता का जरा भी अहित हुआ, तो वे हमें तथा हमारी सेना को मछलियों तथा श्रृंगालों का भोजन बना देंगे।

हमारे पास उसकी इस धमकी को चुपचाप सुनाकर उसे आश्वस्त करने के सिवाय कोई और विकल्प नहीं था। हमने उसे सफाई दी कि हमारे साथ मात्र उतनी ही सेना जा रही है जो हमारी प्रजा की कठिन समय में सहायता करने के लिए आवश्यक है। हमने उसे और उसकी सेना को हमारे साथ चलने का आमन्त्रण भी दिया, जो हमारे सद्भाव के प्रदर्शन की आवश्यकता थी। हमने कहा कि हम राम से युद्ध करने नहीं जा रहे, हम उन्हें अयोध्या वापस लाकर उनका राज्य उन्हें सौंपना चाहते हैं।

ऐसा नहीं है कि हमारी इस राजनीतिक भाषा का अर्थ निषादराज ने नहीं समझा होगा, पर शायद वह हमसे अनावश्यक रूप से लड़ना नहीं चाह रहे थे। ऊपरी मन से ही निषादराज ने हमारे शब्दों को मान्यता दी। वे राम के व्यक्तिगत मित्र थे और राम हित में सेना की एक टुकड़ी के साथ वे भी हमारे साथ हो लिए। महर्षि सुहोत्र भरद्वाज के यहाँ हम निषादराज के साथ ही पहुँचे थे। वहाँ भी उसी प्रकार के संदेह का सामना करना पड़ा। महर्षि राम का पक्ष अच्छी तरह समझ चुके थे। राम उनके पास हमसे पहले पहुँचे थे। उन्हें राम का पक्ष न्याय का पक्ष प्रतीत हुआ था। यद्यपि ऋषिकुल राजाओं के आपसी पचड़े में पड़ना पसंद नहीं करते थे फिर भी उन्होंने हमें राम का पता देने के पूर्व राम की सुरक्षा निश्चित कर लेनी चाही। निषादराज का अपनी सेना के सहित हमारे साथ होना उन्हें आश्वासनकारी लगा था।

आज जब मैं पक्षधरताओं से ऊपर उठकर सोचती हूँ तो लगता है कि इस सब में राम का तो कोई दोष था ही नहीं। यदि इस सब घटनाक्रम के लिए कोई एक व्यक्ति दोषी था तो वह था दशरथ। बाकी हम सब तो उसके किए के दण्ड भोगते रहे। हममें से हरेक व्यक्ति ने अपने-अपने ढंग से दण्ड भोगा, चाहे वह कौसल्या हो, सुमित्रा या मैं या फिर राजमहल में पड़ी तीन सौ पचास अन्य रानियाँ। चाहे वह राम, भरत हो या शत्रुघ्न या फिर सीता, मांडवी, उर्मिला हो या श्रुतिकीर्ति। जो दशरथ के जितना निकट रहा, उसे उतना ही अधिक दण्ड भोगना पड़ा। उसमें सबसे बड़ा हिस्सा कौसल्या मेरे और राम के भाग में आया। पर सीता और उर्मिला? नहीं, नहीं कोई नियम लागू नहीं होता। सबसे अधिक दण्ड तो सीता के भाग में आया। मुझे

या राजमाता कौसल्या या राम को जो दण्ड मिला, वह सीता को मिले दण्ड को तुलना में बहुत छोटा था। सीता के प्रति मेरा अपराधबोध इतना गहरा है कि मुझे इससे अपनी पूरे जीवन छुटकारा नहीं मिल सकता। चाहे सीता स्वयं आकर मुझे क्षमा कर दे पर मेरी मुक्ति नहीं हो सकती। इसके लिए मैं स्वयं को क्षमा नहीं कर पाती। यदि आत्मा का वास्तव में ही कोई अस्तित्व होता होगा तो मुझे लगता है कि मेरी आत्मा भी सीता के प्रति किये गये या फिर हो गये अपराध बोध से भूत-प्रेत बनकर भटकती रहेगी। अपनी सारी जिजीविषा एकत्र कर अभी, इस समय अपने इस अपराध बोध से पलायन करती हूँ और फिर अपने जीवन के उसी भाग पर आती हूँ।

सुमंत ने अपनी विधि से भी राम का पता लगा लिया था। एक चुनी हुई सैनिक टुकड़ी तैयार की गई जिसे रास्ते में आगे-आगे चलना था। दूसरी एक टुकड़ी प्रजा के पीछे रहनी थी। प्रजा के दायें-बायें, पार्श्व में भी सैनिक थे। कुछ सैनिक सादा वस्त्रों में भी थे। साथ ही प्रजा के बीच हमारे गुप्तचर तो थे ही। कुछ बहुत ही विश्वसनीय लोगों को अयोध्या में छोड़ा गया था। बहुत बड़ी प्रजा को साथ लेकर चलने का मतलब था कि एक बहुत ही मंथर गति से चलना। प्रजा के खान-पान की व्यवस्था का भार नगर श्रेष्ठि को सौंपा गया था। हमारे साथ राम को वापस लाने के लिए चलने वाले हजारों स्वतःस्फूर्त प्रजाजनों के अतिरिक्त अमात्य परिषद के सदस्य, सामंत, नगर के बड़े-बड़े सेठ, गुरुकुलों के शिक्षक, वेदपाठी, यागनिक व भिक्षाजीवी ब्राह्मण व राज्यकर्मचारी, व्यापारी, किसान, कारीगर व जनसेवक सभी तरह के लोग थे। यह बहुत सारे प्रजाजनों के लिए एक उत्सव था, पर हमारे लिए एक परीक्षा की घड़ी। इसमें कुछ भी हो सकता था। हमें राम की तरफ से कोई शंका नहीं थी पर उग्र स्वभाव के भावुक लक्ष्मण पर हमें भरोसा नहीं था। वह मरने-मारने पर उतारू हो सकता था। राम की तरह वह समय को देखकर चलने वाला नीतिनिपुण नहीं था। अमात्य सुमंत के साथ होने के कारण हमारी राह लगभग सहज हो चली थी। निषादराज गुह तथा सुहोत्र भरद्वाज को हम पर भरोसा नहीं था। फिर भी वे हमारी राह का रोड़ा नहीं बन रहे थे। हमसे अनेक प्रश्न किये जा रहे थे। सबसे कठिन प्रश्न था कि राजमाता कौसल्या हमारे साथ क्यों नहीं हैं? राजमाता सुमित्रा हमारे साथ क्यों नहीं हैं? फिर मैं अर्थात् कैकेयी जो फसाद के मूल में थी, वह क्यों है? व्याघ्रपाद वसिष्ठ ने बड़ी ही तत्परता से इन सबके उत्तर दिये थे। उसका कहना था कि राजमाता कौसल्या अति वृद्ध होने के कारण नहीं आ सकीं, साथ-साथ उनके पुत्र व पति के साथ जा हुआ है, उसने उन्हें मानसिक असहयनीय पीड़ा दी है और अब वे इस स्थिति में नहीं हैं कि अपने बेटों व बहू को जटाजूट बनाए वल्कल धारण किये एक सेन्यासी की वेश-भूषा में देख सकें। राजमाता सुमित्रा स्वयं उनकी सेवा के लिए रुक गयी हैं। लाना तो वे मुझे भी नहीं चाहते थे पर मैं अर्थात् कैकेयी अपने अपराधों की राम से क्षमा याचना करने हठपूर्वक चली आयी हूँ।

ये आचार्य लोग शब्दों का कैसा सुन्दर जाल बुनना जानते हैं। इस सबके होते हुए भी हमें यह अनुभव करा दिया गया कि हमारे शब्दों का वे वही अर्थ नहीं ले रहे जो हम प्रदर्शित करना चाहते थे। उनके पास इन पर संदेह करने के कारण हैं, ऐसा उन्होंने हमें स्पष्ट कर दिया था। निषादराज के साथ उसकी सेना की एक टुकड़ी भी हमारे साथ चल रही थी, इससे हमें कोई असुविधा नहीं हुई यह टुकड़ी हर प्रकार से हमारी पथ-प्रदर्शक प्रमाणित हुई। हम रास्तों में कहीं भटके नहीं। लोग हमसे आशंकित भी नहीं हुए।

नगरों, गाँवों, बस्तियों, खेतों, जंगलों, नदियों, नालों को पार करते हुए हम करीब एक पखवाड़े में अयोध्या से चित्रकूट पहुँचे थे। हम लोग जहाँ से भी जाते, धूलिपुंज उठ जाता था। मंदाकिनी नदी के किनारे कामदगिरी पर्वत एक रमणीक स्थल है, एक नयनाभिराम दृश्य। यदि गुप्तचरों द्वारा पूर्व में सावधान नहीं किया गया होता तो यहाँ आकर पता करने में काफी कठिनाई होती कि राम, सीता व लक्ष्मण कहाँ हैं?

सुरक्षा की दृष्टि से राम ने रहने के लिए जो स्थान चुना था, वहाँ पर साधारणतः किसी व्यक्ति का पहुँचना बहुत कठिन था। पेड़ों तथा लता गुल्मों से ढका गुफा द्वार किसी भी प्रकार पहाड़ की तलहटी में पहुँचे किसी व्यक्ति को दिखाई नहीं पड़ता था। कंदरा द्वार तक पहुँचने का जो पहाड़ी रास्ता था वह इतना सँकरा था कि उस पर केवल एक व्यक्ति ही चल सकता था। रणनीतिक रूप से स्थितियाँ कुछ ऐसी थीं कि ऊपर बैठा कोई एक अच्छा धनुर्धर पूरी सेना के लिए पर्याप्त था। कंदरा गहरी एवं जल-स्रोत से युक्त थी। वहाँ से निकलता हुआ धुआँ ही इस बात को इंगित करता था कि शायद यहाँ कोई रहता है। चित्रकूट पर्वत पर बनी ऐसी गुफाओं, कंदराओं में बहुत से तापस रहते थे। चारों तरफ विशाल वन सम्पदा थी। कंद-मूल, फल बहुतायत में मिल जाते थे। आखेट योग्य जीवों से भरा-पूरा वन था। वन में जीवन-यापन के लिए राम ने बहुत ही सूझ-बूझ से यह स्थान चुना था। शायद महर्षि सुहोत्र भरद्वाज ने राम को यहाँ पर रहने की सलाह दी थी। उनके बहुत से शिष्य यहाँ रहकर तपस्या कर रहे थे।

मंदाकिनी का किनारा, कलकल करती स्वच्छ जलधारा, उसके किनारे-किनारे छायादार वृक्षों की कतार, ऐसा लगता था कि फूलों-फलों से लदे वृक्षों की शाखाएँ झुककर नदी को चूम लेना चाहती हैं। तन इस लम्बी यात्रा से थका हुआ था और मन दुःचिन्ताओं से घिरा हुआ। तभी नदी के किनारे एक ऐसी चट्टान दिखाई पड़ी, जिस पर बैठकर नदी के जल में पैर डुबाए जा सकते थे। मेरे अंदर का बपचना निकलकर बाहर आ गया। मैंने कहारों को कहकर अपनी पालकी वहीं पर रुकवा दी। कूदकर पालकी से बाहर आ गयी। एक प्रौढ़ राजमाता, विधवा वेशधारी, राजनीतिज्ञा, दुस्साहसी, षड्यन्त्रों की रचयिता, बदला लेने पर उतारू एक जिद्दी स्त्री न जाने कहाँ खो गई। बच गई एक अबोध आठ-दस वर्ष की बच्ची जो चट्टान पर बैठी जल से खेल रही

थी। शीतल जल को अपने पैरों से इधर-उधर उछाल रही थी।

मुझे आज भी अच्छी तरह याद है कि मैं बैठी तो मंदाकिनी के किनारे थी पर मेरी नजर में जो दृश्य उभर रहे थे, वे चन्द्रभागा के किनारे राजगृह के आसपास के बहते झरनों और जल-स्रोतों के थे, जिनके किनारे पर खेलकर मैं बचपन को पार कर नवयौवन में प्रवेश कर रही थी। संगी-साथियों के साथ उन स्थलों पर की गई जलक्रीड़ाओं के दृश्य मानस-पटल पर कितने समय तक घूमते रहे, मुझे पता ही नहीं चला। मेरी इस तंद्रा को तोड़ा युधाजित ने।

"यदि अपूर्व अपने सपनों से बाहर आ जाये तो हम अपनी आगे की यात्रा फिर प्रारम्भ करें।"

मैं चौंक उठी थी। युधाजित का संकेत समझ तुरन्त सँभलकर राजमाता कैकेयी में परिवर्तित हो गयी।

"राजमाता यहाँ से करीब आधा योजन और चलना होगा। उसके बाद हम पुत्र राम, लक्ष्मण व पुत्रवधू सीता के निवास-स्थल के नीचे होंगे।" सुमंत ने सूचना दी।

व्याघ्रपाद वसिष्ठ ने बात को आगे बढ़ाते हुए कहा, "उसके बाद हम मेरा मतलब वत्स भरत, अमात्य सुमंत, निषादराज के सेना नायक, सेनापति युधाजित और मैं राम के निवास पर जायेंगे और आप शेष जनता के साथ वहीं पर रुकेंगी।

यों तो सारी बातें विस्तृत विवरण के साथ पहले ही तय कर ली गयी थीं, परन्तु यह सब अमात्य सुमंत के सामने कहा जाना था। इसके बाद सबसे आगे महामन्त्री वसिष्ठ, उसके बाद अमात्य सुमंत, भरत, निषाद सेनानायक और अन्त में सेनापति युधाजित को होना था। इसमें से केवल युधाजित ही सशस्त्र होने थे, बाकी सब बिना किसी अस्त्र-शस्त्र के। भरत को यों तो राजकुमारों वाली वेश-भूषा में होना था पर उनके मुड़े हुए सर से पिता के स्वर्गवास का संदेश भी दिया जाना था। वे अयोध्या का राजमुकुट हाथ में लिये होंगे, जो यह प्रदर्शित करने के लिए होगा कि उन्होंने इस मुकुट को पहनना स्वीकार नहीं किया है। वे अपने आप को अयोध्या का महाराज नहीं समझते। राम से मिलते ही वे इस मुकुट को उनके पैरों में रख देंगे और भाव विह्वल होने का अभिनय करेंगे। शेष सारा संचालन महामन्त्री वसिष्ठ करेंगे।

आधा योजन चलने के बाद वह स्थान आया, जहाँ हमें रुकना था। प्रजा व सारा राजपरिवार व सेना कुमार शत्रुघ्न के संरक्षण में वहीं पर रुक गया। वे लोग पूर्व निर्धारित ढंग से चले गये। मेरे मन में कई आशंकाएँ थीं पर वसिष्ठ व कुमार राम के रहते हुए कुछ अनिष्ट होगा, ऐसा मुझे नहीं लगता।

लगभग एक प्रहर बाद वे लोग राम के शैलाश्रय से नीचे उतरते दिखे। मन को कुछ शान्ति हुई। नीचे आने के बाद राम ने मेरे चरण स्पर्श किये। पता नहीं उस समय मुझे क्या हुआ। राम के इस चरण-स्पर्श ने मुझे करुणा विगलित कर दिया। मैं फफक-फफक कर रो पड़ी।

मैं आज तक अपनी उस रुलाई को समझ नहीं पायी। क्या मैं अभिनीति चरित्र के अपने भाग को सचमुच ही जीने लगी थी। रोना स्त्री का सबसे सुलभ अस्त्र है। ऐसा अधिकतर लोगों का विचार है। मुझे यानी इस कैकेयी को याद नहीं पड़ता कि इससे पहले भी मैं कभी रोई थी। बचपन की बात नहीं कह सकती। विवाह के बाद राजगृह छोड़ते हुए भी मेरी आँखों में आँसू नहीं थे। मेरे मन में तो एक आग थी बूढ़े क्लीव दशरथ की कामुकता के विरुद्ध, जिसने मेरे सारे स्वप्न तोड़ दिये थे। उस राजनीतिक समझौते के विरुद्ध, जिसमें मुझे एक बलि का पशु बना दिया गया था। शायद दशरथ की मौत के बाद वह आग ठण्डी पड़ गयी थी।

सच का कोई एक रूप नहीं होता। सच बहुआयामी है। अलग-अलग सच। समाज का एक अलग सच। उसमें रहने वाले हर व्यक्ति का एक अलग सच। समय का एक अपना अलग सच। हर स्थान का अपना एक अलग सच। मेरी वह रुलाई उस समय, उस स्थान, उन परिस्थितियों और उस समय उपस्थित जनसमुदाय का सच थी। वह संभवतया उस रमणीक प्राकृतिक स्थल का प्रभाव था, उस जगह की सकारात्मक ऊर्जा का प्रभाव था कि मुझे लगने लगा था कि यह सब मैं क्यों कर रही हूँ? इससे मुझे क्या मिलने वाला है? मुझे लगने लगा था कि हमें मिलकर अपने मनमुटाव दूर कर लेने चाहिए। इस आपसी बैरभाव में कुछ नहीं रखा है। जो हो चुका है, उसे भूलकर हमें नई जीवन-यात्रा फिर आरम्भ कर देनी चाहिए। उस दिन जैसी मनःस्थिति थी यदि राम हमारे साथ अयोध्या लौट आते तो मुझे और शायद भरत को भी उन्हें अयोध्या का राज सौंपने में जरा भी आपत्ति नहीं होती। यही मेरी चित्रकूट में रहते हुए मनःस्थिति थी। मैं नहीं जानती कि यहाँ अयोध्या में पहुँचकर भी वह वैसी ही बनी रहती। शायद नहीं। अयोध्या के इस राजमहल में प्रवेश करते ही मेरे मन में कुछ विचित्र से प्रभाव पड़ने लगते थे। इस महल का हर पत्थर मुझे दशरथ की याद दिलाने लगता था। और मैं दहकने लगती थी। यह चित्रकूट की धरती का नैसर्गिक प्रभाव ही होगा जो मेरे अन्दर की उस निष्कलुष अपूर्व को बाहर निकाल लाया होगा। यह शायद चित्रकूट की मेरे पैतृक स्थल राजगृह से समानता ही होगी, जो मेरे अन्दर की एक अबोध निष्पाप बच्ची बाहर ला सकी होगी। शायद उस मंदाकिनी नदी के जल में ऐसा कुछ होगा जिसने मेरे मन के सारे पाप धो दिए होंगे। शायद वहाँ रहकर तप कर रहे तापसों का प्रभाव होगा कि मैं मन से उस समय इतनी शुद्ध थी। उनके होम-हवन में ऐसा कुछ था कि हवा में पवित्रता थी। मुझे लगता है कि अयोध्या की हवा ही विष से बुझी हुई है। सरयू का जल ही विषैला है। मुझे यहाँ के लोग विष बुझे हुए तीर की तरह चुभने वाले लगते थे। मुझे लगता था कि अयोध्या का कण-कण विषैला है। क्षण-क्षण विषैला है। आज भी जब चित्रकूट में बिताये उन क्षणों को याद करती हूँ तब मेरा मन आह्लाद से भर जाता है। हर्ष-विभोर हो उठता है मन उस समय को, उन घटनाओं

को, उन मनःस्तिथियों को याद कर। मैं नहीं जानती कि क्या वह मैं ही थी जो राम के सामने अपने सारे मन को खोलकर रख रही थी कि मेरे मन में जो कुछ भी था, वह दशरथ के विरुद्ध था। कि मैं दशरथ से अपने विवाह को मन से स्वीकार नहीं कर पायी थी। मेरा विवाह तो इस शर्त पर हुआ था कि मेरी कोख से पैदा होने वाला पुत्र ही अयोध्या का राजा होगा; इसको अयोध्या ने कभी भी स्वीकार नहीं किया था। अयोध्या ने मुझे कभी वह मान-सम्मान नहीं दिया, जिसके मैं योग्य थी, अधिकारी थी। मैं विद्रोही थी। मैंने अयोध्या को वही लौटाया जो अयोध्या ने मुझे दिया था। यह तेरा तुझको अपर्ण था। अब जब दशरथ नहीं हैं, मैंने राम से कहा था, "मैं अपनी शुद्ध आत्मा से तुमको निमन्त्रित करती हूँ कि हे पुत्र राम, तुम चलो, अपनी इस अयोध्या का राज सँभालो और मुझे मुक्ति प्रदान करो। मैं यहीं इस रमणीक स्थल चित्रकूट पर शेष जीवन बिताना चाहती हूँ। मैं एक तपस्विनी की तरह यहाँ रहना चाहती हूँ। पुत्र, मैं अपने लिए दिए सारे वर वापस लेती हूँ। तुम अपने तीनों भाइयों के साथ अयोध्या पर राज करते हुए अपनी माँ कौसल्या और सुमित्रा की सेवा करो। अपनी उन तीन सौ से अधिक माँओं की भी सेवा करो, जिनकी जिन्दगी दशरथ के महल में रानियों की तरह रहते हुए भी एक बन्दी की तरह रही है। पुत्र, दशरथ की उन रानियों का अपराध मात्र इतना था कि उनके सामंत पिताओं ने, भाइयों ने, उन्हें दशरथ से अपने स्वार्थ पूर्तियों के निमित्त ब्याह दिया था। सच में राम, वे तुम्हारी दया की पात्र हैं। राम, अपने भाइयों में केवल तुम ही इस योग्य हो, केवल तुम्हारे पास ही वह सामाजिक समझ, वह नेतृत्व, वह सहानुभूति, वह मानवीयता है जो उन्हें सादर उस बन्दीगृह से मुक्ति दे सकती है। राम, वे केवल शारीरिक रूप से ही बन्दी नहीं, मानसिक रूप से भी बन्दी हैं, उन्हें मुक्ति दो। यह मुक्ति केवल तुम ही दे सकते हो, तुममें युग-प्रवर्तक होने की क्षमता है। राम, तुम अयोध्या लौट जाओ। यह तापस वेश, यह वल्कल, यह जटाजूट त्यागकर, राजा का वेश धारण कर अपनी उस साध्वी माँ कौसल्या की आँखों को ठण्डक पहुँचाओ।"

कौसल्या का पुनः जिक्र आने पर राम ने जानना चाहा कि माँ कैसी हैं? मैंने उसे सच-सच उत्तर दिया था, "पुत्र के वियोग में माँ जितनी स्वस्थ रह सकती हैं, वे उतनी ही स्वस्थ हैं। हर समय उनकी आँखें तुम्हारी तथा पुत्री सीता की प्रतीक्षा में द्वार पर लगी रहती हैं, एक पथराई हुई दृष्टि की तरह।"

मैं भावनाओं के बहाव में अपनी बात कहती जा रही थी। राम ने कब आकर मेरी दोनों बाँहें थाम लीं, मुझे पता ही नहीं चला। वह मेरी तरफ एकटक देख रहा था। शायद इस अविश्वास के साथ कि क्या मैं वही कैकेयी हूँ? केवल राम ही नहीं बल्कि सब मुझे एकटक देखे जा रहे थे। राम में एक सम्मोहनी शक्ति है, इसका किसी और ने अनुभव किया हो या न किया हो, मैंने उस समय किया था। वह मुझे

बाँहों में थामे हुए था। एकाएक बहुत से भाव मेरे मन में आये, जिन्हें मैं शब्द नहीं दे सकती। हाँ, उन्हें मैंने बहुत जल्दी ही निकाल फेंका था। मैं शीघ्र ही सीता की तरफ मुड़ गयी। अपनी तरफ मुड़ते देख सीता मेरे चरणों की तरफ झुक गयी। मैंने उसे अपने सीने से लगा लिया। उस पर मन भर आशीषों की झड़ी लगा दी। फिर लक्ष्मण ने झुककर मेरे चरण स्पर्श किये। मैंने लक्ष्मण को भी आशीर्वाद दिए। पर सच कहूँ, लक्ष्मण के प्रति मेरे मन में वे भाव नहीं थे, जो उस समय राम के प्रति उमड़ आये थे। गले लगने और अपनी-अपनी बातें कहने का यह क्रम काफी समय तक जारी रहा।

भरत ने अपनी बात पूरी जनसभा के सामने रखी, तो राम ने भरत से कहा, "भाई भरत! शायद तुम्हें ठीक से ज्ञात नहीं और अकेले तुम ही नहीं और बहुत से लोग इसे नहीं जानते कि माता कैकेयी का विवाह स्वर्गीय महाराज से इसी शर्त पर हुआ था कि उनकी कोख से उत्पन्न हुआ पुत्र ही अयोध्या का उत्तराधिकारी होगा। यह बात मुझे भी बहुत पहले से ज्ञात नहीं थी। अब यह हमारे पिता का वचन है, मैं इसे कैसे टाल सकता हूँ।"

"भइया, राज कोई ऐसी वस्तु नहीं है जिसे जब चाहे जिसे सौंप दिया जाये। राज अकेले राजा का ही नहीं होता। प्रजा का भी होता है। यह प्रजा का हक होता है कि वह अपने लिए उपयुक्त राजा प्राप्त करे। कुलगुरु, अमात्य परिषद और प्रजाजन यदि मुझसे सहमत हो, तो मेरी हाँ में अपनी हाँ मिलाएँ।"

प्रजा तो यह चाहती ही थी। उसने समवेत स्वर में अपनी सहमति दी।

अब राम की बारी थी।

"प्रजाजनो! मुझे बताओ कि क्या भरत प्रजा के हित का ध्यान नहीं रखते? क्या वे दुष्टों का दमन, साधुओं का संरक्षण नहीं करते?"

प्रजा का सामूहिक उत्तर था, "करते हैं।"

फिर राम ने भरत से पूछा, "भरत! क्या तुम समय पर जाग जाते हो? रात के पिछले पहर अर्थसिद्धि के उपाय करते हो? तुम अकेले अधिक आदमियों के साथ गुप्त विचार तो नहीं करते? तुम्हारा विचारा हुआ गुप्त मन्त्र सारे राष्ट्र में तो नहीं फैल जाता? जिसका साधन बहुत छोटा तथा फल बहुत बड़ा हो, ऐसे कार्यों का निश्चय करने के बाद उन्हें तुरन्त आरम्भ कर देते हो? उसमें विलम्ब तो नहीं करते? तुम्हारे कार्य पूरे होने के या पूरे होने के समीप होने पर ही दूसरे राजाओं को ज्ञात होते हैं? कहीं ऐसा तो नहीं कि दूसरे राजा उनके आरम्भ होने के पूर्व ही उन्हें जान जाते हों? कहीं ऐसा तो नहीं है कि युक्ति या तर्क द्वारा दूसरे लोग तुम्हारे कार्यक्रमों को पहले ही जान जाते हों? तुम अपने शत्रुओं को दुर्बल समझकर उनकी उपेक्षा तो नहीं करते हो? क्या तुम्हारे सैनिक वीर, प्रशिक्षित, अस्त्र-शस्त्रों से सुसज्जित एवं राज्य के प्रति निष्ठावान एवं अपने नायकों के आज्ञाकारी हैं? क्या तुम्हारे पास अपने राज्य की रक्षा

के लिए पर्याप्त सैनिक एवं राजकोष है? क्या तुम्हारे दुर्ग सुरक्षित हैं? क्या तुम साम-दान, दण्ड, भेद की नीति में निपुण हो? क्या अधीनस्थ राजा, सामन्त तुम्हें समय पर कर देते हैं? क्या तुम्हें संधि विग्रह यानी आसन, द्वैधीभाव व समाश्रय की समझ है? क्या तुम दैवी प्रकोपों से प्रजा की सुरक्षा की सामर्थ्य रखते हो? क्या तुम्हारा प्रकृति मण्डल विश्वसनीय है? क्या तुम अपने अधीनस्थों को समय पर वेतन देते हो? क्या किसान-मजदूर वर्ग की तुम तक सीधी पहुँच है? उन्हें तुम्हारे राजपुरुष बीच में ही तो नहीं रोक देते? कहीं तुम असत्य भाषण, क्रोध, प्रमाद व दीर्घसूत्रता में ही तो नहीं डूबे रहते? कहीं उल्टी बुद्धि वाले लोग तो तुम्हारे मित्र नहीं हैं? कहीं तुम बहुत सारे शत्रुओं के विरुद्ध एक साथ तो नहीं लड़ रहे? कहीं तुम द्यूत, परनिन्दा, अतिरति, दिवानिद्रा, मद्यपान और ऐसे ही व्यसनों में तो समय व्यतीत नहीं करते? क्या तुम्हारे साम्राज्य में बाल-वृद्ध रोगियों की ठीक से देखभाल होती है? क्या तुम्हारे राज्य में ऋषिकुल, गुरुकुल सुखी हैं? क्या ऋषि-मुनि, आचार्य, शिक्षित, धनवंतरी तुम्हारे यहाँ पर समादृत होते हैं? क्या तुम्हारे यहाँ कलाकारों का आदर होता है?"

"जी भइया।" कहकर भरत ने राम के ढेर सारे प्रश्नों का उत्तर दिया।

"फिर तुम सर्वथा योग्य शासक हो भरत। यह अयोध्या का सौभाग्य है कि उसे तुम्हारे जैसा प्रजा वत्सल एवं योग्य शासक प्राप्त है। जाओ, माता की आज्ञा को मानते हुए प्रजा का पालन करो।"

राम के प्रश्न व भरत के उत्तर सुनते हुए मुझे लग रहा था कि जैसे वसिष्ठ के गुरुकुल में सीखे गये अच्छे शासन के पाठ को दोहराया जा रहा है। न राम को शासन का अनुभव था, न भरत को। रटे-रटाये प्रश्नोत्तरों को सुनकर आचार्य प्रमुदित हो रहे होंगे।

"परन्तु भइया, हमारी कुल-परम्परा ने, प्रजा ने, मन्त्री परिषद ने आपको अयोध्या का राजा चुना है। अतः यह राज्य, यह राजसिंहासन और यह राजमुकुट आपका है। आप अयोध्या लौटकर अपना राज्य सँभालें, इस अनुज को सेवा करने का अवसर दें।"

मन्त्री परिषद सहित प्रजाजनों ने समवेत स्वर में भरत के आह्वाहन का समर्थन करते हुए राम से वापस अयोध्या चलकर राज सँभालने का आग्रह किया। परन्तु राम टस से मस नहीं हुए। विवशता थी। वे समझते थे इन मीठे बोलों के पीछे के छल को।

"भरत, हम रघुवंशियों की बहुत-सी सांसारिक विवशताएँ हैं। पिता की आज्ञा का उल्लंघन कर चौदह साल का वनवास पूरे किये बिना मैं अयोध्या वापस नहीं जा सकता और न ही उस राज्य का भार, जो पिता ने तुम्हें सौंपा है, उसे ग्रहण कर सकता हूँ।"

"परन्तु भइया, राज पर राजा की अपेक्षा प्रजा का हक ज्यादा बड़ा है। जिस प्रजा

ने मुझे राजा नहीं चुना, मैं उस पर कैसे राज कर सकता हूँ?"

"भरत वह राजाज्ञा थी।"

"क्या आप उसे तर्कसंगत मानते हैं? क्या राजाज्ञा को हमेशा माना जाना चाहिए?"

"हाँ।"

"तब तो आपके तर्कों के अनुसार मैं राजा हुआ।"

"हाँ।"

"तब यह राजा भरत राजाज्ञा देते हुए अपना यह राज्य आपके श्रीचरणों में अर्पित करता है। अब आप इस राज्य को सँभालें।" भरत ने मुस्कराते हुए कहा।

तर्क के आधार पर भरत ने राम को हरा दिया था। फिर भी राम अपनी बात पर अड़े रहे। तब वसिष्ठ ने जैसा तय था, एक बीच का रास्ता निकाला। तय पाया गया कि भरत राम की चरण-पादुकाएँ ले जाकर राजसिंहासन पर स्थापित कर देंगे तथा राम के प्रतिनिधि के रूप में तब तक राज करेंगे, जब तक राम अपनी चौदह वर्ष की वनवास की अवधि पूरी कर पुनः अयोध्या नहीं लौट आते।

इस पर सब सहमत हो गये। प्रजा सन्तुष्ट थी। हम खुश थे। राम गम्भीर थे। सीता अनमनी थी। लक्ष्मण के चेहरे को देखकर लगता था कि वह अपने आप को ठगा हुआ अनुभव कर रहा है।

प्रजा राम व उसके अनुज की जयजयकार कर रही थी। भरत राम की चरण-पादुकाओं को सर पर रखकर वहाँ से चल दिये। एक जीवंत नाटक का पटाक्षेप हो चुका था। हर पात्र ने अपनी भूमिका, जो उसके लिए हमने नियत की थी, चाहे उसे ज्ञात थी भी या नहीं, बखूबी निभाई।

अयोध्या लौटने के बाद राम की चरण-पादुकाओं को राजसिंहासन पर विधि-विधान के साथ स्थापित कर दिया गया। इस तरह संसार के सबसे अमूर्त शासन के सबसे पहले प्रतिपादक व संस्थापक हुए महामन्त्री राजकुलगुरु राजपुरोहित ब्रह्मर्षि व्याघ्रपाद वसिष्ठ। यहाँ का राजा राजा नहीं था और जो राजा नहीं था वही राजा था।

धीरे-धीरे सब कुछ सामान्य होता चला गया। जो लोग अयोध्या छोड़कर अन्यत्र चले गये थे, वे लौटने लगे थे। जो छोड़ना चाहते थे, उन्होंने अपना विचार त्याग दिया था। व्यापार, खेती, पशुपालन, शिक्षा, यज्ञ, राजकाज अपनी सामान्य गति से चलने लगे थे। महात्मा भरत द्वारा शासित इस रामराज्य में सब सुखी थे। सब तरफ शान्ति थी, सिवा मेरे मन के।

अयोध्या का यह राजमहल मुझे सदा दग्ध करता रहा। जीवित दशरथ मेरे लिए शायद उतना परेशान करने वाला नहीं रहा होगा जितना वह मरने के बाद प्रमाणित हुआ। जब भी मैं महल में अकेली होती तो मेरी याद के किसी कोने से निकलकर वह मेरे सामने आ खड़ा होता। हाथों में विष का पात्र लिए तातार स्त्रियों से घिरा, दया की भीख माँगता दशरथ, एक बूढ़ा, थका हुआ, लाचार दशरथ, आसन्न मृत्यु

के भय से डरा-डरा दशरथ। जाने-अनजाने में किये गये अपराधों की क्षमा माँगता दशरथ। अपने जिस महल में कभी जो महाराजाधिराज हुआ करता था, उसी महल में निःसहाय खड़ा दशरथ। मेरी आँखों के आगे आकर खड़ा हो जाता जैसे मुझसे पूछना चाहता हो कि मेरा इतना बड़ा अपराध क्या था, जिसके कारण तूने मुझे मृत्यु-दण्ड दिया?

प्राणों की भीख माँगता दशरथ। अपने किये गये उपकारों की याद दिलाता दशरथ। कभी कहता कि मैंने तुम्हारे पिता के साम्राज्य की कितनी बार रक्षा की थी। कभी कहता कि मैंने तुझे अपने प्राणों से अधिक प्यार किया था फिर क्यों तू मेरी हत्या करना चाहती है? तूने जब भी, जो कुछ भी चाहा, वह सब कुछ मैंने तुझे दिया। भरत को अयोध्या का राज्य सौंप दिया। राम को वन जाने की आज्ञा दे दी। मेरा प्यारा पुत्र राम मुझे छोड़कर चला गया। तूने जिस व्यक्ति के लिए जो पद चाहा, वह मैंने उसे दिया। मैंने तेरे भाई युधाजित को अयोध्या का सेनापति बनाया। कुलगुरु महर्षि उपमन्यु वसिष्ठ के निधन पर तेरे कहते ही मैंने व्याघ्रपाद को वसिष्ठ के पद पर स्थापित करवाया।

कभी वह मुझे अनर्गल प्रलाप करता सुनाई देता। कभी गालियाँ देता। कहता—तू कुलटा है, व्यभिचारिणी है, कुलकलंकिनी है, हत्यारिणी है। तू देशद्रोही है। तू नागिन है। कभी स्वयं को धिक्कारता, उस समय को धिक्कारता जब उसकी दृष्टि मुझ पर पड़ी थी। कभी वह मेरी माँ को, मेरे पिता को कोसता। कभी कहता मेरे कारण उसने देवी जैसी कौसल्या का कितना तिरस्कार किया। रूप-सौन्दर्य की धनी मधुर स्वभाव वाली सुमित्रा को कितना अनदेखा किया गया। पागलों की तरह अनर्गल प्रलाप करता दशरथ मुझे चारों तरफ से घेरे रहता। जीवित दशरथ को जिस प्रकार मैंने अपने प्रेम पाश में जकड़ा था और अपने अन्तिम दिनों में उसने मुझसे मुक्त होने की जो छटपटाहट दिखाई थी, यह मृत दशरथ मुझे उसका प्रत्युत्तर दे रहा था। अब छटपटाहट मेरे अंदर थी। मैं उससे मुक्ति चाह रही थी। उसकी यादों से मुक्ति पाने के लिए मैं अपने विचारों को अन्य विषयों पर लगाने का प्रयत्न करती थी। मैं सोचने का प्रयत्न करती थी कि किस प्रकार भरत के राज्य को सुरक्षित किया जाये। सोचती कि किस प्रकार राम नाम के इस काँटे को निकाला जाये। सोचती कि ऐसा कुछ किया जाये कि लोग भरत के अतिरिक्त हर किसी का राज्य भूल जायें। लोग भूल जायें कि वे कभी राम को अपने राजा के रूप में देखना चाहते थे। पर हर बार कुछ ऐसा होता कि दशरथ कहीं न कहीं, किसी न किसी कारण मेरे विचारों को घेर ही लेता था। फिर आरम्भ हो जाते थे वे भयानक दिवास्वप्न। दशरथ फिर खड़ा होता मेरे सामने मुझे प्रताड़ित करता हुआ। कभी विषपान के बाद तड़पता हुआ। तेल के कड़ाह में पड़ा भरत व शत्रुघ्न के राजगृह से लौटकर आने की प्रतीक्षा करता शव मुझे हर समय डरा रहा होता था।

दिन में तो बहुत बार मैं अपने आप को किसी तरह उसके विचारों से बचा ले जाती, पर रात के अंधकार में मेरे दुःस्वप्नों का कोई अन्त नहीं होता था। वह मुझे सपने में दिखता। विष का पात्र हाथ में लिए खूंखार नजरों से मेरी तरफ देखता हुआ धीरे-धीरे मेरी तरफ बढ़ता। उसकी अट्टहास करती हुई आकृति पता नहीं कितने भयानक रूप ग्रहण करती। फिर वह मुझे जकड़ लेता और मेरा गला दबाने लगता। मेरा दम घुटता मालूम पड़ता। मैं चिल्लाना चाहती, मैं उससे छूटकर भागना चाहती, पर न तो चिल्ला पाती न भाग ही पाती। फिर वह मेरे होठों पर विष का प्याला रख देता। वह मेरा मुँह खोलकर मुझे विष पीने के लिए विवश कर रहा होता। मैं अपने जबड़े पूरी शक्ति से बन्द किये रहती। वह किसी प्रकार मेरा मुँह खोलने में सफल हो जाता। मैं चीखती। चीख से मेरी नींद खुलती और मैं देखती मेरी दासी चम्मच से मेरे मुँह में पानी डालने का प्रयत्न कर रही होती। यह एक ऐसा स्वप्न था जो मुझे बार-बार सताता था। मैं अब रातों से डरने लगी थी। सोने से डरने लगी थी। नींद अब मेरी आँखों से कोसों दूर हो गयी थी। मैं अपने उस भय को किसी से बाँट भी नहीं सकती थी। जिस एक व्यक्ति से मैं अपना यह दुखड़ा रो सकती थी, वह कारागार में शलाखों के पीछे घायल अवस्था में थी। जिससे रात के गूढ़ अँधेरे में ही मिला जा सकता था। यहाँ मैं उसे अपनी चिन्ताओं से दुखी नहीं करना चाहती थी।

धीरे-धीरे यह बात फैल गयी। लोग कहने लगे कि राजमाता कैकेयी को प्रेत-बाधा है। कुछ लोगों ने तो यहाँ तक कहना आरम्भ कर दिया था कि यह महाराज दशरथ का प्रेत है, जो अकाल मृत्यु के कारण मुझे सता रहा है। मुझे दशरथ का प्रेत क्या सता सकता था। मैं तो स्वयं प्रेत की तरह लोगों का जीवन दूभर कर सकती थी। मेरा भूत-प्रेतों में कोई विश्वास नहीं था। यह तो मेरी स्वयं अपने से लड़ाई थी। दूसरों के सामने तो आप प्रदर्शन कर सकते हैं पर स्वयं के सामने तो आप नंगे होते हैं। आपका अपने से कुछ छुपा नहीं हो सकता। मैं उस लड़ाई से बचने की कोशिश कर रही थी। मैं अपने एक रूप को दूसरे से छिपाने का प्रयत्न कर रही थी। मेरा एक मन चोर था, जो छुप रहा था, दूसरा सैनिक था जो उसे खोज रहा था। बिना इस चोर मन के सैनिक मन से साक्षात्कार हुए मेरी मुक्ति नहीं थी।

इस बीच सुमित्रा मेरे पास आई। मेरा हालचाल जानने के लिए। मैंने उससे यह कहकर अपने आपको बचा लिया, "कुछ भी तो नहीं दीदी, मेरा स्वास्थ्य कुछ दिनों से ठीक नहीं चल रहा है। राजवैद्य चिकित्सा कर ही रहे हैं, ठीक हो जायेगा।" मैं कौसल्या के बारे में उनसे जानना चाहती थी पर अपने अपराध-बोध के कारण पूछ नहीं सकी। किस मुँह से पूछती? वह भी कुछ बताना चाहती होंगी। मेरे तथा कौसल्या के बीच केवल वे ही संवाद सूत्र थीं। राजवैद्य मेरी चिकित्सा कर ही रहे थे। पर उनके रसायनों के कारण मुझे अल्प समय के लिए अपने तनावों से मुक्ति मिल जाया करती थी। मैं कुछ समय के लिए शान्त हो जाया करती थी, कुछ समय के लिए अचेतनता

की नींद सो जाया करती थी। मैं जानती थी कि मरे रोग की चिकित्सा उनके पास नहीं है। यह उस व्रण का नहीं चिकित्सा थी। यह तो भीतर ही भीतर औषधि देने का प्रयत्न भर था। मुझे आवश्यकता एक शल्य-चिकित्सक की थी। वह शल्य-चिकित्सा केवल मंथरा ही कर सकती थी। उसे किसी भी प्रकार काल कोठरी से बाहर निकलवाकर राजमहल में वापस लाना था। मैं यह सब सोच ही रही थी कि मुझे मेरी नव नियुक्त दासी ने सूचना दी कि राज्य के महामन्त्री, कुल पुरोहित, राजगुरु, ब्रह्मर्षि वसिष्ठ राजमाता के दर्शन के लिए पधार रहे हैं। मैंने दासी को कहा कि उन्हें सादर मंत्रणा-कक्ष में बिठाये। मैं उस असमय वसिष्ठ के आगमन का कारण सोचते-सोचते मंत्रणा-कक्ष तक पहुँची। आत्मीय अभिवादन के बाद हम दोनों अपने-अपने लिए नियत आसन पर बैठ गये। दासी को ब्रह्मर्षि के लिए गाय के दूध से बनी पायस लाने का आदेश देकर उसे दूर रसोई में भेज दिया ताकि व्याघ्रपाद से बिना किसी संकोच के बात की जा सके।

"राजमाता का स्वास्थ्य कैसा है?"

"क्यों, मुझे क्या हुआ है? भली-चंगी तो हूँ।"

"मुझे ऐसी सूचनाएँ मिल रही हैं कि राजमाता को कोई प्रेत-बाधा सता रही है।"

मैं हँसी।

उसने पूछा, "किसका प्रेत है?"

"महाराज का।"

"पर हमने तो उनके प्रेतकर्म भली प्रकार कर दिए थे।"

"कुछ छूट गया होगा, राजपुरोहित। शायद महाराज के पद के हिसाब से दान दी गई गायों की संख्या कुछ कम रह गयी होगी या फिर ब्रह्मभोज में कुछ ब्राह्मण असन्तुष्ट रह गये होंगे।"

मेरे इस कटाक्ष पर राजपुरोहित मुस्कुराए और कहा, "देवी, उसकी पूर्ति अब कर सकती हैं। इस राजपुरोहित को कोई असुविधा नहीं है।"

"और महामन्त्री को?"

"आप मुझे फँसा रही हैं। यह अच्छी बात नहीं है। मैं आपको एक मन्त्र देता हूँ।"

"आप स्वयं किसी नये मन्त्र की रचना कर रहे हों तो बात अलग है, अन्यथा पुराने मन्त्रों को तो मैं जानती हूँ।"

"समयानुसार नये मन्त्रों की संरचना करना ही तो हम मन्त्र द्रष्टाओं का काम है।"

"तो कृपा कर मंथरा को मुक्ति मन्त्र दें।"

"और राजमाता के लिए?"

"वह स्वयं ही उस भूत से लड़ेगी।"

इसके लिए बिना किसी पर कोई आरोप लगाये दया की भीख माँगता एक प्रार्थना-पत्र मंथरा की तरफ से राजकाज देखते महाराज भरत को लिखा गया। जिसे भरत ने न्यायाधीश अशोक को प्रेषित कर दिया।

क्षमा करने की बृहत्तर भावना को ध्यान में रखते हुए, प्रजा में एकजुटता लाने के उद्देश्य से मंथरा को माफ कर दिया गया। ये न्यायधीश भी क्या कमाल के आदमी होते हैं। ऐसा लगता है कि वे जो निर्णय कर रहे हैं, वह ही ठीक है। न्याय-संगत है, जनहित में है। विद्वान न्यायविद् ने अपने निर्णय में कहा था : "मंथरा ने जो कुछ कहा, किया" वह नितान्त तर्कसंगत, अधिकार प्रदत्त ममतामयी धाय माँ का कार्य था। हाँ, उसकी क्षुद्र बुद्धि की सीमाओं के अन्तर्गत आता था और जिसे स्वयं स्वर्गीय महाराज दशरथ तक भी गलत नहीं ठहरा सके थे। उन्हें काल कोठरी में कैद रखना ममता की अवमानना है। स्वर्गीय महाराज दशरथ की अवमानना है। अतः उन्हें ससम्मान मुक्त किया जाता है।

यह था व्याघ्रपाद वसिष्ठ के नाटक चरण-पादुका का पटाक्षेप।

यह मेरा भाषा की शक्ति को पहचानने का काल था। उन्हीं दिनों की बात थी। एक बार न्यायमंत्री एवं न्यायाधीश अशोक को अपने यहाँ किसी काम से बुला भेजा था। बातों में मैंने न्यायाधीश अशोक से पूछा था कि यदि उन्हें मंथरा को सजा देनी होती तो किन शब्दों और तर्कों का प्रयोग करते? उन्होंने कहा, "आसान-सी बात है राजमाता। तब मंथरा महाराज भरत की धाय माँ न होकर केकय राज की एक कुटनी होती, जिसका उद्देश्य अयोध्या के राज को नष्ट कर उस पर केकय की प्रभुता स्थापित करना होता। इस जघन्य अपराध के लिए मृत्यु-दण्ड से कम कोई दण्ड हो ही नहीं सकता था।"

एक ही अपराध, एक ही अपराधी और एक ही न्यायाधीश और न्याय? न्याय की इससे बेहतर समझ मेरे अंदर आज तक पैदा नहीं हुई। यदि किसी को कहीं वास्तव में न्याय मिलता है, तो इसका अर्थ यह माना जाना चाहिए कि उस वास्तविक न्याय में ही न्यायाधीश का हित निहित है। न्याय का सारा निर्धारण न्यायाधीश के हित करते हैं।

मंथरा, मेरी मन, मेरे पास ससम्मान लौट आयी थी। अब मैं स्वाभाविक थी। अब मैं अपनी बात अपनी मन से कर सकती थी। अतः मैंने अंपने मन के भूत दशरथ से दो-दो हाथ करने का निर्णय लिया। आत्मरक्षा में, भूत दशरथ से लड़ने के लिए खड़ी हो गई। तब तक मैं यह नहीं जानती थी कि दशरथ का भूत मुझे किन हथियारों से मार रहा था और मेरे पास क्या साधन थे उससे लड़ने के लिए। मुझे उस समय लगा था कि यदि मैं उससे अपनी पूरी क्षमता से नहीं लड़ी तो वह मुझे मारकर समाप्त कर देगा। मुझे लगा कि मुझे दीवार तक धकेल दिया गया है। अब मेरे और पीछे हटने की सम्भावना नहीं है। उस समय मेरे हाथ जो कुछ भी आया, उसी को मैंने हथियार

की तरह उपयोग किया।

अब, जब मैं यह सब लिख रही हूँ, तब समझ सकती हूँ। अब मेरे पास वह सब विश्लेषण करने की क्षमता है। वह मेरे स्वयं के संस्कारों से मेरी लड़ाई थी। वे सब बचपन में डाले गये मेरे अच्छे संस्कार थे जो उस समय मेरे द्वारा किये गये कृत्यों के लिए मुझे धिक्कार रहे थे। मन में कहीं बहुत गहरी पैठ किये बैठा था दया का भाव, स्नेह का भाव, श्रद्धा का भाव अपनेपन का भाव, आत्मबलिदान का भाव, जीवन की रक्षा का भाव, क्षमा का भाव। यों तो स्त्री के अंदर ये भाव प्रकृति की कृपा से अतिरेक में होते हैं, ऊपर से सुसंस्कारों का समर्थन हो तो सोने में सुगन्ध। स्वयं को दुख देकर, कष्ट सहकर भी स्त्री अपने परिवार को सुखी करने का प्रयत्न करती है। इसी को स्त्री का बल कहा गया है। इसी को आधार बना पुरुष-समाज स्त्री की कीमत पर सुख भोगता रहा है और उसी सुख के लिए स्त्री को महाबलिदानी के रूप में स्थापित किया है।

एक स्त्री होने के नाते मेरे मन में भी ऐसी ही कोमल भावनाएँ थीं। परन्तु उससे भी कहीं अधिक एक स्त्री होने का भाव था। एक स्त्री पक्षधरता का भाव था। मैं अपने समाज में स्त्री की स्थिति को खुली आँखों से देखती थी। पुरुषों के रचे विधान की दृष्टि से स्त्री को देखना मुझे स्वीकार नहीं था। स्त्री के अंदर जो दूसरी श्रेणी के मनुष्य होने का, जो दासत्व का भाव सदियों से, पुरुष वर्चस्ववादी समाज भरता आया था, मैं उसे उतार फेंकना चाहती थी। मैं उस जुए को उतार फेंकना चाहती थी जो पुरुष-समाज ने हमारे कंधों पर सदियों से लाद रखा था और स्वयं मजे से सवारी गाँठ रहा था। इस सब सोच के पीछे थी मेरी माँ। मैं अपनी विद्रोही माँ की विद्रोही पुत्री थी।

मैंने अपनी माँ से विस्तार से समझा था कि किस प्रकार पुरुषों ने पूरे स्त्री समाज को दूसरी श्रेणी का नागरिक बना रखा है। माँ कहती थी कि विवाह एक ऐसी प्रथा है जिसके आधार पर पुरुषों ने स्त्रियों को उनके उस नैसर्गिक सम्पत्ति के अधिकार से वंचित कर दिया है जो उसे अपने माता-पिता से मिल सकती थी। इस प्रथा में स्त्री को उसकी प्राकृतिक जमीन से उखाड़कर एक नये स्थान पर रोप दिया जाता है जहाँ की भूमि, हवा, पानी भिन्न होते हैं। एक बार उखाड़ कर नयी जगह लगाया यह पौधा पनपे या न पनपे यह पौधे की सामर्थ्य पर निर्भर करता है। वह कहती, "बेटी, इसका सबसे अधिक ध्यान दिए जाने योग्य पक्ष यह है कि स्त्रियाँ इस खेल में पुरुषों का साथ देती प्रतीत होती हैं। जब तक हम स्त्रियाँ अपना पक्ष स्पष्ट नहीं कर लेतीं, तब तक यह पुरुष-प्रधान समाज हमें इसी योग्य समझता रहेगा। बेटी, इस पुरुष-प्रधान समाज में पुत्री एक बलि-पशु है, जिसे कभी स्वहित में, कभी समाजहित में, कभी देशहित में कभी किसी पुरुष देव को प्रसन्न करने के लिए बलि चढ़ा दिया जाता है। बेटी जब यह काम कोई पुरुष करता है तब तो समझा जा सकता है पर जब यह काम स्वयं स्त्रियाँ करती हैं तो बड़ा ही शर्मनाक लगता है। माँ ही अपने

बेटे और बेटी में पक्षपात करती है। वह समझती है कि बेटा तो उसके बुढ़ापे का सहारा है। उसके कुल का दीपक है। बेटी, मेरी इच्छा होती है कि उनसे पूछूँ कि आप किस कुल की बात कर रही हैं? वह कुल जिसने आपको त्याग दिया या वह कुल जिसने कभी आपको अपनाया ही नहीं?"

माँ, ठीक कहती थी। अयोध्या के लिए मैं आज भी कैकेयी हूँ। मेरा कुल कौन-सा कुल है? केकय के लिए एक बलि पशु, जिसे एक बूढ़े महाराज दशरथ के श्रीचरणों में चढ़ा दिया गया देशहित में, जिससे केकय देश का, पिता श्री का, घोड़ों का व्यापार फलता-फूलता रहे। केकय देश एक ताकतवर राजा का संरक्षण प्राप्त करता रहे। असुरों के आक्रमण से अपने आप को सुरक्षित अनुभव करता रहे और इस सबकी कीमत चुकाए अकेली अपूर्व?

माँ जो ठीक समझती वही मुझसे कहती थी और करती भी थी। उसकी कथनी और करनी में कोई अंतर नहीं था। उसने कभी मुझमें और भइया में भेदभाव नहीं किया। उसने यह प्रयत्न किया कि मैं अपूर्व कोई छुई-मुई का पौधा न बन जाऊँ। मुझे वे सारी शिक्षाएँ दी गईं जो कि भइया को दी गई थीं, किसी राजपुत्र को दी जाती हैं। मैंने घुड़सवारी करना, जंगली घोड़ों को पकड़ना, शिकार करना, अस्त्र-शस्त्र संचालन, राजनयन, युद्ध-संचालन और उसमें भी पड़ोसी असुरों के मायावी युद्ध-कौशल के विरुद्ध युद्ध करने की कला को सीखा था। मैंने यह समझ लिया था कि किस प्रकार असुर वनों में पेड़ों, झाड़ियों, लताओं का उपयोग अपने छुपने के लिए करते हैं। अदृश्य बने रहने के लिए कैसे वे स्वयं को अपनी पृष्ठभूमि के रंग में रँग लेते हैं। किस प्रकार वे छुपकर आक्रमण करने की क्षमता रखते हैं और आवश्यकता पड़ने पर वे किस प्रकार साँस रोककर पड़े रह सकते हैं। यह उन असुरों की युद्ध कला ही थी कि कितनी ही बार देवराज इन्द्र तथा शक्तिशाली आर्य राजा दशरथ-जैसे बलशाली राजा उन्हें एक सीमा से पीछे नहीं धकेल पाये। वे जब भी शत्रु को प्रबल पाते अपने आप को पहाड़ों, वनों में पीछे खींच लेते। अपना पीछा करते हुए शत्रुओं से वे अपने चयनित स्थल पर युद्ध करते। युद्ध-कौशल में प्रवीण राजा कभी एक सीमा के बाद उनका पीछा नहीं करते थे।

माँ के प्रयत्नों और राजपरिवार की नकल करने की प्रकृति के कारण कई परिवारों ने अपनी कन्याओं को गुरुकुलों में विद्या-अध्ययन के लिए भेज दिया था। यहीं पर मेरी मुलाकात मेरी मन से हुई थी। यहीं पर मैंने वेदों का अध्ययन किया था। मैं मंत्रों की द्रष्टा बन सकती थी। तेजस्वी एवं कुशाग्र बुद्धि ब्राह्मण पुत्र व्याघ्रपाद, जो बाद में अयोध्या का कुलगुरु वसिष्ठ बना, वह भी मुझे वहीं मिला था।

मुझे लगता है, मेरे इस आत्मकथा-लेखन में बहुत अधिक भटकाव है। मैं कहीं से शुरू करती हूँ और कहीं पहुँच जाती हूँ। बहुत चाहती हूँ कि अपनी विषयवस्तु पर बनी रहूँ, पर नहीं रह पाती। अब देखो न, मैं बात कर रही थी दशरथ के भूत

से लड़ने के अपने प्रयत्नों की, मैं अपनी उस शक्ति की बात करना चाह रही थी जिसका प्रयोग किया दशरथ के भूत से लड़ने के लिए। वह शक्ति थी घृणा। धीरे-धीरे संचित होती हुई घृणा। मुझे लगता है कि सारे संसार की स्त्रियों के मन में पुरुषों के प्रति जो घृणा है, वह संचित होकर, घनीभूत होकर मेरे अंदर समा गयी है और इस घृणा का एक मात्र पात्र है दशरथ। जो कुछ भी बुरा किसी एक पुरुष में देखा जा सकता था, वह मुझे दशरथ में दिखाई देने लगा था, फिर चाहे वह धूर्तता, लंपटता, कायरता या क्लीवता हो या फिर छल छद्म या पाखण्ड, कामांधता या निर्वीर्यता। उसमें यदि कोई गुण था तो यह कि उसके पास एक बहुत अच्छे व्यक्तियों का समूह था। वह राम, लक्ष्मण, भरत, शत्रुघ्न जैसे पुत्रों का क्षेत्रज पिता था। वह कौसल्या, सुमित्रा, व कैकेयी जैसी पत्नियों का पति था। वह अयोध्या जैसी समृद्ध नगरी का राजा था। वह प्रतापी कुल रघुवंश में पैदा हुआ था। उसके पास एक अति योग्य मंत्रियों की परिषद थी। उसकी योग्यताएँ उसके आसपास थीं। योग्यतम व्यक्तियों के बीच होना भी उसकी योग्यता थी।

उसकी योग्यताओं व अयोग्यताओं की बात अलग है और यह बात अलग कि उस जर-जर बुढ़ापे में, जब वह हर प्रकार की सेवा-शुश्रूषा का अधिकारी था, तब मैंने उसकी हत्या की थी। यद्यपि मैं उस समय भी उसे कोई ऐसा अपराधी नहीं ठहरा सकती थी कि हत्या को एक वध का रूप दिया जा सके और स्वयं को अपराध-बोध से मुक्त रखा जा सके। वैसे मेरी तार्किक बुद्धि काफी तीव्र है पर उस समय सवाल आत्मरक्षा का था। मुझे अपने किए को अपने सामने एक तार्किक आवरण पहनाना था। मैंने उसके लिए भारी-भरकम शब्द चुने, सिद्धान्त गढ़ा—तात्कालिक राजनीतिक आवश्यकता का सिद्धान्त।

हाँ, यह बिलकुल सच है कि उस समय दशरथ की हत्या करना मेरी राजनीतिक आवश्यकता थी। उसका जीवित रहना मेरे लिए राजनीतिक आत्महत्या थी। मुझे कुछ समय से अनुभव हो रहा था कि पहले की तरह अब महाराज मेरी पकड़ में नहीं हैं। वे मेरी पकड़ से बाहर हो रहे हैं। जब तक उसके शरीर में काम-कमा-शक्ति शेष थी, वह मेरे वश में था। कामांध मेरी तरफ खिंचा चला आता था। मैं काम-कला में पटु थी। लास्य क्रीड़ाओं की कुशल खिलाड़ी थी। मैंने उस काम-कीट को संतोष दिया था, सुख दिया था। मैंने उसके पुंसत्व के अहम् को सन्तुष्टि प्रदान की थी। मैंने उसे विश्वास दिलाया था कि वह शायद संसार का सबसे अच्छा कामकला का जानकार पुरुष है। यह एक अभिनय था। एक सफल अभिनय, उस बूढ़े को विश्वास दिलाने का, जिसके शरीर से पसीने की आती हुई गंध को सारे संसार की सुगंधियों का लेप भी कम नहीं कर सकते थे। उसके मुंह से निकली मैरेय की गंध को कीमती से कीमती औषधीय मसालों की गंध कम नहीं कर पाती थी। कामोत्तेजना प्रदान करने वाली ओषधियाँ भी उसे इतना समय प्रदान नहीं कर पाती थीं कि कोई कामुक से कामुक

रति के लिए प्रस्तुत स्त्री भी उससे संतोष पा पाती। फिर भी मैं उसे यह विश्वास दिलाती कि मैं उससे पूरी तरह सन्तुष्ट हूँ। यद्यपि यह उतना ही बड़ा झूठ होता था जितना रात को दिन कहना। मेरे लिए दशरथ के साथ बिताया वह समय संत्रास से कम नहीं होता था। मैं उस समय यह चाहती थी कि यह क्रिया जितनी जल्दी समाप्त हो जाये उतना ही अच्छा हो। शरीर आग से जल रहा होता और मुझे यह प्रदर्शन करना होता था कि मैं तृप्त हूँ, निढाल हूँ। यह तब तक चलता, जब तक वह खर्राटे लेकर सोने नहीं लग जाता। उसके बाद मैं उठती। स्नान-गृह में जाकर घड़ों का शीतल जल अपने ऊपर डाल लेती। शरीर ठंडा हो जाता। आत्मा की प्यास बुझाने का तो कोई साधन होता नहीं था। कई बार मैं उसके साथ विचित्र से खेल खेलती और वह बूढ़ा थक-हार कर सो जाता। कई बार मैं उसे अपने हाथ से ही इतनी मैरेय पिला देती कि वह बेहोश हो जाता। मैं बच जाती। कभी-कभी अपने को बचाने के लिए महाराज की किसी अन्य रानी को उस अर्धमूर्छित व्यक्ति के बिस्तर पर प्रस्तुत कर देती। ऐसा करने से पहले मैं यह निश्चित कर लेती कि वह यह नहीं पहचान पाये कि उसके बिस्तर पर जो स्त्री है, वह मेरे अतिरिक्त कोई और है। उस रानी के लिए वह एक सुख का अवसर होता। पुरुष संसर्ग के लिए भूखी उन स्त्रियों के लिए वे क्षण अमूल्य होते। उस पुरुष के संसर्ग के क्षण, जिसके नाम का सुहाग का जोड़ा पहने बैठी रहती थीं।

काम-कला में दशरथ का व्यवहार पशुवत् ही था। वह समझता था कि स्त्री की काया दबना, कुचला जाना ही चाहती है। यह उसे सुख प्रदान करता है। उसकी विवेचना में ईश्वर ने पुरुष को कठोर तथा स्त्री को कोमल इसीलिए बनाया है ताकि पुरुष उसे दबा सके। कुचल सके। वह जब मुझे आलिंगन में भरता तो इतनी जोर से दबाता कि मेरा दम घुटने लगता। वह अपने बलाघात से मुझे जीतने की कोशिश करता। मैं उसे कहती कि वह इतना अधिक बलशाली है जितना बलशाली शायद ही कोई पुरुष हो। उस समय उसके चेहरे पर कुछ ऐसे ही आत्ममुग्धता के भाव होते जैसे किसी स्त्री के चेहरे पर होते हैं, जब उसे संसार की सबसे सुन्दर स्त्री कहा जा रहा हो। वह मेरे स्तनों को पाशविक तरीके से दबाता था। सारा रस चूसकर निचोड़ लेना चाहता था। वह शायद यह कभी समझ ही नहीं पाया कि स्त्री एक कोमल पुलक भरा स्पर्श चाहती है। उसके होठों का स्पर्श एक खूसट पशु जैसा निर्मम होता था। उसकी बाँहों में रहकर मुझे यह कभी अनुभव नहीं हुआ कि मैं सुरक्षित बाँहों में हूँ। मुझे हमेशा ऐसा लगा कि मैं कोई मजबूर तथा उपयोगी वस्तु हूँ। ऐसा नहीं कि मुझे उसके साथ कभी सुख की अनुभूति हुई ही नहीं। हुई, पर तब, जब उसकी बाँहों में होते हुए भी मेरी कल्पना में कोई और था। मैं जानती हूँ कि मन की जिन परतों को आज मैं भोजपत्र पर उतार रही हूँ, उसका अर्थ स्वयं को नंगा करना है। जिसे यह पुरुष वर्चस्ववादी समाज कभी सहन नहीं करेगा। पर जब कभी ये बातें दिन का

प्रकाश देख पायीं, तब तक मैं प्रकृति में विलीन हो चुकी होऊँगी। मेरा लिखा चाहे यह कितना ही सच क्यों न हो, यह समाज उसे पचा नहीं पायेगा। जिस सच को समाज नहीं पचा पाता, उसे गंदा होने की संज्ञा दे देता है। पर सच यह भी है कि लिपा, पुता, दबा, ढका सच अंदर ही अंदर सड़ने लगता है। एक दिन विस्फोटक होकर अपनी सारी दुर्गंध समाज में फैला देता है।

उस काल में मेरा यह शयन-कक्ष अयोध्या के साम्राज्य के संचालन का केन्द्र जब बिन्दु था। मैंने अपने अनचाहे समर्पण की पूरी कीमत वसूली थी। मैं जब जो चाहा महाराज से करा लिया। बहुत सारी राजाज्ञाएँ उसी कक्ष से जारी करा ली जाती थीं। यह वह काल था जब मैंने राजमहल की सुरक्षा अपने हाथ में ले ली थी। वहाँ का हर पहरेदार तथा सुरक्षा में लगी हर परिचारिका मेरी अपनी स्वामिभक्त स्त्री होती थी। इनमें से अधिकांश कैकेय होते थे। इसी काल में मैंने अपने भाई को अयोध्या का सेनापति नियुक्त कराया था। यह सब महाराज की सुरक्षा के नाम पर किया गया था।

मेरे विवाह के कई वर्ष बीत जाने के बाद भी जब मुझे कोई गर्भ नहीं ठहरा, तो यह निश्चित मान लिया गया कि महाराज दशरथ सन्तान उत्पन्न करने योग्य नहीं हैं। राज्य के एक उत्तराधिकारी का अभाव पूरी अयोध्या में अनुभव किया जा रहा था। यह सब तरफ स्वीकार किया जाने लगा था कि नियोग के अतिरिक्त अब कोई चारा नहीं है।

किसी पुरुष के लिए यह स्वीकार कर पाना कि वह सन्तान पैदा के योग्य नहीं है, कितना कठिन काम होता है, यह मैंने महाराज की उन दिनों की मानसिक स्थितियों से जाना। वह उन दिनों बहुत ही उद्विग्न प्रतीत होता था। कभी बहुत भयभीत, कभी बहुत चिन्तित। उसका अहम्, उसका स्वाभिमान टूट रहा था। वह सोचता था कि उसे ये सारे दिन क्यों भोगने पड़ रहे हैं। उसे लगता कि लोग उसे विचित्र दृष्टि से देख रहे हैं। जैसे उसकी हँसी उड़ा रहे हों। उस पर राज्य मन्त्री परिषद का इस बात के लिए दबाव पड़ रहा था कि वह नियोग से सन्तान उत्पत्ति के लिए स्वीकृति प्रदान करे। महारानी कौसल्या अब उस अवस्था में पहुँच गयी थीं कि देर करने का अर्थ होता कि वे सन्तान उत्पन्न ही नहीं कर सकती थीं। स्त्री की आयु भी अपने आप में एक बड़ा सच है।

यहाँ मैं उस पुत्रेष्टि यज्ञ के अनुष्ठानों के बारे में कुछ नहीं कहना चाहती। उसके बारे में बहुत कुछ लिखा, पढ़ा, कहा, सुना जा चुका है। कई मिथक गढ़े जा चुके हैं, उन्हें सारा संसार जानता है। हम कुछ छुपाते हैं, कुछ दिखाते हैं। उस यज्ञ में हुए हवनों की धूम सबने देखी। उन मंत्रों का उच्चारण दूर-दूर तक सुना गया। ऋषि-मुनियों

का स्वागत-सत्कार सबने देखा। कितनी स्वर्ण मुद्राएँ, कितनी गायें, कितना अन्न ब्राह्मणों को दान दिया गया, सबने देखा। सबने जाना कि किस प्रकार यज्ञ का अधिष्ठाता ऋषि शृंगी को चुना गया। किस प्रकार यज्ञ शक्ति से शोधित देव प्रसाद फल से हम तीनों महारानियाँ निषेचित हुईं, सबने जाना। मैं अपने उन अनुभवों को आप से बाँटना चाहती हूँ, जो मेरे निजी हैं।

पुत्रेष्टि यज्ञ के पूर्व हम महारानियों को जो दीक्षा दी गई थी, उसमें हमसे कहा गया था कि इसे सन्तान उत्पत्ति की यांत्रिक प्रक्रिया मानें। यह एक प्रकार से एक ओषधि है, कोई पथ्य नहीं। इसमें व्यक्ति से किसी भी प्रकार का जुड़ाव अनैतिक है। वह व्यक्ति आपका कोई नहीं है। यह तन के सुख की अवस्था भी नहीं है। बिना किसी जुड़ाव के पशुवत् प्राकृतिक क्रिया है। जिसके बाद दोनों को अपने-अपने रास्तों पर चले जाना है, जीवन में फिर कभी न मिलने के लिए। मुड़कर देखना या सोचना भी नहीं। आपको यह जानना भी नहीं है कि वह व्यक्ति कौन है। उसके प्रति निष्ठा, प्रेम या आभार का कोई भाव मन में नहीं लाना है।

हमें ये बातें बहुविधियों एवं बहुदृष्टान्तों के माध्यम से समझाई गई थीं। मैं तो प्रकृति से ही विद्रोही माँ की विद्रोही बेटी थी। मुझे ये सब ज्ञान की बातें लगीं। जुड़ाव के प्रति जितना निषेध इन बातों में था, मैं उतनी ही उसके प्रति सचेत होती गई। इतनी सचेत कि महर्षि शृंगी के साथ बिताया समय मेरे मन में जीवन के सबसे स्पष्टतम, चित्रों में अंकित है।

सच कहूँ तो यह व्यक्ति मेरे लिए याच्य पुरुष नहीं था। पर मेरे याच्य के निकट अवश्य था। ठीक उसकी तरह का पुरुष। एक ऐसा पुरुष जो प्रकृति की गोद से सीधा उठकर प्रकृति की बाँहों में चला आया हो, निर्बाध, अक्षय और समूल समा जाने के लिए। स्वयं को खोकर कुछ नया रच देने के लिए, तत्पर, गहरा गोता लगाकर समुद्र से मोती खोज लाने के लिए उत्सुक। एक दुधमुँहे बच्चे की तरह मासूम भोला। मन में अपनेपन के भावों से भरा हुआ ठीक वैसे ही जुड़ जाने वाला, जैसे कोई बच्चा किसी खिलौने से जुड़ जाता है। आह्लादित, आनन्दित। उसका साथ अपने आप में परिपूर्ण कर देने वाला साथ था। उसके स्पर्श से मेरा शरीर पुलकित हो उठता था। जैसे किसी पवन के झोंके ने किसी कली को खिलाकर एक पुष्प बना दिया हो। उसके आने से पहले ही उसके शरीर की सुगंध मुझ तक पहुँच जाती थी। उसकी साँसों से मेरी साँसें गर्मा जाती थीं। उसके होठों के मेरे होठों तक पहुँचने से पहले ही मैं रससिक्त हो चुकी होती थी। पता नहीं यह कौन-सी रसायन क्रिया थी कि मैं स्वयं को एक सतत प्रवहमान नदी की तरह पाती थी। कभी मैं अनुभव करती कि मैं एक लता हूँ जो किसी विशालकाय समृद्ध वृक्ष के तने से लिपटी हुई झूल रही होती हूँ। मेरे लिए वे बड़े ही आत्म-विस्मृति के दिन थे। मैं 'मैं' नहीं थी। मैं अपूर्व नहीं थी। एक गर्वीली राजकुमारी, एक घमण्डी महारानी, एक विद्रोही, स्त्रियों

की पक्षधर स्त्री, एक चालाक चतुर राजनीतिज्ञ, एक छल-कपट से परिपूर्ण कूटनीतिज्ञ, एक दर्प से दमदमाती स्त्री। मैं वह सब नहीं थी। मैं केवल एक स्त्री थी, एक पुरुष के संसर्ग को जीती हुई। स्त्री से न कुछ कम, न कुछ अधिक, बस एक सम्पूर्ण स्त्री। ऐसी सम्पूर्णता का अनुभव मुझे इसके पहले कभी नहीं हुआ था।

मैं यह नहीं कह सकती कि मेरा शरीर मेरे मन से संचालित था या मेरा मन मेरे शरीर से संचालित हो रहा था। मन शरीर से अलग कुछ होता भी है, यह मैं नहीं जानती। यदि होता भी तो उस समय तो कम से कम मुझे इसका एहसास नहीं था। उस समय अनुभव करती थी कि मैं प्रेम हूँ, छंद हूँ, राग हूँ, गीत हूँ, धुन हूँ।

समय कब पंख लगाकर उड़ गया पता ही नहीं चला। कब हम तीनों महारानियाँ गर्भवती हो गयीं, हम नहीं जान सके। सारी अयोध्या में एक खुशी की लहर दौड़ जाने का प्रदर्शन हो रहा था। उन्हें अपने राज्य के लिए उत्तराधिकारी मिलने वाला था। नगरी अनाथ होने से बच गयी थी। प्रजा प्रसन्न थी। क्यों प्रसन्न थी, यह मेरी समझ से बाहर की बात थी। धरती तो राजाविहीन कभी नहीं होती। राजा एक वंश का न हो तो दूसरे वंश का हो जाता है। प्रजा को प्रजा ही रहना पड़ता है। फिर यह खुशी किस बात की थी, पता नहीं। पर प्रजा खुश थी। शायद यह खुश होने की प्रथा थी। शायद राजा की प्रसन्नता में आगे बढ़ कर खुशी का प्रदर्शन करना आवश्यक होता था। पर क्या राजा प्रसन्न था? शायद दशरथ एकमात्र ऐसा व्यक्ति था जो अनमना दिख रहा था। मन की अंतर्तम गहराइयों में वह शायद व्यथित था। कोई पुरुष यह कभी स्वीकार नहीं करना चाहता कि वह सन्तानोत्पत्ति के अयोग्य है। शायद दशरथ के अन्दर एक अपराध-बोध की भावना घर करने लगी थी। यद्यपि दशरथ का कोई दोष नहीं था। यह प्रकृति की देन थी। उसके वीर्य में वह सामर्थ्य नहीं थी जो किसी स्त्री को गर्भवती कर सके। परन्तु वह अनुभव करता था। तीन महारानियों के अतिरिक्त वह 350 से अधिक रानियों का पति भी था। वह चाहता तो इन स्त्रियों को अस्वीकार कर सकता था। उसे इस सत्य को पहचानना चाहिए था कि वह इन स्त्रियों को मातृत्व सुख प्रदान करने में अक्षम है। परन्तु यह भी एक सत्य है कि इन रानियों को उसने अपनी कामना के कारण स्वीकार नहीं किया था। वे सब स्त्रियाँ तो उसे भेंट कर दी गई थीं। कभी राजनीतिक समझौतों के रूप में तो कभी आर्थिक लाभ के व्यापार के लिए। कभी राजकीय सम्मान के लिए। कभी अपने आपको राजा का सम्बन्धी बनाने के लिए।

पुरुषों ने अपने लाभ के लिए पता नहीं कितने युगों से स्त्री को विनिमय की वस्तु के रूप में, दान दिए जाने योग्य सम्पत्ति के रूप में प्रयोग किया है। स्वयं मेरा उपयोग भी मेरे पिता ने इसी तरह किया। इसके लिए मैं अपने पिता को कभी क्षमा नहीं कर पायी। हमेशा उस समाज से विद्रोही बनी रही। यहाँ अयोध्या के इस राजमहल में आकर देखा कि महाराज की पत्नी बनी साढ़े तीन सौ से अधिक स्त्रियाँ, पता नहीं

कौन-सा सुख भोग रही थीं। स्त्रियों का यह चुपचाप सब कुछ सहते जाना मुझे बहुत अजीब-सा लगता रहा। मुझे लगता था कि इनमें मुक्ति के लिए छटपटाहट क्यों नहीं है? क्यों विद्रोह नहीं पनप रहा? मैंने बहुत बार उनमें से कुछ को उकसाने की कोशिश भी की परन्तु उन डरी हुई सम्मोहित-सी हिरणियों में वह कुछ था ही नहीं, जिससे विद्रोह उपजता।

मैं सोचती थी कि पुरुष व स्त्री के वर्चस्व की लड़ाई में मैं नेतृत्व प्रदान करूँगी। पर ऐसा कुछ कर नहीं पायी। यहाँ तक कि उनके लिए पृष्ठभूमि तैयार करने का काम भी नहीं हो सका। मैं शायद समय से बहुत आगे की बात सोच रही थी। कभी-कभी ऐसा होता है कि हम समय से पहले बिना पृष्ठभूमि तैयार किये संघर्ष प्रारम्भ कर देते हैं और इस प्रक्रिया में संघर्ष को बहुत हानि पहुँचाते हैं और उसे सदियों पीछे धकेल देते हैं। ऐसे संषर्षों का अंत बहुत निर्दयी ढंग से होता है। संघर्षरत विरोध को जड़ से उखाड़ फेंक दिया जाता है। मेरे इस अधपके, आधे-अधूरे संघर्ष का अंत भी कुछ इसी प्रकार हुआ। आज स्त्री का इतना शारीरिक, मानसिक और वैचारिक दमन किया जा चुका है कि अगले हजारों साल तक वह सर नहीं उठा पायेगी। वह इस संसार की दूसरी श्रेणी की नागरिक बनकर रह गई है।

दशरथ के साथ जिए जीवन को पुनः अपने विचारों में जी लेने से मुझे दशरथ के भूत से मुक्ति मिल रही थी। अब अपनी घृणा और उसके दोषों से ऊपर उठकर मैं दशरथ को तथा स्वयं को बिना पूर्वाग्रहों के देखने का प्रयत्न कर रही थी। धीरे-धीरे गुजरता समय भी ओषधि का काम कर रहा था। भरत का राज-काज अब सामान्य गति से चलने लगा था। धीरे-धीरे मैंने अपने आप को राज-काज से अलग कर लिया था। अब मैं केवल महत्त्वपूर्ण राजनीतिक निर्णयों में ही हिस्सेदारी लेती थी। इसके अलावा एक और काम मैं देखती थी, वह था राम की गतिविधियाँ और उससे मुक्ति के प्रयत्न। राम पर फिर कभी बात करूँगी। अभी केवल दशरथ पर ही ठहरना चाहती हूँ।

राजकन्या होने के नाते और राजनीति-कूटनीति आदि में विशेष प्रशिक्षण मिलने के नाते मुझे अपने आस-पास के राजाओं-महाराजाओं, सामंतों की गतिविधियों का विशेष ज्ञान था। इसी नाते मैं महाराज दशरथ के बारे में भी काफी कुछ जानती थी कि अपने समय में इस वीर पुरुष ने देवताओं के साथ मिल कर कई बार युद्ध में असुरों को पराजित किया था तथा उन्हें हिन्दूकुश पर्वत के पार धकेल दिया था। इस नाते वे हमारे राज्य केकय के भी मित्र पुरुष थे। इस कारण हमारा राज अपनी सीमाओं में सुरक्षित रहा था। हमारा व्यापार फलता-फूलता रहा था।

उन दिनों मैं कुछ खोई-खोई सी रहती थी। यह शायद वय का प्रभाव था। वह

वय ही शायद कुछ ऐसी होती है जिसमें हर लड़की कुछ खोई-खोई-सी रहती है। मेरे मन में कोई बस गया था। यह मेरी जिन्दगी का ऐसा अध्याय है, जिसे मैंने कभी किसी के सामने नहीं खोला। मन के सामने भी नहीं। कुछ काम हम मन ही मन करते हैं, उसे किसी से नहीं बाँटते। शायद मैं भी किसी से नहीं बाँटती, पर अब, जब अपनी जिन्दगी को एक खुली किताब की तरह रख रही हूँ तब सोचती हूँ कि इसे भी सबके सामने क्यों न खोलकर रख दूँ। मेरी जो मनःस्थितियाँ निर्मित हुईं, उनमें कहीं न कहीं इस सबका हाथ भी रहा ही है। वैसे भी इसे लिखते समय अब मैं अपने आप को सुरक्षित अनुभव कर रही हूँ। मैं जानती हूँ कि मेरे जीवन-काल में यह कभी नहीं जाना जा सकेगा और मरने के बाद की मुझे कभी चिन्ता नहीं हुई। सच तो यह है कि मैं चाहती हूँ कि लोग इसे जानें। शायद अन्तर्मन से तो मैं हमेशा यही चाहती थी कि सब इसे जानें। शायद चिल्ला-चिल्लाकर सारे संसार को बता देना चाहती थी कि मुझे किसी से प्रेम हो गया है। कोई मेरे मन में बस गया है। मैं खुली आँखों से उसके सपने देखती रहती थी। मैं चाहती थी कि उसका नाम झरनों को बता आऊँ, नदियों को कह आऊँ कि वह कौन है। पहाड़ों से कहूँ कि सुनो मेरे प्रिय का नाम और उसे अपनी प्रतिध्वनियों से प्रचारित कर दो। मैं चाहती थी कि हर पुष्प की पंखुड़ी पर उसका नाम लिख दूँ, हर पत्ते पर उसका पता लिख आऊँ। मुझे कभी बादलों के फाहों में उसकी आकृति दिखती थी। कभी नदी की लहरों में उसका प्रतिबिम्ब दिखाई पड़ता था। मेरी दृष्टि उसे हर जगह ढूँढ़ती। मेरी कल्पना उसे हर स्थान पर पाती थी। वह होता न होता, हर पल मेरे साथ होता था। उस समय में मैं थी ही नहीं। वह मेरे पास नहीं था पर उसका वह स्पर्श, वह अनायास आलिंगन, हर समय मेरे साथ रहता।

हम केकय देश के निवासी घोड़ों का व्यापार करने के साथ-साथ वनों से घोड़ों को पकड़ने, पालने, प्रशिक्षित करने का काम भी करते थे। इसी कारण मेरे पिता को अश्वपति भी कहा गया था और अन्ततः वही प्रचलित भी हो गया था। वनों से घोड़ों को पकड़ने का काम काफी दुस्साहसी काम होता है। कहीं मैदानी, कहीं पर्वतीय क्षेत्र में फैला हमारा राज्य वनों, नदियों, झरनों से भरा पड़ा था। हजारों प्रकार के पशुओं, पक्षियों का निवास-स्थल था। वहाँ घोड़ों की बड़ी संख्या थी। वहाँ के घोड़े बहुत ही ताकतवर होते हैं, यद्यपि मैदानी क्षेत्र के घोड़ों की तरह वे बहुत तेज नहीं दौड़ पाते। वे झुण्डों में रहते हैं। अपने बच्चों का बचाव करते हैं। समूह के अन्दर से किसी घोड़े को पकड़ना सम्भव नहीं होता। इसके लिए हममें से कुछ लोग मिलकर शेर के दहाड़ने की आवाज निकालते। इससे भयभीत होकर वह समूह जान बचाने के लिए इधर-उधर दौड़ने लगता उस समय कुछ बछेरे बछेरियाँ समूह से बिछुड़ जाती हैं, हम घोड़ों पर सवार हो उन्हीं का पीछा करते। उन्हें घेरते हम अधिकतर बछेरों को चुनते। उन्हें पकड़ने के लिए हम उन दौड़ते हुए बछेरों के गले में फंदा डालते। उस फंदे

की बनावट कुछ इस प्रकार की होती कि खिंचाव पड़ने पर वह छोटा होता जाता है। परन्तु केवल एक सीमा तक ही ताकि बछेरे की साँस न घुटने पाये। फिर हम उस बछेरे को थका डालते। बाद में उस भयभीत थके-हारे बछेरे को काबू में कर लेते हैं।

वह कुछ इस प्रकार का अभियान था जिसमें मैं भी शामिल थी। एक बछेरी का पीछा कर रही थी। घोड़े पर सवार एक ऊँचे टीले पर थी। मैदान में हमारे कुछ साथी भी थे। वहीं से नीचे की कुछ दूरी पर एक बछेरी दौड़ रही थी। मैंने उसकी गर्दन पर फंदा डाला। घबराकर बछेरी दौड़ने लगी। फंदा कसता गया। मैं भी उसके पीछे अपना घोड़ा दौड़ाने लगी। दौड़ते घोड़े को अचानक एक ठोकर लगी और मैं सँभल नहीं सकी। रस्सी हाथ से छूट गयी थी। मैं घोड़े से नीचे गिरकर उस पहाड़ी से नीचे की तरफ लुढ़कने लगी। मुझे लगा शायद मेरा अंतिम समय आ गया है। तभी अचानक मैंने अपने आपको किसी की बाँहों में पाया। उसने मुझे कुछ इस प्रकार लपक लिया था जैसे कोई बच्चा गेंद को लपक लेता है। मैं एक हृष्ट-पुष्ट व्यक्ति की बाँहों में थी। मेरे शरीर पर खरोंचें आयी थीं। पर उन खरोंचों से ज्यादा प्रभावशाली था उसका स्पर्श, उसका अनायास आलिंगन। आँखों ही आँखों में उसका कहा-अनकहा आज भी मेरे मानस-पटल पर अंकित है। एक क्षण मृत्युपाश लिए मेरी तरफ बढ़ते चले आ रहे यम का दर्शन था, तो दूसरे ही क्षण सांग अनंग का आलिंगन था। कोई उन क्षणों को भूल भी कैसे सकता है। मैं चाहती थी कि समय रुक जाये हमेशा-हमेशा के लिए। पर ऐसा होता कहाँ है? समय अपनी गति से चलता रहता है। जब तक हमारे दूसरे साथी वहाँ पहुँचते तब तक उसने मुझे उतारकर जमीन पर खड़ा कर दिया था। मैं एक राजकुमारी थी, वह मात्र एक नायक था। अब तक वह मेरे मन का नायक भी बन चुका था।

वह बछेरी बहुत दूर नहीं जा सकी। वह रस्सी जिसमें उसकी गर्दन फँसी थी, एक पेड़ की दो शाखाओं के बीच में फँस गयी थी। उसे हमारे साथियों ने पकड़ लिया। मैंने उस बछेरी को अपनी देखरेख में पाला, दीक्षित किया था। वह मेरी अति प्रिय घोड़ी थी। उससे मेरी भावनाएँ जुड़ी थीं। उसके पास होकर मैं अपने उस नवयौवन के अविस्मरणीय क्षण को बार-बार जी लेती थी। मन के अतिरिक्त अगर मेरी कोई मित्र थी तो वह घोड़ी थी। मैं उसकी मौत पर फफक-फफककर रोई थी। मेरा वह रोना मन को भी आश्चर्यजनक लगा था। किसी घोड़ी की मौत पर मैं इस प्रकार रोऊँगी, यह उसकी समझ से बाहर था। मन के कितने अँधेरे कोठरे होते हैं जिन्हें हम कभी किसी के सामने नहीं खोलते। उस क्षण अनंग के बाणों से केवल मैं ही नहीं बिंधी थी, वह भी बिंध गया था। शायद इसी डोर से बँधा-बिंधा वह भी एक दिन अयोध्या चला आया था। वह भी भाव पार्श्व की तरह एक ऐसा निष्ठावान कैकेय था, जिसने मेरी तथा भरत की अनवरत सेवा की थी।

आधी से अधिक जिन्दगी गुजर जाने के बाद विभूति एक बार फिर मुझसे मिलने

एक दिन राजमहल तक में चला आया था। विभूति ही नाम था उसका। मैं उसका नाम कैसे भूल सकती थी? वह तो पूरी जिन्दगी मेरी स्मृति में बसा रहा था पर जिन्दगी की विडम्बना तो देखिए, मुझे उसी के नाम को भूलने का अभिनय करना पड़ा था उस दिन।

परिचारिका ने आकर सूचना दी थी कि कोई कैकेय आपसे मिलना चाहता है। मैंने उसे स्वागत-कक्ष में बिठाने को कहा। जब मैं उसके पास पहुँची, तो वह उठकर खड़ा हो गया। मेरी तरफ देखते हुए कहा, "मैं..." शायद उसके मन में आशा थी कि मैं देखते ही पहचान लूँगी। आशा तो उसकी ठीक ही थी। मैंने मन में बसी उस मूरत को पहली झलक में पहचान लिया था। मन में एक हुड़क उठी थी पर मजबूरी तो देखिए, मस्तिष्क ने तुरन्त फैसला सुना दिया, 'नहीं, राजमाता, कैकेयी ऐसा नहीं कर सकती। यह राजमाता के आचरण के लिए उपयुक्त नहीं होगा।' सब कुछ छोड़कर मैं विद्रोही अपूर्व होना चाहती थी जिसके लिए राज्य, समाज, सम्बन्ध, माँ, बाप, बेटा, भाई, सौतें, दासियाँ, दास कोई भी कुछ अर्थ नहीं रखते थे। मैं उसे बाँहों में भर लेना चाहती थी। चुम्बनों की झड़ी लगा देना चाहती थी। मैं उससे शिकायत करना चाहती थी कि निर्मोही इतने वर्ष लगा दिए? युगों के बाद वह मेरे सामने था। पर मैंने किया क्या? कहा क्या? मस्तिष्क की गुलाम इस राजमाता ने उसे कुछ इस प्रकार देखा जैसे पहचाना ही न हो। कितनी निराशा झलकी थी उसके चेहरे से। वह क्या सोच कर आया होगा और उसे क्या मिला? उसने एक बार अन्तिम कोशिश की। वह बोला "मैं...विभूति।"

"कौन विभूति?"

"आपने पहचाना नहीं मुझे?"

"उसने मुझे 'आप' कहा था। अपरिचय के इस प्रदर्शन के बाद वह मुझे, अयोध्या की राजमाता को वह 'तुम' तो नहीं ही कह सकता था।

"अपने किसी बड़े का नाम बताओ कैकेय!"

"मैं महाराज अश्वपति के सेनानायक अभय का पुत्र विभूति हूँ, राजमाता।"

अंदर तक झकझोर गया था उसका मुझे राजमाता कहकर सम्बोधित करना, पर किया भी क्या जा सकता था। यही सच्चाई थी।

"अच्छा, तुम अभय काका के मझले पुत्र विभूति हो। कैसे हो तुम विभूति?"

मैंने अपनी वाणी में राजकीय कोमलता लाते हुआ उससे पूछा था..."कैसे हैं अभय काका, काकी और शेष भाई-बहन?"

"पिताश्री का कुछ वर्ष पूर्व स्वर्गवास हो गया। शेष सब कुशल हैं।"

मैं सब कुछ जानती थी फिर भी पूछना पड़ा था।

"और तुम्हारी पत्नी?"

"मैंने विवाह नहीं किया।"

"क्यों?"

उसने आँख उठाकर मेरी तरफ देखा। उसमें जो शिकायत थी, मैं उसका सामना नहीं कर सकी। वह अभिवादन कर चला गया, फिर लौटकर न आने के लिए।

बहुत कठिन होता है यादों की शृंखला को रोक पाना। मैं बात कर रही थी कैकेय में अपनी घोड़े पकड़ने के बाद चोटिल हो जाने की और कहाँ से भटक कर कहाँ आ गयी। वापस चलती हूँ। जब हम लोग महल में पहुँचे और माँ ने मेरे फटे हुए रक्तरंजित कपड़ों को देखा तो वे चिंतित हो उठीं। तुरन्त अपने पास बिठाया। क्या हुआ कैसे हुआ, के प्रश्नों की झड़ी लगा दी। मेरे वस्त्र उतार कर मेरी चोटों का निरीक्षण किया। मैंने उन्हें आश्वस्त किया कि माँ ऐसा कुछ विशिष्ट नहीं हुआ है। मैं अपने अश्व से गिर गई थी। मेरी चोटों को देखने के बाद वे कुछ संयत हुईं और कहा कि तुम्हें सावधानी पूर्वक घुड़सवारी करनी चाहिए। फिर स्वयं ही कहने लगीं यदि पुरुषों के समकक्ष आना है, तब तो यह सब झेलना ही पड़ेगा। तुम तो मेरी बहादुर बेटी हो। मुझे तुमसे बहुत आशाएँ हैं। यह मेरी माँ थी, जिनके आग्रह के कारण ही मैं एक राजकुमारी होते हुए भी घुड़सवारी, अस्त्र-शस्त्र-संचालन, आखेट व घोड़े पकड़ने जैसे पुरुषों के लिए नियत कार्यों को सीख सकी, कर सकी। मुझे अबला होना पसंद नहीं था। कोई पुरुष मेरी इच्छा के विरुद्ध मुझे छू भी नहीं सकता था। वह इसलिए नहीं कि मैं राजकुमारी थी, बल्कि इसलिए कि मैं अपनी रक्षा करने में सक्षम थी। माँ मुझे कुछ इसी तरह की स्त्री बनाना चाहती थी। एक आत्मनिर्भर स्वतन्त्र, सामर्थ्यवान स्त्री। वैसे यह बात हर आम कैकेइयी के लिए भी सच थी।

पिताश्री महाराज को मेरे चोटिल होने की सूचना दी गई। वे तुरन्त ही राजवैद्य के साथ महल में पहुँचे। वे माँ पर बहुत नाराज हुए, "तुमने ही इसे इतनी स्वतन्त्रता दे रखी है। अब देखना इसके सुन्दर सुकोमल रूप पर चोट के कैसे निशान पड़ जायेंगे।" उन्हें मेरे रूप और सौन्दर्य की चिन्ता थी। थे तो आखिर वे भी एक पुरुष ही। पुरुष स्त्री में सौंदर्य ही खोजता है। वह स्त्री को सौन्दर्य में ही लिप्त रखना चाहता है। चन्द्रमा पर दाग तो उसे स्वीकार्य है पर स्त्री के शरीर पर लगा कोई दाग उसे स्वीकार्य नहीं होता। स्त्री को तो सुन्दर, सुकोमल पुष्प की तरह होना चाहिए।

मुझे चोट लगने से दुखी दोनों थे पर दोनों के दुख के कारण अलग-अलग थे। प्रतिक्रियाएँ अलग-अलग थीं। मूल में उनका विचार वैभिन्नय था।

राजवैद्य ने मेरी चोटों पर औषधीय लेप लगाया तो पहले तो बहुत जलनकारी लगा पर बाद में ठंडक पड़ गयी। शरीर के घाव तो धीरे-धीरे भर गये पर मन के घावों का कोई क्या करे? वे तो वैसे के वैसे ही हरे थे। मेरे महल से बाहर जाने पर रोक लगा दी गई थी पर बंदी तो केवल शरीर था। मन था कि बार-बार स्वतन्त्र पाखी की तरह उड़-उड़ जाता था। दूर कहीं, जहाँ मैं उसकी बाँहों में होती थी। एकटक देख रही होती थी उसकी आँखों में। मेरी कल्पनाएँ ऊँची उड़ान भर रही होतीं। मैं

उसके साथ अनेक मुद्राओं में होती। कभी उसके वक्ष से लगी, कभी उसके कन्धे पर सर धरे, कभी वह मेरे बालों से खेल रहा होता, कभी वह मेरे होठों पर अपने होठ रखने का प्रयत्न कर रहा होता और मैं हड़बड़ा जाती। कल्पनाओं में भी सीमा लाँघने से डर लगता था। संस्कार हावी हो जाते थे। मैं उन दिनों जिन मनःस्थितियों से गुजर रही थी, उनका वर्णन करने के लिए आज भी मेरे पास शब्दों का अभाव अनुभव होता है।

राजवैद्य की ओषधियाँ वास्तव में प्रभावकारी थीं। कुछ दिनों में घाव इस प्रकार भर गये जैसे कभी लगे ही नहीं थे। मैं एक बार पुनः अनिन्द्य सुन्दरी थी। अब महाराज का स्पष्ट आदेश था कि अब शिकार पर नहीं जाऊँगी, अस्त्र-शस्त्र-संचालन में भी भाग नहीं लूँगी। माँ ने इसका बहुत विरोध किया पर अब उनकी नहीं चली। प्रश्न राजाज्ञा का था, पुरुष वर्चस्व का था। बहुत अवसर भी नहीं मिला हम दोनों को कि हम उनकी अवज्ञा कर पाते। सब कुछ इतनी तेजी से घट गया कि हम नियति के हाथों की कठपुतली से अधिक कुछ प्रमाणित नहीं हुए।

अब राजमहल से बाहर की सूचनाओं का मेरा एकमात्र साधन थी मन। उसकी बातों से लग रहा था कि असुरों से संग्राम के आसार दिखाई दे रहे थे। लग रहा था कि यह संग्राम हमारे देश को अपनी लपटों में निगलने वाला है। असुरों से देव तथा आर्य राजा इतने भयभीत रहा करते थे कि उनसे युद्ध करने के लिए एक हो जाया करते थे।

असुरों का जब भी वश चलता, वे हिन्दूकुश पर्वत को पार कर इस क्षेत्र में घुस आया करते थे। वे लोग छद्म युद्ध कला में निष्णात थे। इसीलिए उन्हें मायावी भी कहा जाता था। सामने आकर वे लोग कम ही युद्ध करते थे। वे वनों में रहने की कला के ज्ञाता थे। पशु-पक्षियों की बोली में बोलते तथा अपने आपको झाड़ियों, लता-गुल्मों तथा पेड़ों के पत्तों में छुपाकर रखने में निपुण थे। किसी पेड़ के तने से सटे खड़े असुर योद्धा को देखकर उसे तने से अलग देख पाना कठिन होता था। उनके अस्त्र-शस्त्र, चेहरे व त्वचा का रंग आसपास के वातावरण में इतना मिला-जुला रहता कि उन्हें अलग कर देख पाना, पहचानना कठिन काम था और यह काम केवल प्रशिक्षित आँखें ही कर सकती थीं। वे अपने को उस स्थल पर पायी जाने वाली वनस्पति से आच्छादित कर लेते थे। वन क्षेत्र का उन्होंने गहन अध्ययन किया होता था। वे युद्ध के किन्हीं भी नियमों का पालन नहीं करते थे। वे अचानक हम पर हमला करते, अधिकतम हानि पहुँचाकर पुनः वन में वापस हो जाते। इस प्रकार आर्यों व देवों से उनके सतत संग्राम चलते रहते थे। वह हमारे क्षेत्रों पर धीरे-धीरे अधिकार करते और उसका प्रसार करते जाते। वे हमारी धरती पर उगी फसलों को रात के अँधेरे में काट ले जाते। हमारी पशु-सम्पदा को चुरा ले जाते। हमारे लोग उन क्षेत्रों को छोड़कर भागने लगते। तब वे लोग वहाँ आकर अपना अधिकार जमा लेते। इस तरह धीरे-धीरे वे हमारी तरफ

खिसकते आते थे। एक समय ऐसा आता कि हमारे लिए उनके उत्पात सहते रहना असम्भव हो जाता और उनसे निपटने का निर्णय लेते। पास-पड़ोस के राजाओं को मिलाकर असुरों से अपनी भूमि मुक्त कराने के लिए युद्ध करते और उन्हें पुनः हिन्दूकुश पर्वत के पार धकेल देते। यह एक प्रकार की सतत प्रक्रिया हो चली थी। दस-बीस वर्षों में ऐसे युद्ध होते रहते थे। देवासुर-संग्राम में अग्रिम पंक्ति का देश होने के कारण युद्ध हमेशा हमारे द्वार खटखटाता रहता था। अतः यह हमारी मजबूरी थी कि हम असुरों की युद्ध-कला से पूरी तरह परिचित हों। उनके छोटे-मोटे आक्रमणों का खतरा हम पर हर समय मँडराया करता था और उनके अचानक होने वाले आक्रमणों के लिए हमें हमेशा तैयार रहना पड़ता था। यही कारण था कि हमारे क्षेत्र में आबाल-वृद्ध स्त्री-पुरुष हर समय युद्ध के लिए प्रस्तुत रहते थे। इसी कारण अयोध्या से बिलकुल भिन्न केकय की स्त्रियाँ युद्ध में भाग लेती थीं। हमें भी युद्ध-कला का प्रशिक्षण गुरुकुलों में मिलता था। यही कारण है कि तुलनात्मक रूप से केकय की स्त्रियाँ सजग, वीर तथा किसी भी परिस्थिति के लिए प्रस्तुत रहती थीं। यहाँ अयोध्या में आकर मैं अपने आप को अलग-थलग तथा भिन्न मानसिकता की पाती रही। यहाँ की स्त्रियों का एकमात्र काम पुरुष को रिझाना और उन्हें खुश रखना है। वे पुरुष के हाथ की कठपुतली बन दास्य भाव में अपना जीवन बिताना चाहती हैं। यहाँ पति पत्नी का पुलिंगवाची शब्द नहीं, स्वामी का पर्यायवाची है। प्रसाधनों से अपने सौन्दर्य में अभिवृद्धि करने में अपने समय को व्यर्थ करती हुई स्त्रियाँ मुझे फूटी आँख नहीं सुहाती थीं। यह अयोध्या का सच था।

इन युद्धों का हमारे लिए एक लाभकारी पक्ष भी था। युद्धों में घोड़ों और हाथियों का उपयोग होता था। हमारे वनान्तर प्रान्तों से पकड़कर लाये गये हाथी व घोड़ों तथा कान्धार आदि देशों से लाये गये घोड़ों का यहाँ काफी बड़ा व्यापार होता था। इसी व्यापार के कारण हमारा कैकेय काफी सम्पदा-सम्पन्न देश था। सप्त सिन्धुओं में से दो प्रमुख नदियों—वितस्ता और चन्द्रभागा—के बीच के समतल मैदान पर व पहाड़ों में बसा हमारा यह राज्य कृषि व वन-सम्पदा से भरपूर था। इसके उत्तरी भाग में हिमालय की ऊँची-ऊँची चोटियाँ और उनसे घिरी हुई बड़ी-बड़ी घाटियाँ हमारे राज्य का हिस्सा थीं और बर्फ से ढके विशाल पर्वत हमारी सीमाएँ निर्मित करते थे। हमारे यहाँ गोधूम, जौ, मक्का, ज्वार, व बाजरा व धान की खेती होती थी। यहाँ पर प्रकृति इतनी उदार थी कि यदि कोई कबीला यहाँ आकर बस जाता तो फिर यहाँ से कहीं नहीं जाना चाहता था। जीवन निर्वाह के सभी साधन यहाँ उपलब्ध थे। अयोध्या की तरह यहाँ पर लोग वर्णाश्रम की व्यवस्था में इतने जकड़े हुए नहीं थे। यहाँ पर वर्णाश्रम व्यवस्था जन्मना तो नहीं ही थी और हम स्त्रियाँ भी तुलनात्मक रूप से अधिक स्वतन्त्र थीं।

असुरों की तरफ से आक्रमण की स्थिति बन रही थी। इसी युद्ध ने मेरे जीवन की दिशा तय कर दी। मेरे बड़े भाई युधाजित के नेतृत्व में एक सेना इस युद्ध का

हिस्सा होने जा रही थी। राज्य में अस्त्र-शस्त्रों के निर्माण का कार्य तेजी से चल रहा था। देश के सभी आबाल-वृद्ध उसकी तैयारी में जुटे थे। घोड़ों व हाथियों के प्रशिक्षण चल रहे थे। लुहारों के यहाँ खड्ग व भाले ढल रहे थे। उन पर धार धरी जा रही थी। ढालें बन रही थीं। सुरक्षा के लिए खाद्यान्न एकत्रित किया जा रहा था। मेरे मन का नायक विभूति भी इस युद्ध में जा रहा था। मेरे लिए एक अच्छा अवसर था। जब अन्य स्त्रियाँ इसमें भाग ले रही थीं तो मुझे भी नहीं रोका जा सकता था। राज्य परिवार द्वारा आगे बढ़कर नेतृत्व प्रदान करने की परम्परा थी। केवल वे स्त्रियाँ युद्ध में नहीं जाती थीं जो या तो गर्भवती होती थीं या फिर बच्चों को दूध पिला रही होती थी। युद्ध कुमारियों के लिए वर के चयन का एक अच्छा अवसर होता था। मैं और मेरी सहायक सखी मन के नेतृत्व में भी एक स्त्रियों की टोली युद्ध के लिए तैयार की गई। हमें युद्ध क्षेत्र में थोड़े पीछे रहकर घायल योद्धाओं को युद्ध क्षेत्र से बाहर लाकर उनकी सेवा-सुश्रूषा करने का दायित्व सौंपा गया था। परन्तु आवश्यकता पड़ने पर हमें युद्ध के लिए भी तत्पर रहना पड़ता था। सच तो यह है कि योद्धा वहीं घायल होते थे, जहाँ युद्ध चल रहा होता था। युद्ध की कला में निपुण होना इसलिए भी आवश्यक होता था, क्योंकि असुर पुरुषों की तो हत्या कर देते थे परन्तु स्त्रियों को अपने कबीलों में उठा ले जाते थे।

ऐसे ही एक अवसर पर जब चन्द्रभागा के उस पार युद्ध चल रहा था तो हमें सूचना मिली की अयोध्या के महाराज दशरथ के नेतृत्व में युद्ध करती सेना की एक टुकड़ी मायावी असुरों के बीच वन में फँस गयी है। उन्हें सहायता की आवश्यकता है। हम अपने अश्वों पर सवार हो उस दिशा में चल पड़े।

वन प्रान्तों में रथारूढ़ सेनापति प्रायः कठिनाइयों मे फँस जाते हैं। वे उन मायावियों के सबसे आसान शिकार होते हैं। वनों में रथों की गति धीमी होती है। दोपहर का समय तो और भयानक हो जाता है। जब सूर्य सर पर होता है उस समय प्रबल दिशाभ्रम होते हैं और जो वन के उस भाग से, वहाँ बने प्राकृतिक पहचान चिह्नों पर पगडण्डियों से परिचित नहीं होते, दिशा भटक जाते हैं और दुश्मनों के आसान आखेट बन जाते हैं। वनों में हाथियों और घोड़ों को पकड़ने के लिए बड़े गड्ढे बनाये जाते हैं तथा उन्हें घास आदि से ढक कर सहज जमीन होने का स्वरूप प्रदान कर दिया जाता है। इसमें गिरकर हाथी-घोड़े बाहर नहीं आ पाते और पकड़ लिये जाते हैं। बस, ऐसे ही खड्ड में महाराज दशरथ का रथ गिर गया था और वे दुश्मनों से घिर गये थे। उनके साथ चल रही उनकी सेना की टुकड़ी उनकी रक्षा का प्रयत्न कर रही थी, पर वे यह नहीं समझ पा रहे थे कि उन पर आक्रमण कहाँ से हो रहे हैं। हम उस रण-क्षेत्र से पूरी तरह परिचित थे। घोड़ों पर सवार हमारी टुकड़ी, जिसका नेतृत्व राजकुमारी होने के नाते मैं कर रही थी, तुरन्त महाराज की सहायता के लिए पहुँची। हमारी आँखें उन छुपे हुए शत्रुओं की, जो संख्या में बहुत अधिक नहीं होते थे, देखने की अभ्यस्त

थीं। हम उनकी व्यूह-रचनाओं को समझते थे। थोड़ी ही देर में असुरों के छापामार हमारे बाणों की मार से पेड़ों पर से पके हुए फलों की तरह टपकने लगे। झाड़ियों में छिपे हुए सियारों की तरह चिल्लाते हुए भागने लगे, समय पर सहायता पहुँचने के कारण महाराज व उनके सारथी सुमन्त का जीवन बचा लिया गया। उन्हें घायल अवस्था में खड्डे से बाहर निकाला गया। घोड़ों पर लादकर नगर के चिकित्सा केन्द्र में लाया गया। राजवैद्य ने उनकी चिकित्सा की। कुछ दिनों बाद वे स्वस्थ हो गये। तब मैं यह कहाँ जानती थी कि जिस व्यक्ति को मैं इस प्रकार जीवन दान दे रही हूँ, वह ही मेरे नारकीय जीवन का कारण बनेगा।

इस सहायता के लिए मेरे पिता महाराज अश्वपति तथा केकय की प्रजा महाराज दशरथ की आभारी थी। वे काफी समय हमारे अतिथि बनकर रहे थे।

संसार में कुछ मुफ्त नहीं मिलता और स्वतन्त्रता तो बिलकुल ही नहीं। स्वतन्त्र रहने की कीमत केकय को चुकानी पड़ी। सोलह वर्षीय राजकुमारी अपूर्व साठ वर्ष के बूढ़े राजा दशरथ की कामांधता की भेंट चढ़ा दी गई। ब्याह दी गई। पर यह सब इतनी आसानी से नहीं हो गया था। मेरी माँ ने इसका बहुत विरोध किया था। वह बिल्कुल नहीं चाहती थी कि उसकी फूल-सी बच्ची उस बूढ़े राजा से ब्याह दी जाये, जो उसके पिता नहीं शायद परपिता की उम्र का था। बहुत सारे राजनीतिक प्रस्ताव आये और गये। बहुत सारी सन्धियाँ हुईं। महाराज दशरथ तब तक निःसन्तान थे। यह तय पाया गया कि अपूर्व के गर्भ से पैदा हुआ पुत्र ही अयोध्या का राजा होगा। सन्धियाँ तो होती ही हैं तोड़ी जाने के लिए। यह बात हर राजा जानता है। इस सन्धि का क्या हुआ, यह सर्वविदित है। हाँ, महाराज अश्वपति ने पूरा प्रयास किया था कि यह संधि तोड़ी न जा सके। मेरे विवाह पर दहेज के रूप में बहुत से धन-धान्य के साथ बहुत सारे हाथी-घोड़े व सेना भृत्यों के रूप में तथा अन्य वेशों में बहुत से कूटनीतिज्ञ यहाँ अयोध्या में भेज दिए थे। जिन्होंने हर कठिन परिस्थितियों में मेरा साथ दिया। उनमें से ही एक थी मेरी मित्र, मेरी 'मन' और अयोध्या की मंथरा।

इस विवाह के विरोध की बहुत बड़ी कीमत मेरी माँ को चुकानी पड़ी। वे तिरस्कृत की गईं। महाराज को मजबूर होकर उन्हें अपने महल से निष्कासित करना पड़ा। निष्कासन को सही ठहराने के लिए मिथक गढ़े गये। महाराज अश्वपति का पक्षियों की बोली समझने का मिथक भी उसी का हिस्सा था। मेरी माँ को एक ऐसी स्त्री के रूप में प्रचारित किया गया, जिसे अपने पति के जीवन से अधिक प्यारी थी अपनी प्रतिष्ठा, अपनी जिद।

'साठा सो पाठा'। पुरुषों ने अपने स्वार्थ की पूर्ति के लिए, अपनी कामुकता की पूर्ति के लिए ऐसे ही न जाने कितने शब्दजाल बुन लिए हैं, मुहावरे गढ़ लिए हैं। साठ वर्ष की उम्र में भी पुरुष जवान पट्ठा है।

मेरे पिता मुझसे कितना प्यार करते थे। मैं समझती थी कि मुझ पर वे अपनी

जान न्यौछावर कर सकते थे परन्तु राजा की भी कोई न कोई विवशताएँ होती हैं। जब वह देशहित में प्रजा से पुत्रों की माँग कर सकता है तब उसके लिए यह भी आवश्यक हो जा सकता है कि वह अपनी प्राणों से भी प्रिय पुत्री का बलिदान देशहित में कर दे। वह उन्होंने किया। पता नहीं उन्होंने कितने.खून के आँसू रोए होंगे। पत्नी अलग हो गयी। बेटी चली गई। अपने पुत्र युधाजित को भी उन्होंने मेरी इच्छा पर अयोध्या भेज दिया। कितने अकेले हो गये होंगे वे उस समय। राजा के सर जो मुकुट होता है वह सोने का, हीरों का और मणियों का नहीं होता, वह काँटों का होता है जो लगातार उसके सर में घाव करता रहता है। यह समझ मुझमें बहुत बाद में आयी। उस समय तो पिता से इतनी नाराज थी कि फिर कभी उनसे कोई सम्बन्ध नहीं रखना चाहती थी, पर अब उनका दर्द समझ सकती हूँ।

मन की भी कितनी अजीब गति है। कभी वह विधि के विधान को एक सिरे से नकार देता है तो कभी उसको सहज स्वीकार लेता है। कभी लगता है कि अपराध कोई करता है और उसका दण्ड कोई भोगता है। उसके किसी अपने को, किसी बहुत प्रिय को भोगना पड़ता है उसका दण्ड। अपराध दशरथ का था। दण्ड उसके प्रियपुत्र राम को और उससे भी अधिक सीता व उसके पुत्रों को भोगना पड़ा। जिन्हें राजमहल में जन्मना था वे वन में पैदा हुए। पिता के प्यार से वंचित रहते हुए बड़े हुए। मुझे भी तो होना पड़ा था अपनों के प्यार से वंचित। किसके अपराध के लिए वंचित हुई मैं? उलझकर रह जाती हूँ। शायद, यह शायद वह कारण रहा हो पर यह शायदवाद कभी समाप्त नहीं हो पाता। किसी तर्क से, किसी कार्य-कारण सम्बन्ध से ये बातें सिद्ध नहीं होतीं। इसी प्रकार मजबूर होकर मनुष्य शायद उस ईश्वर के होने को स्वीकार कर लेता है। मान लेता है कि सब उसका खेल है। हम तो केवल उसके हाथ की कठपुतली हैं। अपनी समझ, अपने ज्ञान की सीमा के कारण हम सब शायद उस परम तत्त्व को स्वीकार कर लेते हैं। अपनी नियति को स्वीकार कर लेते हैं। हमारे भाग्य में शायद यही बदा था, होनी को कौन टाल सकता है जैसे वाक्य विन्यास उसी हारे हुए मन की देन हैं।

कौसल्या के निधन का समाचार मुझे अनमना कर गया। मैं उस पर लिखने को अभी तक टालती आ रही थी। उसके प्रति मेरे मन में बहुत दुविधा थी। वह उम्र में मुझसे लगभग पच्चीस वर्ष बड़ी थी, लगभग मेरी माँ की समवयस्क और मेरी सपत्नी। वह कुछ हद तक मेरी समझ से परे की स्त्री थी। माँ की उम्र की होने के नाते वह मेरे आदर की पात्र होनी चाहिए थी। वह शायद होती भी यदि वह मेरी सपत्नी न होती तो। अपने समय में कोसल्या सौन्दर्य की प्रतिमा रही होगी। मैंने जब उसे पहली बार देखा था तब उसका यौवन उतार पर था। वह एक गरिमामय महारानी थी। मैं

उसके सामने एक उच्छृंखल लड़की। वह एक शान्त, शील, धीर, गम्भीर स्त्री थी जो महारानी कहलाने की सर्वोत्तम पात्रता रखती थी। वह दक्षिण कोसल नरेश की पुत्री थी। अयोध्या उत्तर कोसल कहलाती थी। क्योंकि वह कोसल की ही थी अतः उसे कौशल्या कहा गया। जैसे में कैकेयी कहलाई। कौसल्या चूँकि भूमि-पुत्री थी, इस कारण यहाँ के लोग उसे बहुत प्यार करते थे। उसका बहुत आदर-सम्मान था। मैं एक सुदूर केकय प्रदेश की थी, मुझे प्रजा की नजर में अपना स्थान बनाना था, जिसकी मैंने एक लम्बे समय तक कोई चिन्ता नहीं की। वास्तव में ऐसा कुछ करना पड़ता है, इसकी समझ मुझे बहुत देर बाद आयी थी। कौसल्या यहाँ की संस्कृति में रची-बसी थी, जहाँ स्त्री में दास्य भाव संस्कारों में ही डाल दिया जाता था। केकय में स्त्रियों में स्वतन्त्रता का बहुत प्रबल भाव था। यहाँ की तुलना में तो बहुत ही प्रबल। केकय से चलकर महाकौसल तक आते-आते स्त्री पुरुष की किंकरी भर रह गयी थी। महारानी होने के बावजूद मैंने कौसल्या को कभी भी राजकाज में हस्तक्षेप करते नहीं देखा था, प्रभुत्व स्थापित करते नहीं देखा। ऐसा नहीं है कि उसके कोई अपने विचार नहीं थे या वह कोई गूँगी गुड़िया थी, परन्तु अपने संस्कारों के कारण वह अपने विचार किसी पर लादती नहीं थी। वह बहुत स्वाभिमानी एवं सजग थी। राजनीति को समझती थी। राम के वनवास पर उसने दशरथ से अपनी असहमति व्यक्त की थी। पर वह अपना मत आरोपित करना नहीं चाहती थी। वह यदि अपनी सारी सामर्थ्य एकत्र कर प्रजा के सामने जाती तो मेरी सारी राजनीति, कूटनीति, छल-कपट धरे रह जाते। वह प्रजा की मनभावन राजरानी थी। सेना पर यद्यपि मेरी पकड़ थी पर वह केवल शीर्ष पर थी। आम सैनिक तो आम जनता की तरह कौसल्या और उसके पुत्र, उनके नितान्त अपने राम के साथ था। कौसल्या उनकी अपनी थी और मैं पराई थी। कौसल्या के बिना कहे भी प्रजा ने तो अपनी पक्षधरता राम के पक्ष में उसके वन जाते समय उसके साथ चलकर प्रकट कर दी थी।

ठीक इसी प्रकार सीता के निष्कासन के बाद कौसल्या ने राम से अपनी असहमति प्रकट की थी, पर वह सब हो चुकने के बाद था। सीता के निष्कासन का निर्णय शायद पूरी तरह राम का व्यक्तिगत निर्णय था। हो सकता है इसमें कुछ सलाह विश्वामित्र की रही हो, पर कह नहीं सकती। लक्ष्मण को सिर्फ आज्ञा दी गई थी जो उसने असहमति के रहते भी मानी थी। पूरी की थी। राम का आज्ञाकारी होते हुए भी लक्ष्मण राम के इस निर्णय से बहुत दुखी था। शायद इस घटना से राम व लक्ष्मण के मन में अंतर आ गया था। मन की बातें कौन जान सकता है?

अभी मैं लक्ष्मण के बारे में बात नहीं करूँगी। लक्ष्मण पर फिर कभी। अभी केवल और केवल कौसल्या। हाँ तो मैं कह रही थी की सीता को त्यागने का निर्णय राम का अपना निर्णय था, जिसे उसने अपने तक सीमित रखा था। इसकी कोई सूचना राजमाता कौसल्या तक को नहीं दी गई थी। यदि राम ने इस विषय पर कौसल्या

की आज्ञा चाही होती तो निश्चय ही कौसल्या सीता को कभी वन नहीं जाने देती। राम के संदेह की कीमत पर भी नहीं। उसने महाराज राम के उस निर्णय पर जिन शब्दों में अप्रसन्नता प्रकट की थी, उससे मेरे भी मन में कौसल्या के प्रति एक श्रद्धा भाव पैदा हुआ था। कौसल्या ने राम से कहा था, "राम, स्त्री तो केवल धात्री है। यदि तुम्हारे मन में सीता के प्रति कोई संदेह है तो यह तुम्हारी अक्षमता का प्रमाण है।"

"मेरे पास इसके अतिरिक्त कोई विकल्प नहीं था माँ।"

"विकल्प नहीं थे यह स्वीकार नहीं किया जा सकता, पुत्र। मैं नहीं जानती कि तुमने किन-किन विकल्पों पर विचार किया होगा? तुम पुरुष हो, ऊपर से राजा हो, तुमने जो भी किया होगा, सही ही किया होगा। पर तुम्हारे इस कृत्य के लिए तुम्हें भारी मूल्य चुकाना पड़ेगा। एक गर्भवती स्त्री को इस प्रकार घर से निकालकर जंगल में भेज देने के लिए पूरी स्त्री जाति तुम्हें कभी क्षमा नहीं करेगी। तुम राजा हो, जो तुम आज करोगे, कल वही सब तुम्हारी प्रजा भी करेगी। राजा को ईश्वर का अंश कहा जाता है। यदि ईश्वर भी इस प्रकार अन्याय करेगा तो प्रजा कहाँ जायेगी? राम, तुम मेरे पुत्र हो। माँ को अपने पुत्र से ज्यादा कोई और प्यारा नहीं होता। पर पुत्र, तुम्हारे इस कृत्य के लिए मैं स्वयं भी तुम्हें क्षमा नहीं कर पा रही हूँ।"

"आप सही हैं माँ। मैं इस अपराध-बोध से ग्रसित हो स्वयं को क्षमा नहीं कर पा रहा हूँ। माँ, प्रजा में जिस प्रकार का प्रवाद फैला था, उसको दूर करने के लिए मेरे पास केवल दो ही विकल्प थे या तो मैं राज्य को, अयोध्या को त्यागकर एक बार फिर सीता के साथ वन चला जाऊँ और षड्यन्त्रों को सफल हो जाने दूँ या फिर सीता को त्यागकर प्रजा के सामने उसके हितचिंतक आदर्श राजा के रूप में सामने आऊँ।"

"पुत्र, तुमसे यह किसने कह दिया कि तुम्हारे पास दो ही विकल्प थे। कुलगुरु वसिष्ठ ने? विश्वामित्र ने? तुम्हारी मन्त्री परिषद ने? सीता ने? लक्ष्मण ने? या तुमने स्वयं? राम, यह जीवन अन्तहीन विकल्पों का सिलसिला है। राम, जब तुम नहीं थे तब भी अयोध्या थी, प्रजा थी, शासन था। जब तुम नहीं रहोगे तब भी अयोध्या रहेगी, प्रजा रहेगी, शासन रहेगा, पर सीता के लिए तुम्हारे अतिरिक्त उसका कौन था? राम, जब तुम वन भेजे गये थे, तब भी मैं उतनी दुःखी नहीं हुई थी। तब तुम्हारे साथ लक्ष्मण था, सीता थी। तुम्हारे साथ अयोध्या की प्रजा की सद्भावना थी, पर राम, अब तुम कितने अकेले हो।"

"हाँ माँ, अब मैं नितान्त अकेला हूँ। आप यदि आज्ञा दें तो मैं यह राजपाट छोड़कर सीता के पास वन जा सकता हूँ।"

"नहीं राम, अब सीता तुम्हें स्वीकार नहीं करेगी। अब तो तीर धनुष से छूट चुका है। पुत्र, मैं समझ नहीं पाती हूँ कि तुम्हारे लालन-पालन में मुझसे कौन-सी भूल हो गयी कि तुम एक अमानवीय दण्ड सीता तथा उसकी आने वाली सन्तान को दे सके,

वह भी बिना किसी भूल के, बिना किसी अपराध के, और अपने पक्ष में कुछ कहने के अवसर दिए बिना। यह कैसा न्याय है तुम्हारा पुत्र?”

जब मुझे कौसल्या और राम के बीच हुए इस संवाद की सूचना मिली तो मेरी पहली सोच यह थी कि कदाचित कौशल्या राम को वन जाने का हुक्म दे देती तो मेरा रचा हुआ षड्यन्त्र सफल हो जाता। परन्तु अब, जब मैं कौसल्या का मूल्यांकन करने बैठी हूँ तब लगता है कि वे कितनी महान स्त्री थीं। जी चाहता है कि उसके चरण स्पर्श कर अपने अपराधों की क्षमा माँग लूँ। पर अब तो बहुत देर हो चुकी है।

दूसरों का मूल्यांकन व्यक्ति बचपन से ही करने लगता है। उस काल में भी हम अपनी छोटी सी बुद्धि से अपने माता, पिता, भाई, बहन, सखी, सहेलियों का मूल्यांकन करते हैं। यह सब स्वहित सामने रख कर होता है। बच्चों की आवश्यकताएँ या तो भौतिक होती हैं या स्नेह की। बच्चा स्नेह की भाषा समझ पाता है। जैसे-जैसे हम बड़े होते जाते हैं हमारी आवश्यकताएँ बदलती जाती हैं। वय मन व शरीर दोनों में ही परिवर्तन लाती है। सारा दृष्टिकोण बदलने लगता है। मन कहीं जाकर किसी में अटक जाता है। वह संसार का सबसे अच्छा आदमी लगने लगता है। मन सारे समय उसी के खयालों में खोया रहता है। जब छिन जाता है तब लगता है संसार ने हमारा सारा कुछ हमसे छीन लिया है। तब हम विद्रोही होने लगते हैं। हम सोचने लगते हैं कि सारा समाज हमारा शत्रु है। यद्यपि बाद में जब हम वह उम्र पार कर चुके होते हैं, हमारे आवेग चुक गये होते हैं, सैलाब उतर गया होता है, तब अपने आप पर हँसी भी आती है, पर सच तो यह कि हर उम्र का अपना एक अलग सच होता है।

रावी, व्यास, सतलज, गंगा, गोमती आदि छोटी-बड़ी दसियों नदियों तथा उनके मैदानों को पार करते हुए हजारों कोसों की लम्बी यात्रा कर हम सुन्दर गाँवों और बस्तियों के बीच से गुजरते हुए हजारों की संख्या में घोड़ो, हाथियों, रथों तथा पैदल सैनिकों की सुरक्षा में धन-धान्य सहित अपने सार्थ के साथ सरयू नदी के किनारे बसी अयोध्या के द्वार पर पहुँचे थे। वहाँ हमारा स्वागत अयोध्या की मंत्री परिषद ने किया। महाराज दशरथ की वीरता के गुण अयोध्या के विरुद गायकों ने गाये थे।

मैं मन ही मन बहुत हँसी थी। यह वही बहादुर राजा था जिसकी जिन्दगी हम स्त्रियों ने बचाई थी। अन्यथा असुरों के हाथ पड़े ये कहीं उनके बंदी होते अथवा तथाकथित वीरगति को प्राप्त हो चुके होते। इस स्वागत समारोह में ही मैंने महारानी कौसल्या को पहली बार देखा था। तब तक मुझे ज्ञात हो चुका था कि महाराज की तीन सौ से अधिक रानियाँ तथा दो महारानियाँ पहले से ही हैं। महारानी कौसल्या ने मुझ सद्यः विवाहित महारानी और तथाकथित विजयी महाराज की आरती उतारकर

स्वागत किया। उसका मुस्कुराकर मेरा स्वागत करना क्या था, मैं आज तक नहीं समझ पायी। क्या वह कोई राजकीय मजबूरी थी? क्या वह एक और महारानी के आ जाने से कामान्ध निर्वीर्य महाराज की असहयनीय काम-क्रीड़ाओं की पीड़ाओं से छुटकारे की मुस्कुराहट थी या फिर एक व्यंजना-परक परपीड़क की मुस्कुराहट थी कि एक औरत और फँसी इस भँवर में। एक ऐसी औरत जिसका इस शर्त पर विवाह हुआ था कि उसकी कोख से पैदा हुआ पुत्र अयोध्या का शासक बनेगा। प्रश्न यह रहा होगा कि शासक तो तब बनेगा जब पैदा होगा? और जब इतनी रानियाँ, महारानियाँ जिससे कोई सन्तान नहीं पैदा कर सकीं तो यह कल की छोकरी कहाँ से कर पायेगी। मैं उस समय यह बिलकुल नहीं समझ पायी थी कि कोई स्त्री अपने पति को सहपत्नियों से बाँट कर कैसे खुश हो सकती है, मुस्कुरा सकती है।

कभी मैदानी एवं पहाड़ी पगड़ण्डियों पर हिरनी-सी दौड़ती-कूदती, कुलाँचें भरती, झरनों के नीचे नहाती, नदियों-झीलों में मछली की तरह तैरती, अल्हड़ युवती कब अयोध्या के राजमहल में कैद होकर एक कूटनीतिज्ञ की तरह व्यवहार करने लगी, मुझे पता ही नहीं चला? मुझे पता ही नहीं चला कि कब मैं दशरथ के साथ बिस्तर पर छल करने लगी। कब उस कामोन्मत्त बूढ़े निर्विर्य राजा का उपयोग अपने स्वार्थों को साधने के लिए करने लगी? मेरे इस तरकश में कब कितने तीर विकसित हो गये और कब मैंने उनका किसके विरुद्ध उपयोग करना शुरू कर दिया? दशरथ को मैंने कभी प्रेम से छला तो कभी मनुहार से, कभी रूठकर, कभी अनिच्छा के प्रदर्शन से। मैंने शायद पहले भी कहीं लिखा है कि किस प्रकार मैरेय के नशे में धुत्त दशरथ के सामने उसकी किसी न किसी तथाकथित रानी को परोसकर अपने लिए राजमहल की राजनीति के कई छोटे-मोटे दरवाजे खोल लिए।

मन बेलगाम घोड़ों की तरह भागता है। मैं कौसल्या के बारे में बात कर रही थी। पता नहीं फिर कब अपने ही बारे में बोलने लगी। दूसरों के बारे में बातें करते हुए भी हम अपने से अलग नहीं हो पाते। दूसरों के बारे में सोचते हुए अपने को आगे रख देते हैं। सच तो यह कि मैं कौसल्या के बारे में सोच रही हूँ, इसका कारण भी यही है कि वह मेरी सपत्नी थी।

हम सब की सब निपूती, निःसन्तान। पुत्रेष्टि यज्ञ में अपने व्यवहार और मानसिकता के बारे में तो पहले ही लिख चुकी हूँ। कौसल्या के बारे में अब कहना चाहती हूँ। कौसल्या के मन की बात तो नहीं कह सकती पर उसका व्यवहार बिलकुल वैसा ही था जैसे व्यवहार की हमसे अपेक्षा की गई। उसके ऋतुस्नान के दस दिन बाद यह यज्ञ की प्रक्रिया प्रारम्भ की गई थी। सबसे पहले उसे इस यज्ञ में भागीदार बनाया गया था। कौसल्या को गर्भ ठहर जाने के बाद ही मेरी बारी आई थी। उसके

बाद सुमित्रा की। हम तीनों ने मिलकर चार पुत्रों को जन्म दिया। सुमित्रा ने जुड़वा पुत्रों को जन्म दिया। राजा के यहाँ पुत्र जन्मे, प्रजा ने खुशियाँ मनाईं। घी के दीपक जलाए। सोना, चाँदी, भोजन, वस्त्र व गायों को दान में पाकर विप्रों ने राजा को खूब आशीर्वाद दिये।

आज जब प्रजा की मानसिकता के बारे में सोचती हूँ तो मन में सवाल उठते हैं कि यह ठीक है कि राजा के घर पुत्र हुए तो महलों में खुशी मने। वहाँ घी के दीपक जलें। पर प्रजा के यहाँ? जो लोग कठिनाई से दिन-रात खटने के बाद दो जून अन्न-भात का प्रबन्ध कर पाते हैं, वे अपने घर में घी के दीपक जलाने को बाध्य क्यों अनुभव करें? सिर्फ इसलिए कि यदि उन्होंने ऐसा नहीं किया तो शायद उन्हें राजा का विरोधी मान लिया जायेगा। राजा के दुख में बढ़-चढ़कर विलाप करना, हँसी में खिलाखिलाकर हँसना और खुशी में घी के दीपक जलाना जो शायद वे अपने हर पुत्र, पुत्री के पैदा होने पर जला पाये हों या न जला पाये हों।

अपने पुत्रों के लालन-पालन में हम तीनों महारानियों की सोच, स्थितियाँ, व्यक्तिगत गुण-दोष व चारित्रिक विशेषताएँ अच्छी तरह सामने आयीं और हमारे बच्चों के व्यक्तित्व का हिस्सा बनीं। एक पुत्र प्राप्ति के बाद महारानी कौसल्या एकनिष्ठ माँ कौसल्या बनकर रह गयीं। यों तो बच्चे को पाल-पोसकर बड़ा करने का काम अपने आप में एक पूर्णकालिक काम होता है पर हम महारानियों को और बहुत सारे राजकीय कामों में हिस्सा लेना होता है, पर कौसल्या उनमें तभी शामिल होती जब महाराज दशरथ उन्हें विशेष रूप से आमन्त्रित करते थे। इसलिए राम अपनी माँ कौसल्या के अगाध, अबाधित, अविभाजित प्रेम पर पला एक उदार व्यक्ति बना। जिसने प्यार पाया और प्यार बाँटा, अपने परिवार में, अपनी प्रजा में। अपनी माँ की ही तरह राम के पास सब कुछ त्याग देने की अपार क्षमता थी। प्यार के बदले में उसे उसी उदारता के साथ प्यार मिला भी। उसे प्रजा तक से अनायास ही इतना प्यार मिला, जिसकी आशा कोई सामंत शायद ही कर सकता हो। अपनी प्रजा का हित चाहना, हित करना उसे कौसल्या ने घुट्टी में ही पिला दिया था। कौसल्या राम को बड़ा होते देख प्रमुदित होती रहती थी। उसे इस बात की जरा भी परवाह नहीं थी कि मैं राम के चारों ओर क्या राजनीतिक जाल बुन रही हूँ। यदि कभी की भी होती तो मुझे इसका किंचित मात्र भी ज्ञान नहीं हो पाया। मैं इतना जानती हूँ कि मन्त्रीपरिषद में उसके बहुत सारे हित-चिन्तक स्वयं ही थे।

महारानी सुमित्रा इस दौड़ में कभी शामिल नहीं हुईं। वे जानती थीं कि अयोध्या का राज्य या तो कौसल्या पुत्र राम को सबसे बड़ा पुत्र होने के नाते मिलेगा, जिसमें कौसल्या का स्थानीय होना सहायक होगा या फिर मेरे विवाह की शर्तों के आधार पर यह राज्य भरत को मिलेगा। इस कारण उसने अपने दोनों पुत्रों को इस भावना के साथ विकसित किया कि उन्हें राम व भरत के आज्ञाकारी अनुज की तरह रहते

हुए राज्य की सेवा करनी है। और उन्हें जो भी प्राप्त होना है, वह सेवा भाव के कारण ही प्राप्त होना है। उसने लक्ष्मण को राम के साथ व शत्रुघ्न को भरत के साथ जोड़कर उनका भविष्य सुनिश्चित कर दिया था। सुमित्रा बहुत ही समझदार स्त्री थी। महारानी होते हुए भी उसने न तो कभी कौसल्या से और न ही कभी मुझसे कोई प्रतिद्वन्द्विता रखी। न कभी किसी एक की चुगली दूसरे से की। वह बहुत बार हम दोनों के बीच संवाद सूत्र थी।

मैं हमेशा अपने आप को अयोध्या में असुरक्षित, अनामंत्रित, अनचाही अनुभव करती रही। सच तो यह है कि बूढ़े महाराज दशरथ का मुझ जैसी नवयौवना से विवाह करना और वह भी अनुबन्धों पर, उन्हें कभी अच्छा ही नहीं लगा था। सत्य के विपरीत उन्हें ऐसा लगता रहा कि केकयराज ने उनके महाराज को फँसाया है। उनके इस विचार की पुष्टि शायद मेरे कार्यकलापों तथा सत्ता में मेरे बढ़ते हुए हस्तक्षेपों से भी हुई होगी। मैं महत्त्वाकांक्षी थी। महाराज के कामोन्माद का मैंने साधन के रूप में उपयोग किया था। मैं इस बात की दशरथ को याद दिलाती रहती थी कि विवाह की शर्तों के अनुसार मेरे पुत्र भरत को ही उनका उत्तराधिकारी होना है। मैं उसे यह अहसास भी दिलाती रही कि अब समय आ गया है, कि वह बूढ़ा हो चला है और अब उससे कोई काम ठीक से करते नहीं बनता। अब उसमें वह सामर्थ्य नहीं बची है। यह सच भी था। अब वह राजकाज ठीक से नहीं चला पा रहा था। उसे एक सहायक की आवश्यकता थी, जो उसका भार बाँट सके। अब उसकी सीमाओं पर उत्पात होने लगे थे। अपने भाई युधाजित को अयोध्या का सेनापति मैंने इन्हीं कारणों के आधार पर बनवा दिया था। मैं उसे हमेशा यह याद दिलती रही थी कि किस प्रकर मैंने असुरों से संग्राम में उसकी जान बचाई थी और वह किस प्रकार मेरा ऋणी है।

अब मैं यह स्वीकार करती हूँ कि मेरी इन चिन्ताओं और चेष्टाओं के कारण मैं भरत के लालन-पालन में उतना समय नहीं दे पायी और उसका कुछ न कुछ प्रभाव तो भरत के विकास पर पड़ा ही होगा। यद्यपि मन ने उसका लालन-पालन बहुत मन लगाकर किया था पर वह थी तो स्थानापन्न माँ ही। धाय माँ, माँसी। भरत अपनी सारी हठ मंथरा से ही पूरी करवाता था। मेरे हिस्से में तो स्तनपान के अतिरिक्त कोई और दायित्व आया ही नहीं। मन जब भरत के लालन-पालन में व्यस्त थी, तो मुझे उसकी कमी बहुत खलती थी। वह मेरी राजनीतिक सलाहकार थी, गुप्तचरों की प्रधान थी, कूटनीतिज्ञ थी, पर इसी समय मैंने अपने निजी मनपसंद व्यक्तियों को गुप्तचर तन्त्र में शाम्मिलित करना प्रारम्भ कर दिया था। उनमें से बहुत से मेरे परिचित कैकेय थे। इस तरह गुप्तचर तन्त्र पर मेरा पूरा अधिकार हो गया था। गुप्त सूचनाएँ सीधे मुझे मिलने लगी थीं। धीरे-धीरे मैं मन्त्री परिषद की प्रभावशीलता को कम करती जा रही थी। महामन्त्री व्याघ्रपाद का सहयोग मुझे प्राप्त था।

यह एक ऐसा समय था जब कई प्रकार के सत्ता-संघर्षों की अंतर्धाराएँ बह रही

थीं। यहाँ अयोध्या में केकय प्रदेश से जुड़े लोगों को प्राथमिकता दिए जाने के कारण उनके विरोध में हवा बह रही थी। कुछ अन्तर्संघर्ष आर्य एवं आर्येतर समूहों के बीच थे। एक बड़ा संघर्ष ब्राह्मणों और क्षत्रियों के बीच अपनी श्रेष्ठता प्रमाणित करने के लिए भी चल रहा था। एक तरफ परशुराम जैसे ब्राह्मण योद्धा थे, जो क्षत्रियों को अपने बाहुबल व शस्त्रबल से पराजित करने पर तुले थे, तो दूसरी तरफ विश्वामित्र का गुरुकुल था जो अपने शास्त्र बल पर ब्रह्मर्षियों को चुनौती दे रहा था और स्वयं के लिए ब्रह्मर्षि की पदवी का दावेदार प्रमाणित कर रहा था। इस कारण वसिष्ठ एवं विश्वामित्र गुरुकुलों में द्वन्द्व था। इस तरह अयोध्या का पूरा सवर्ण समाज एक या दूसरे के पक्ष में विभाजित था। यहाँ यह आवश्यक भी नहीं था कि सारे ब्राह्मण ब्राह्मणों के पक्ष में हों या सारे क्षत्रिय क्षत्रियों के पक्ष में। पर अधिकतर थे। यों तो वर्चस्व के क्षेत्र पहले से ही विभाजित थे। राजा राजा था और उसमें ब्रह्म का अंश था। वह तो ब्राह्मणों को भी स्वीकार करना पड़ता था और तेजस्वी ऋषियों के आने पर राजा को भी अपने सिंहासन से उठकर आना पड़ता था। उनके चरण पखारने पड़ते थे। पर यह सब व्यक्ति की क्षमताओं पर निर्भर करता था। हर क्षत्रिय राजा नहीं था, वह एक सिपाही हो सकता था। हर ब्राह्मण ऋषि नहीं था, वह कोई भिक्षाजीवी, दानजीवी दरिद्र विप्र भी हो सकता था। यहाँ तक कि बड़े-बड़े ऋषिकुल भी राजाओं द्वारा दिये गये दानों पर निर्भर करते थे। दूसरी तरफ कई ऐसे गुरुकुल भी थे जो राजाओं से अधिक धनी व शक्तिशाली थे। महर्षि भरद्वाज का प्रयाग का गुरुकुल एक ऐसा ही गुरुकुल था। इन गुरुकुलों में राजा के पुत्र एक सामान्य बटुक की तरह शिक्षा ग्रहण करते थे। कुलगुरुओं की सेवा में तत्पर रहते थे। अपने-अपने वर्चस्व को लेकर दोनों वर्णों में एक अलिखित मूक समझौता था।

आर्यों तथा आर्येतर समाजों के बीच भी प्रबल संघर्ष हो रहे थे। वनों की सीमाओं पर या उनके अंदर बने ऋषियों के आश्रम एक प्रकार से आर्यों के विस्तार एवं रक्षा की प्रथम पंक्ति की तरह काम करते थे। ये ज्ञान, विज्ञान, अध्ययन, अध्यापन, शस्त्र एवं शास्त्रों के केंन्द्र थे। आर्य राजाओं से उन्हें पूरा सैनिक संरक्षण प्राप्त होता था। ये लोग वनों को काटकर खेती व पशु-पालन करते थे। वन्य पशु इनकी खेती एवं चरागाहों को हानि पहुँचाते या इनके पशुओं को खा जाते थे। ऐसे वन्य पशुओं का शिकार कर ये उनकी यज्ञ में बलि चढ़ा देते थे। महर्षि अगस्त का विंध्याचल पार दक्षिण में आर्यों का विस्तार एक ऐसा ही प्रयास था। उनका यह विस्तार एक सतत प्रक्रिया थी। इससे वनवासी जनजातियों को लगता था कि उनके क्षेत्रों का अतिक्रमण किया जा रहा है। वे ऋषियों के यज्ञ में बाधा पहुँचाते। उनकी हत्याएँ करते, कभी यज्ञ में अहविष्य पदार्थ डालकर उन्हें खंडित कर लेते। वे वनवासी थे। आर्यों का सामना आमने-सामने की लड़ाई में नहीं कर सकते थे अतः छुपकर रातों को घुप्प अँधेरे में ऐसा कर वनों में वापस भाग जाते थे। पश्चिमी क्षेत्र में इनका नेतृत्व असुर

लोग करते थे तो दक्षिण में राक्षस नाम का समुदाय। मारीच व ताड़का ऐसे अग्रिम पंक्ति के राक्षस योद्धा थे, जिनका काम आर्यों के प्रसार को रोकना था। यों तो राक्षस व असुर दोनों आर्य विरोधी थे, फिर भी एक-दूसरे के पक्षधर नहीं थे। पर कहीं-कहीं एक-दूसरे का सहयोग करते दिखाई देते थे। आर्यों, वनवासी समाजों, राक्षसों एवं असुरों की संस्कृतियों के बीच का यह संघर्ष एक स्तर पर लगातार चलने वाली प्रक्रिया थी।

चारों राजकुमार कुछ इन्हीं संघर्ष युक्त परिस्थितियों में राजकुलगुरु वसिष्ठ के गुरुकुल में शस्त्र, शास्त्र, राजनीति, कूटनीति व अन्य कलाओं, विधाओं की शिक्षा-दीक्षा प्राप्त करते हुए बड़े हो रहे थे। वे देखते-देखते जवान हो गये थे। इन दो दशकों के काल में अयोध्या में ऐसा कुछ भी नहीं घटा जिसकी विशेष चर्चा की जा सके।

फिर अचानक घटनाएँ घटने लगीं। विश्वामित्र गुरुकुल के अधिपति राजर्षि विश्वामित्र एक संध्या हमारे राजमहल में पधारे। उनका हमने राजभवन में पैर पखारकर स्वागत किया। उनका आगमन एक ठहरे हुए तालाब में पत्थर मारने जैसा था। ब्रह्मर्षि वसिष्ठ से उनके वैचारिक द्वन्द्व जग विदित थे। यह वसिष्ठ का विरोध ही था जिसके कारण ऋषि समाज उन्हें ब्रह्मर्षि का पद प्रदान नहीं कर रहा था। अयोध्या वसिष्ठ का प्रभाव क्षेत्र था, इसमें विश्वामित्र का आना एक अबूझ बात थी।

हमने उनसे कहा कि महर्षि आज्ञा करें।

उत्तर में उन्होंने कहा कि वे अपने आने का कारण राजसभा में बताएँगे। अगले दिन राजसभा में महाराजा दशरथ की पूरी मंत्रीपरिषद ने राजर्षि का स्वागत किया। महाराज ने उनकी तथा उनके गुरुकुल की कुशलक्षेम पूछी। उनकी यात्रा सुखद रही होगी, ऐसी आशा प्रकट की। राजमहल में उनकी देखभाल हुई होगी, यह भी आशा प्रकट की। महाराज ने कहा कि यह उनकी नगरी का सौभाग्य है कि जो आपकी चरणरज इस धरती पर पड़ी। यह स्वयं महाराज का तथा राजपरिवार एवं राज्य की मन्त्रीपरिषद एवं प्रजा का सौभाग्य कि महर्षि के दर्शन लाभ हुए। राम, भरत, लक्ष्मण एवं शत्रुघ्न ने उन्हें दण्डवत् होकर प्रणाम किया।

अभिभूत कर देने वाले इस स्वागत के उत्तर में महर्षि ने बड़े ही संयत स्वर में, राजा को आशीर्वाद देते हुए चक्रवर्ती सम्राट होने की कामना की और कहा कि उनकी कीर्ति पूरे जग में फैले। साथ ही उन्होंने ब्रह्मर्षि वसिष्ठ तथा मन्त्री परिषद के अन्य सदस्यों के अभिवादन का भी यथायोग्य उत्तर दिया।

महाराज दशरथ ने महर्षि से कहा कि इस सेवक को सेवा का अवसर प्रदान करें। अपने प्राण व राज्य देकर भी वे उनकी प्रसन्नता का कारण बनना चाहते हैं।

"हे इक्ष्वाकुकुल में उत्पन्न नृप श्रेष्ठ! हे महाप्रतापी सम्राट दिलीप के प्रपौत्र, हे रघुवंशी हे! पृथ्वीपालक अज के पुत्र! दिग्विजयी सम्राट! तुमने जो वचन कहे, वे तुम्हारे ही योग्य थे। हे सम्राट! तुम्हारे राज्य में प्रजा सुखी है। धन-धान्य सुरक्षित है। धरती उर्वरा है। माँ सरयू स्वच्छ जीवनदायी जल से परिपूर्ण है। इन्द्र समय पर जल वर्षा

करते हैं। तुम्हारे राजमार्ग भली प्रकार से निष्कंटक एवं संरक्षित हैं। व्यापार फलता-फूलता है। प्रजा को न्याय मिलता है। एक राजा से प्रजा जो कुछ भी आशा करती है, उसे वह सब प्राप्य है। पर हे प्रतापी राजा! तुम्हें तुम्हारे गुप्तचरों से, तुम्हारे आसपास के राज्यों तथा वन क्षेत्रों से सूचनाएँ तो अवश्य ही मिल रही होंगी। महाराज को यह तो ज्ञात होगा ही कि किस प्रकार इन वन प्रान्तों में असुरों व राक्षसों के सामूहिक आक्रमण से वन में यज्ञ कर रहे तपस्वियों व ऋषियों की हत्याएँ की जा रही हैं। किस प्रकार यज्ञों को भ्रष्ट करने के उद्देश्य से राक्षस लोग अग्निहोत्रों में नर-मांस तथा विष्ठा फेंक कर उन्हें अपवित्र कर जाते हैं। हे राजन्! यह आर्यों की यशकीर्ति में एक काले धब्बे के समान है। इस महान नगरी अयोध्या तथा आपके यज्ञ क्षेत्र में भी किस प्रकार राक्षसी ताड़का तथा मारीच के रात्रि काल में आक्रमण बढ़ गये हैं। मैं स्वयं अपने इस यज्ञ की अवधि में अस्त्र-शस्त्र नहीं उठाना चाहता, अन्यथा उनका नाश करना मेरे लिए कोई कठिन काम नहीं होता।"

महाराज ने कहा, "आज्ञा दें महर्षि! मैं आपके साथ चलकर उन दुरात्मा राक्षसों से मुक्ति दिलाता हूँ।"

महर्षि ने कहा, "हे राजन्! अब आपकी वय ऐसी नहीं रही कि आप उन छद्म युद्ध में प्रवीण चपल बलशाली राक्षसों का मुकाबला कर सकें और आपके जाने से अयोध्या नगरी भी असुरक्षित हो जायेगी। मैं चाहता हूँ कि आप ब्रह्मर्षि वसिष्ठ के योग्यतम शिष्य और आपके ज्येष्ठ पुत्र राम, उसके प्रिय और उतने ही योग्य भाई लक्ष्मण को मेरे साथ भेज दें। वे दोनों मिलकर मेरे यज्ञ क्षेत्र की इन राक्षसों से रक्षा करते हुए इन्हें समाप्त कर आपकी यशपताका फहरायेंगे।"

दशरथ ऋषि की माँग पर कुछ आश्चर्यचकित, कुछ स्तम्भित रह गये। वे युद्ध-क्षेत्र में अपने अनुभवहीन एवं प्रिय पुत्रों को भेजना नहीं चाहते थे। कहने लगे, "ये अभी अनुभवहीन हैं, मैं स्वयं आपकी सेवा में प्रस्तुत हूँ महर्षि।"

"राजन्! यदि पुत्र-मोहवश अपने इन राजकुमारों को मेरे साथ नहीं भेजना चाहते तो आपको यह अधिकार है। पर इस भय के कारण जो अपकीर्ति तुम्हारे वंश को लगेगी, उसके लिए तुम स्वयं ही उत्तरदायी होगे। मैं किसी अन्य आर्य राजा से अपने इस यज्ञ की सुरक्षा की माँग कर लूँगा।"

महर्षि की इस माँग पर मैं भी स्तम्भित थी। कहीं वे मेरे पुत्र भरत को माँग लेते तो? महाराज के साथ मैं भी धर्मसंकट में पड़ गयी होती। पर ऐसा कोई धर्मसंकट कौसल्या के यहाँ नहीं दिखाई दिया। उन्होंने तो सहर्ष अपने पुत्र को जाने की आज्ञा दे दी। उन्होंने तो कहा कि तप कर कुन्दन बनो। वीरों की परीक्षा ऐसे कठिन क्षणों में ही होती है। इस क्षत्राणी के दूध की लाज रखो। उन राक्षसों का समूल नाश कर महर्षि के यज्ञ को विघ्नरहित करो। यह कौसल्या ही थी जो राम पैदा कर सकती थी। महामना कौसल्या। कदाचित, मैं उस काल में समझ पाती, कदाचित मैं अपनी

क्षुद्रताओं से ऊपर उठ पाती। राम सचमुच कुन्दन होकर लौटा था। ताड़का का वध कर, मारीच को वन छोड़ने के लिए विवश कर उसने महर्षि के यज्ञ को सफल बनाया था। सारा का सारा ऋषि समाज उन्हें ब्रह्मर्षि स्वीकार कर चुका था। राम ने महर्षि से इन मायावी राक्षसों से युद्ध करने की कला सीखी थी। इस प्रकार राम को वह सब भी मिला जो उन्हें वसिष्ठ से नहीं मिल सकता था। वहाँ रहते हुए राम ने वनवासियों के जीवन को, उनकी संस्कृति व सोच को देखा और समझा। उनके प्रति प्रेम व एकात्म का भाव वहीं से राम के मन में उपजा होगा। यहीं से सम्भवतः राम के मन में वर्ण-व्यवस्था से ऊपर उठकर एक समझ पैदा हुई थी। वह वनवासियों को अपना बनाना सीख चुका था। यहीं पर उसमें वनवासियों के आचार-विचार, दिनचर्या, स्वीकृतियों व अस्वीकृतियों की समझ पैदा हुई, जो उसे आगे जाकर उसके चौदह साल के वनवास में बहुत काम आयी। वनवासियों के बीच रहकर ही उसमें स्त्री के प्रति समता का भाव भी उत्पन्न हुआ था। यहीं रहकर संभवतया वह यह सीख सका कि सब मनुष्य बराबर हैं। सब उसी प्रकृति की रचना हैं। यहीं रहकर उसने अपनी सबसे नीचे के पायदान पर खड़ी चतुर्थ वर्ण की प्रजा के प्रति मानवीयता का पाठ पढ़ा, जिससे उसमें जीवन भर सारी प्रजा को, हाँ सारी प्रजा को पुत्रवत समझने की समझ आयी। ऐसी समझ अयोध्या में प्रचलित वर्ण-व्यवस्था में तो बिलकुल सम्भव नहीं थी। यहीं रहकर उसने समझा कि ईश्वर केवल गौ-ब्राह्मणों का ही नहीं, सबका है। महर्षि विश्वामित्र का गुरुकुल अन्य गुरुकुलों से भिन्न था। ठीक उसी प्रकार जैसे वे स्वयं भिन्न थे। एक प्रकार से विद्रोही ऋषि। राम ने यहाँ आकर समझा कि कोई समाज ऐसा भी हो सकता है, जहाँ सत्ता पिता के हाथ में न हो। राम ने वनवासी तथा आर्यों के समाज के बीच पल रही भ्रान्तियों, विद्वेषों, शत्रुताओं को कम करने का सफलतापूर्वक प्रयोग किया। यह इन्हीं प्रयोगों का परिणाम था कि वह राक्षसों को वनवासियों से अलग-थलग करने में सफल हो सका। और जब वनवासियों से इन राक्षसों को सहायता मिलनी बन्द हो गयी तब उन्हें निपटाना आसान हो गया था। राक्षस वनवासियों का प्रयोग आर्यों के विरुद्ध कर रहे थे। राम ने उनका उपयोग राक्षसों के विरुद्ध कर पासा पलट दिया था। उन्हीं के खेल में उन्हीं को परास्त किया।

आज जब मैं यह सोच रही हूँ, लिख रही हूँ, तब यह एक विचार मन में आता है कि राम मेरा पुत्र क्यों नहीं हुआ पर मैं आज जानती हूँ कि राम मेरा पुत्र नहीं हो सकता था। वह भरत ही हो सकता है। पुत्र को राम बनाने के लिए एक महामना कौसल्या की आवश्यकता होती है। मुझे तो अपने आपको इसके लिए भी सौभाग्यशाली समझना चाहिए कि मुझे भरत जैसा धीर-गम्भीर पुत्र मिला। अवसर मिलने पर उसने अपने इन धीरोदात्त गुणों का प्रदर्शन भी किया पर वह सब तब हो सका, जब वह मेरे प्रभाव क्षेत्र से बाहर होकर अपने स्वतन्त्र निर्णय लेने लगा था। अब इस उम्र में आकर सोचती हूँ कि क्या यह मेरी त्रुटि थी? और यदि थी तो कहाँ पर और यदि

नहीं तो फिर पराजित क्यों हुई?

वास्तव में होता यह है कि आयु, समाज व परिस्थितियों के बदलने से हमारे लोगों को नापने के मापदण्ड भी बदल जाते हैं। जब मैं उस सठियाये दशरथ के साथ विवाहित होकर अयोध्या लायी गयी, तब मैं एक विद्रोही थी, जो जड़ों से उखाड़ दी गयी थी। मैं उस समय एक वीरांगना, सुन्दर और अल्प वयस्का थी। लीक से हटकर चलने का प्रयास कर रही थी। मैं तुलनात्मक रूप से एक मुक्ततर समाज से आयी थी। जो यहाँ के आचार-विचार एवं व्यवहार से बिलकुल भिन्न था। पत्नीत्व की डोर से बँधी घरों, महलों की चारदीवारियों में बन्दी, सतीत्व का पाठ पढ़े, अपने पति के साथ मृत्यु के बाद भी कई-कई और जीवन बिताने की कामना करती, पितृसत्तात्मक समाज को मन से स्वीकार करती यहाँ की स्त्रियाँ मुझे खूँटे से बँधी गाय-सी लगती थीं। यही मेरा कौसल्या के प्रति पहला मूल्यांकन था। वे मेरी माँ की वय की थीं और मैं उसमें माँ जैसी विद्रोही स्त्री खोज रही थी, वैसी वह थीं ही नहीं। मुझे तो वे सारे लोग गलत लगते थे, जो हमारे इस बेमेल विवाह को स्वीकृति प्रदान करते थे।

मैं चाहती थी कि यहाँ की प्रजा इस बेमेल विवाह के प्रति विद्रोह करे। पर वह इतनी आसानी से विद्रोह कहाँ करती है। केकय में इस विवाह के विरोध में कितने स्वर उठे थे? इसी मनःस्थिति से मैंने उस समय कौसल्या का मूल्यांकन शुरू किया था, जो हमारा अर्थात एक सपत्नी सहित महाराज का स्वागत करने आयी थी। मुझे आश्चर्य हो रहा था कि कोई स्त्री इस प्रकार अपनी सौत का स्वागत कैसे कर सकती है और वह भी चेहरे पर प्रसन्नता का भाव प्रदर्शित करते हुए। महारानी कौसल्या को यह अनगिनत बार करना पड़ा होगा। क्योंकि उनकी तो तीन सौ पचास से अधिक सपत्नियाँ थीं। कैसी गली-सड़ी व्यवस्था थी, कितनी दुर्गति थी यहाँ पर स्त्रियों की, फिर भी सब की सब, सब कुछ सहन करती जा रही थीं। यह मेरा महारानी कौसल्या का और उस समय की अयोध्या की सभी स्त्रियों का मूल्यांकन था। मेरी उस उम्र का, उस काल का, उन परिस्थितियों और मनस्थितियों का। आज जब आधी शताब्दी से अधिक का समय मैं यहाँ व्यतीत कर चुकी हूँ, तब एक बूढ़ी औरत के रूप में एक और अति बूढ़ी होकर गुजर चुकी स्त्री का मूल्यांकन एक अन्य तुला पर कि वह कैसी माँ प्रमाणित हुई, कर रही हूँ, तब निश्चित रूप से वह एक अलग मूल्यांकन है। इस तुला पर वह मुझसे तथा उन स्त्रियों से, मेरी माँ सहित, जिनके सम्पर्क में आयी हूँ, वह अधिक भारी मालूम पड़ती है। वह एक धीर, गम्भीर, स्वाभिमानी, प्रजा का हित चाहने वाली, आस्थावादी, जीवन को जैसा भी वह है, बिना कोई शिकायत किए जी लेने वाली स्त्री के रूप में आती है। उसने जीवन में दुःख झेले पर कभी किसी चींटी का भी दिल नहीं दुखाया। ऐसी माँ ही राम जैसे पुत्र की माँ हो सकती है। जैसा कि श्रद्धावान जनों का मानना है, यदि कहीं कोई वैकुण्ठ धाम है, तो वह उसे मिले, ऐसी कामना करती हूँ।

कौसल्या को अपनी श्रद्धांजलि देने के बाद मेरा यह आत्मकथा-लेखन लगभग वर्षों तक बंद रहा। मन ही नहीं हुआ कि कुछ लिखूँ। सब कुछ शान्त-शान्त-सा। एक श्मशान जैसी शान्ति, जिसमें ऐसा कुछ उत्तेजनात्मक घट ही नहीं रहा था कि कुछ लिखा जाये। पर जब अपने आप को नहीं रोक पा रही हूँ। लगता है अपने जीवन का अन्तिम अध्याय अब लिखा जाने वाला है। अन्यथा यह अप्रत्याशित घटना क्यों घटी? सच में कानों को विश्वास नहीं हुआ, जब आँखों में आँसू भरे पुत्रवधू उर्मिला ने मेरे चरण स्पर्श करते हुए कहा, "माँ, आज्ञा दें।"

मेरी आँखों में प्रश्न था, जिसको पढ़कर उसने कहा, "कहाँ और क्यों का पता नहीं माँ।"

"पुत्र लक्ष्मण कहाँ है?"

"माँ, वे अयोध्या राज्य की सीमा के बाहर सरयू पार मेरी प्रतीक्षा कर रहे हैं। उन्होंने मुझे वहाँ पर पहुँचने का संदेश भिजवाया है।"

मेरे कँपकँपाते हाथ उसके सर के ऊपर थे। मैं स्तम्भित थी। मुझे लग रहा था कि पक्षाघात हो गया है। मेरे पास उससे कहने के लिए कोई शब्द नहीं थे। लक्ष्मण की यदि मृत्यु भी हो गयी होती तो भी मैं उर्मिला को 'यही विधि का विधान है' कहकर सांत्वना दे सकती थी। यह कह सकती थी कि होनी को कौन टाल सकता है, पुत्र लक्ष्मण की इतनी ही आयु लिखी थी। पर अब क्या कहती? मन में उबलते प्रश्न थे। क्या राम ने अपने प्राणों से प्यारे भाई को राज्य से निष्कासित कर दिया? यह विश्वसनीय नहीं था। पर यह उर्मिला का रोना, उसके सच होने की बात कह रहा था। यह कैसी विडम्बना थी कि राम को अपने दोनों प्रिय व्यक्तियों सीता-लक्ष्मण को देश निकाल देना पड़ा। सीता के निर्वासन का कारण तो मैं थी पर अब यह लक्ष्मण? उर्मिला को कब मैंने अपनी बूढ़ी छातियों से चिपकाया, मुझे पता ही नहीं चला। वह सुबक रही थी। इतनी दुखी तो वह तब भी नहीं हुई थी, जब भरी जवानी में लक्ष्मण उसे छोड़ कर राम के साथ वन चला गया था।

उर्मिला ने भी लक्ष्मण के साथ वन जाना चाहा था पर लक्ष्मण ने यह कह कर मना कर दिया कि वह स्वयं राम व सीता की सेवा करने के लिए साथ जा रहा है, उर्मिला के साथ जाने से उसमें बाधा आयेगी। मेरे रचे गये दुश्चक्रों के कारण यह चौदह साल का विछोह अनन्त काल का भी हो सकता था। राजपुत्रों की पत्नियों के जीवन में ऐसे काल प्रायः आते रहते हैं। सिर पर क्षत्र धारे ही क्षत्राणियों को ऐसी कितनी मुसीबतों के साथ जीवन-यापन करना पड़ता है। महल किसी कारागार से कम तो नहीं होता। हर तरफ घूरती, ध्यान रखती आँखों के पहरे। कोई नितान्त निजी क्षण नहीं, कोई मित्र नहीं जिससे अपने मन का दुखड़ा रोया जा सके। विरह के चौदह साल उर्मिला ने कैसे काटे होंगे, वह ही जानती होगी। सब्र का बाँध बाँधने के लिए सुमित्रा जैसी समझदार, अवसर पहचान कर काम करने वाली माँ जैसी सास उसके

साथ थी। लक्ष्मण के वन जाने के बाद उसने उर्मिला को कभी अकेला नहीं छोड़ा था। दोनों का दर्द एक था। एक का बेटा वन गया था तो दूसरी का पति। किसका दर्द कम या किसका अधिक था, कहना कठिन है। हाँ, सुमित्रा का एक पुत्र शत्रुघ्न तो उसके समीप था। इससे कुछ संतोष तो उसके मन में रहता ही होगा पर उर्मिला किस आधार पर संतोष करती होगी? कितना गुस्सा रहा होगा उसके मन में मेरे प्रति जिसके कारण उसे अपने जीवन में वे दिन देखने पड़े थे? हम रानियाँ-महारानियाँ खुलकर रो भी तो नहीं सकतीं/हम अपने दुबले क्षणों को किसी के सामने प्रकट भी तो नहीं कर सकतीं। मेरे प्रति उसके मन में शत्रुता का कुछ भाव तो अवश्य ही रहा होगा। मुझे अच्छे से स्मरण है, वह मुझसे कभी स्वयं से आकर नहीं मिली। समूह में, पारिवारिक समारोहों में अवश्य सब बधुओं के साथ आ कर वह मेरे चरण स्पर्श कर लिया करती थी। मेरे मन में भी उसके प्रति एक अपराध-बोध था। उस पर बड़ी दया आती थी। उसे किस किये की सजा मिल रही थी? करता कोई है, सजा कोई और भोगता है! अपराध तो उस कामांध दशरथ के थे। पर सजाएँ हर उस व्यक्ति को भोगनी पड़ीं, जिसका उससे कोई भी सम्बन्ध था, फिर चाहे वह रानी हो, महारानी हो, पुत्र हो, पुत्रवधू हो, यहाँ तक कि उसकी प्रजा को भी उसके किए की सजा भोगनी पड़ी। राजा का हर कार्य प्रजा पर प्रभाव डालता है। राजा के अच्छे कर्मों से प्रजा सुखी होती है और उसके दुष्कर्मों का दण्ड भी प्रजा को भोगना पड़ता है। करे कोई भरे कोई, की इस वास्तविकता को देखती रहती हूँ। वैसे ही ईश्वर पर मेरी आस्था कम थी, इस प्रकार के परिणामों से आत्मा-परमात्मा, जन्म-पुनर्जन्म, विधि-विधान, कर्म-फल इन सब शब्दों के जाल में मेरा मन नहीं फँसता। मन होता है कि ईश्वर से पूछूँ कि यदि तू कहीं भी कुछ भी है तो बता इस (निर्मल मन) उर्मिला का क्या दोष था, जो इसे यह सब भोगना पड़ रहा है।

सम्बन्धों के ताने-बाने भी कितने जटिल होते हैं, जब तक सुमित्रा जीवित थी, तब तक उसके पास एक कन्धा था सर रखकर रोने के लिए। आज वह मेरे कन्धे पर सर रखकर रो रही है। उस कन्धे पर, जिस पर धरा यह सिर उसके बहुत सारे दुखों का कारण बना था; केवल इस दर्द को छोड़कर। लक्ष्मण का निष्कासन मेरे लिए भी एक आश्चर्य में डाल देने वाली बात थी। जो इस बात की भी द्योतक थी कि अपूर्व अब तेरा और मंथरा का समय चला गया।

केकय के जितने भी साथी थे—सब भरत व उसके पुत्रों—तक्ष व पुष्कल, के साथ सिन्धुदेश चले गये थे। सिन्धुदेश में उन्होंने असुरों व गन्धर्वों को हरा कर राम के प्रतिनिधि के रूप में शासन करना प्रारम्भ कर दिया था। पुत्र-वधू मांडवी भी उनके साथ थी। भाई युधाजित ने उस राज्य की स्थापना में भरत की बहुत सहायता की थी। जाते समय राम ने भरत को एक बड़ी सेना अस्त्र-शस्त्र के आगार के साथ प्रदान की थी। साथ ही असुरों व राक्षसों से लड़ने की पद्धति पर भी बड़े विस्तार से प्रकाश

डाला था। राम ने कहा था, "भाई भरत, स्थानीय जन-जातियों और वन-वासियों को साथ लेकर चलना। उन्हें समझाना कि उन लोगों को तुमसे भयभीत होने की कोई आवश्यकता नहीं है। उनके मन में यह स्थापित करना आवश्यक है कि हम उनके शत्रु नहीं; उनके हित-चिन्तक हैं। उन कबीलों के सरदारों को मान देना। उनकी स्त्रियों से सम्मानपूर्वक व्यवहार करना। यह देखना कि तुम्हारी सेना का कोई सैनिक, सवार, रथी, अतिरथी से पदाति तक कोई भी उनकी सम्पत्ति न लूटे, उनकी स्त्रियों से अभद्र व्यवहार न करे। स्थानीय लोगों की भाषा व रीति-रिवाजों को, उनकी मान्यताओं को समझना तथा उन्हें आदर प्रदान करना।

"इस सबसे अलग जो बात है वह है अपने गुप्तचरों को विकसित करना। समय पर सूचना का उपलब्ध हो जाना किसी भी युद्ध का सबसे बड़ा अस्त्र होता है। भरत, तुम योग्य प्रशासक हो। इस बात को तुमसे बेहतर कौन जानता होगा कि एक पदाति अपने राजा के लिए क्यों प्राण देने के लिए तत्पर हो जाता है। उसके विश्वास को कायम रखना ही सेनापति का मूल दायित्व होता है। तुम्हारा प्रत्येक सैनिक तुम्हारे लिए अमूल्य होना चाहिए। एक अच्छे सेना नायक के लिए यह आवश्यक है कि वह स्वयं आगे बढ़कर खतरों का सामना करे, यों उसकी सुरक्षा में सारी सेना रहती ही है।

"भरत, असुरों तथा राक्षसों के युद्ध में एक बात समान रहती है, वे आर्यों की तरह युद्धों के नियमों का पालन नहीं करते। वैसे भी युद्धों में नियम नहीं चलते। असुर व राक्षस छद्म और मायाचारी युद्धों में पारंगत होते हैं। मारकर वे वन प्रान्तों में छुप जाते हैं। वे पशु-पक्षियों के व्यवहार के अच्छे जानकार होते हैं। इससे पहले कि कोई खतरा उन तक पहुँच पाये, वे पक्षियों की बोली व्यवहार से उसका आभास पा जाते हैं और बचकर भाग निकलते हैं। वे बड़ी-बड़ी सेनाओं को भ्रमजाल में फँसाकर हरा देते हैं। ये सब बातें माँ कैकेयी से बेहतर कौन जानता है। जाने से पूर्व उनसे परामर्श अवश्य ही कर लेना। वे अपने प्रत्यक्ष अनुभव अवश्य बताएँगी।

"भरत, लोगों से उनकी अपनी भाषा में बात करना सबसे अधिक उपयोगी होता है। बहुत बार तो ऐसा होता है कि इसके अतिरिक्त संवाद का कोई और साधन ही नहीं होता, यों बहुत सारे दुभाषिये तुम्हारे साथ होंगे पर यह सबसे अच्छा होगा कि तुम उन लोगों की भाषा सीख लो जिन पर तुम्हें शासन करना है। अपने गुप्तचरों से कूट भाषा में बात करने की क्षमता स्वयं तुममें होनी चाहिए। राजा को स्वयं एक प्रशिक्षित गुप्तचर होना चाहिए। राजा को चाहिए कि वह वेश बदलकर अपनी प्रजा के बीच जाये, उनकी कठिनाइयों को, उनके मनोभावों को सीधे जाने। एक सुगठित गुप्तचर-व्यवस्था के आधार पर ही एक सुव्यवस्थित राज्य संचालित होता है। राजा को अपनी मिलने वाली सूचनाओं की पुष्टि अलग-अलग माध्यमों से करनी चाहिए। भरत, गुप्तचरों की गुप्तचरी का मूल्यांकन सूचना की सत्यता तथा उसकी उपयोगिता

के आधार पर किया जाना चाहिए न कि इस अधार पर कि राजा को कौन-सी सूचना प्रिय है और कौन-सी नहीं। बहुत प्रिय सूचना देने वाले गुप्तचरों से सावधान रहो। भरत, चाटुकारों से हमेशा बचे रहना चाहिए। त्रुटिपूर्ण व अप्रिय सूचना देने वाले गुप्तचरों से सेनाओं का मनोबल गिरता है। अतः वे भी गुप्तचरी के अयोग्य ही हैं, उनसे भी यथाशीघ्र छुटकारा पा लो। राजा को हर समय खुले मस्तिष्क से काम लेना चाहिए। उसकी सारी ज्ञानेन्द्रियाँ हर समय सजग रहनी चाहिए। भरत, तुम्हारे पास जितने परीक्षित एवं विश्वसनीय लोग होंगे, तुम उतने ही सफल रहोगे। जीवन में विश्वास और संदेह का सन्तुलन बनाकर रहना चाहिए। राजा को इस बात का ज्ञान होना चाहिए कि उसे किस पर विश्ववास करना है और किस पर संदेह? संदेह के प्रकटीकरण से बचना चाहिए। विशेष रूप से उन पर, जिन पर आपको विश्वास रखना है। विश्वास बहुत मूल्यवान है, सुखकारक है। संदेह स्खलन की कुंजी है। प्रायः यह होता है कि राजा प्रकट रूप से विश्वास करता है तथा अप्रकट रूप से संदेह। अति विश्वासी धोखा खाता है और अति संदेही अपने आप को अकेला और असुरक्षित अनुभव करता है। वैसे सच तो यह है भाई भरत कि शीर्ष पर बैठा व्यक्ति अकेला ही होता है, क्योंकि वहाँ पर दो की जगह नहीं होती।"

राम ने अपने वनवास का, युद्धों का व शासन काल का पूरा अनुभव भरत के सामने रख दिया था।

सोचते-सोचते अकेलेपन पर आ गयी। राम आज कितना अकेला है। क्या विवशता रही होगी उसकी कि उसे लक्ष्मण को राज्य छोड़ जाने के लिए कहना पड़ा होगा। लक्ष्मण, जो अपने प्राण देकर भी राम के काम आता रहा था। वह जिसने राम के कठिनतम कार्य पूरे किये, आज निष्कासित है। मुझे तक पता नहीं चल सका कि उन दोनों के बीच कोई अन्तर पैदा हो गया है या इस निष्कासन का कारण कहीं और से उपजा है। कोई और षड्यन्त्र है जिसमें राम फिर से फँस गये हैं और सीता की ही तरह उन्हें अपने सबसे प्यारे भाई को अपने से अलग करने के लिए बाध्य होना पड़ा है। या फिर लक्ष्मण ने राम के बनाए किन्हीं नियमों का उल्लंघन कर दिया या फिर किसी राजाज्ञा की अवहेलना की। निश्चित रूप से कोई साधारण बात तो नहीं रही होगी। लक्ष्मण तो राम की आज्ञा का पालन करते हुए सीता तक को वन में छोड़ आये थे। यदि राम उस समय अयोध्या के राजा न होते तो शायद लक्ष्मण यह काम कभी नहीं करते। लक्ष्मण एक अत्यन्त सरल हृदय व्यक्ति हैं। मन में जो आया, उसे जिह्वा पर लाने में देरी नहीं की। मैं जानती हूँ, लक्ष्मण के लिए मैं कभी आदर का पात्र नहीं रही। कभी विशिष्ट अवसरों पर ही राम का अनुगमन करते हुए वह मेरे चरण स्पर्श करने आया। उसके स्पर्श से अनुभव होता था कि चलो एक काम

निपटाना है, जिसे करना राजकीय विवशता है, सो निपटा लिया। वह कोशिश करता कि किसी बहाने यदि बचना सम्भव हो तो बच लें। पर राम है कि उसे ऐसा कोई बहाना बनाने नहीं देता था। राम चाहता था कि प्रजा, समाज के सामने एक आदर्श ही रखा जाये। राम यह जानता है कि आदर्श न केवल होना चाहिए अपितु दिखना भी चाहिए। वह हर भूमिका में आदर्श होना व दिखाना चाहता था। वह भूमिका चाहे राजा की हो, पति की हो या पुत्र की। शायद वह एक आदर्श पिता की भूमिका एक लम्बे समय तक विवशतावश नहीं निभा पाया था। राम अपनी प्रजा को पुत्रवत ही समझता था। अपने पुत्रों की अनुपस्थिति में उसने अपने मन में उसकी पूर्ति प्रजा पर स्नेह लुटाकर कर ली थी। जब किसी विघ्नसंतोषी ने उसके पुत्रों के बारे में पूछा तो उसका उत्तर होता था कि मेरे प्रजाजन ही मेरे पुत्र हैं।

राम को इस बात की हर काल में जानकारी थी कि उसके पुत्रों का वाल्मीकि के गुरुकुल में ठीक से पालन-पोषण हो रहा था। वह महर्षि वाल्मीकि के सान्निध्य में काफी समय तक रह चुका था। वह उन्हें भली प्रकार से जानता था। जैसा कि राम अन्य ऋषिकुलों को सुरक्षा व सहायता प्रदान करता था, ठीक उसी प्रकार वाल्मीकि के गुरुकुल को भी करता, पर इस बात का ध्यान रखता कि यह बात सीता को ज्ञात न हो। नहीं तो वह मानिनी शायद उस गुरुकुल का अन्न भी ग्रहण न करती।

सीता को जब ज्ञात हुआ कि उसके पुत्रों ने, जो अब तक शस्त्र व शास्त्रों में पारंगत हो चुके थे, राम के अश्वमेध यज्ञ के घोड़े को पकड़ लिया है और लक्ष्मण सहित राम की पूरी सेना को परास्त कर दिया है तो सीता ने उन नौजवानों को खूब डाँटा तथा वह अश्व छोड़ देने का आदेश दिया। शायद सीता नहीं चाहती होगी कि राम वहाँ आये या फिर नहीं चाहती होगी कि बेटों और पिता के बीच युद्ध हो। उनमें से कोई भी पराजित हो, यह पराजय उसकी पराजय होगी।

भटकन पर कहाँ नियन्त्रण किया जा सकता है। मन तो मन है। उसकी गति तो अनियन्त्रित है। मैं बात कर रही थी उर्मिला की विदाई की पर मन है कि कहाँ ले गया। उर्मिला को सदा सुहागन रहने का आशीष दे, उसे विदा किया। इसके अतिरिक्त उसे और दे भी क्या सकती थी। उसके दोनों पुत्र अंगद व चन्द्रकेतु कारापथ राज्य में राम के प्रतिनिधि के रूप में राज कर रहे थे। लक्ष्मण पर लगे इस देश निकाले के दाग को मैं धो नहीं सकती थी। कारण मैं जानती नहीं थी और उर्मिला थी कि यहाँ से जाने लिए आतुर थी। मैं सच में सोच नहीं पायी कि उससे क्या कहूँ। यह विदेह की दूसरी पुत्री का निष्कासन था। माण्डवी व श्रुतिकीर्ति अपने-अपने पतियों के साथ तक्षशिला व मथुरा में थीं। राजमहल लगभग खाली हो चुका था। सिर्फ मैं बची थी, वह भी अपने जीवन के नौंवे दशक में थी। दशरथ की तीन सौ पचास रानियों

और अब की राजमाताओं में से संभवतः एक-दो और जिन्दा थीं। जिनके होने या न होने का कोई अर्थ नहीं था। यह राजमहल उजड़ चुका था। जिसमें महाराज राम का अपना कोई शेष नहीं रह गया। समस्त जम्बू द्वीप पर राम का और उसके प्रतिनिधि के रूप में भाइयों तथा उनके पुत्रों का, मित्रों व अधीनस्थ राजाओं का राज था। पर उनका राजमहल एक उजाड़ था, जहाँ लौट आकर राम अपना कुछ निजत्व खोज पाते। मैं राम के इस अकेलेपन के दंश को समझ सकती हूँ।

इस राजमहल में अपने समय के दो प्रतिद्वन्द्वी मैं तथा राम शेष बचे हैं। हाँ, अब कोई प्रतिद्वन्द्विता शेष नहीं है। अब दोनों के पास शेष है बुढ़ापा और अकेलापन। राम बेचैन होगा। मैं भी बेचैन थी। अब हम दोनों के पास खोने-पाने के लिए कुछ शेष नहीं था। शेष थीं तो यादें और बेचैनियाँ। मैंने मंथरा को याद किया। मंथरा ने पता लगाया। वह कारण बताया जो महामन्त्री वसिष्ठ ने प्रचारित किया था। सुनकर मुझे हँसी आयी। आज भी राजगुरु मिथक मन्त्र गढ़ने में अद्वितीय है। वास्तविकता क्या है; प्रसारित क्या किया जाता है, वह मैं महाराज दशरथ की हत्या व शम्बूक वध के अवसर पर देख चुकी थी।

मैंने मंथरा से कहा कि हे मन! देख, अब समय आ गया, जब हमें स्वयं ही यहाँ से चल देना चाहिए। कौन जाने कब किसी दैविक कारण को मिथक के रूप में गढ़कर कोई राजाज्ञा निकले और हमें अपमानित होकर जाना पड़े। महाराज से जाकर कहो कि राजमाता कैकेयी महाराज के दर्शन करना चाहती हैं। उत्तर मिला कि स्वयं महाराज संध्या उपासना के बाद राजमाता के दर्शन करने राजमहल में उपस्थित होंगे।

भला यह कैसे हो सकता था कि कोई राजमाता; चाहे वह कैकेयी ही क्यों न हो, महाराज राम के सामने उनके राजदरबार में उपस्थित हो। राजमाता राजमाता है। रामराज्य में माँ से ऊपर कौन हो सकता था? यह बात मुझसे और राम से अधिक अच्छी तरह कौन जान सकता था। मैंने माँ को शून्य से सहस्राब्दी तक खेला था, भोगा था, जिया था और राम ने इससे कहीं अधिक झेला था, काटा था। किसी लेखक, विचारक को माँ शब्द का भावार्थ समझना-जानना हो, उसका लघुत्तम-महत्तम ढूँढना हो, आकण्ठ डूबना-उतराना हो, दूसरों को दिखावे के लिए उदाहरण चुनना हो तो इसके लिए मुझसे आरम्भ कर कौसल्या तक आना-जाना ही पर्याप्त होगा। मुझ जैसी माँ भरे दरबार में क्या करने वाली है? सोचकर राम किंचित शंकित हुआ होगा। राम ने स्वयं आकर मुझसे मिलना उचित समझा।

राम से यह मेरा अद्भुत भेंट थी। दो चतुर राजनीतिज्ञों के बीच एक सीधी भेंट, जिनके बीच अब कोई नहीं था। मंथरा तक नहीं। यह एक ऐसी खुलेपन की मुलाकात थी जिसमें हम दोनों ने एक-दूसरे से कुछ भी नहीं छुपाया था। वैसे सच तो यह है कि हम दोनों से कुछ भी छुपा हुआ नहीं था सिवाय इस अन्तिम घटना के। मन की

अतल गहराइयों में दबे अतर्द्वन्द्व को छोड़कर सभी कुछ सुना व कहा गया और अन्ततः हुआ वही, जो हर बार होता आया था। इस द्वन्द्व में भी राम की ही जीत हुई। मैं आजन्म पराजिता ही रही परन्तु यह पराजय राग-द्वेष से ऊपर उठकर थी। जीवन का एक सत्य था। इस पराजय में पराजय का दंश नहीं था हाँ, बोध था। उस रात हम दोनों ने जीवन को उसके यथार्थ में, जैसा कि हमने जिया था, उसे वैसा ही देखने का प्रयत्न कि यह। उसमें हमारा ओछापन तक जैसा कि वह था, सामने रखा। अपने स्वार्थों, अपनी कूटनीति को देखा-परखा, मूल्यांकित किया। अपनी-अपनी चालों और उनसे हुए हानि-लाभों को विश्लेषित किया। उस विश्लेषण में मैं थी, राम था, हमारा परिवार था, अयोध्या का राज्य था, उसकी मन्त्री परिषद थी, पूरा जम्बूद्वीप था, वहाँ रह रही जन-जातियाँ थीं, कबीले थे, सुशासित राज्य थे, विभिन्न संस्कृतियाँ थीं, उनके अन्तर्द्वन्द्व थे, वर्णाश्रम था, उसके अन्तर्संघर्ष थे, युद्ध थे, छल-कपट थे, कूटनीति थी, प्रतापी पुरुष थे, पददलित स्त्रियाँ थीं, अहल्या थी, कौसल्या थी, कैकेयी तो थी ही, सीता और मन्दोदरी व तारा भी थी, हनुमान, लक्ष्मण, विभीषण, रावण, वसिष्ठ और विश्वामित्र, वाल्मीकि भी थे और अंततः शम्बूक भी था, साथ ही जीवित बचा लिया भाव पार्श्व भी। जिसमें पराजित हो जाने के बाद भी कैकेयी एक सशक्त स्त्री थी, जिससे आप असहमत हो सकते थे, जिससे आप घृणा कर सकते थे पर जिसे आप नकार नहीं सकते थे। राम तपे हुए सोने की तरह निखर कर सामने आया था पर क्या वह स्वयं के सामने अपराध-बोधों से मुक्त था? क्या वह, वह कुछ प्राप्त कर सका जो चाहता था? यह सच है कि राम अपने जीवन के अन्तर्द्वन्द्वों से पूरी तरह परिचित था। उसने स्वीकार किया कि कितनी ही बार वह ऐसे संकटों से घिरा था जब प्राणों के भी लाले पड़ गये थे। यह तो भाग्य ने उसका साथ दिया और वह विजयी होकर वापस अयोध्या लौटा। जय और पराजय के बीच बहुत ही पतली-सी रेखा थी।

उस रात हम कर्ता नहीं थे। भोक्ता थे। द्रष्टा थे। सुदूर भूत में जो घटा था उसे देख रहे थे। काल के उस पार हम अपनी व दूसरों की मनःस्थितियों की ईमानदार चीर-फाड़ कर रहे थे। ठीक उसी प्रकार जिस प्रकार मृत्यु के पूर्व कोई व्यक्ति अपने किये-अनकिये की करता है। हम चुक चुके थे। आगे आने वाली पीढ़ी को सब कुछ थमा आगे बढ़ जाना चाहते थे। यद्यपि मुझमें और राम में एक पीढ़ी का अन्तर था पर भोक्ता के रूप में हम बहुत कुछ समकालीन थे। अब इच्छाएँ शेष नहीं थीं। अपने करे-धरे का पुनर्निरीक्षण कर हम अपनी आगे वाली पीढ़ी को सौंप जाना चाहते थे।

हमने एक समाज, एक संस्कृति एक राजवंश के रूप में बहुत कुछ पाया था। खोया भी कुछ कम नहीं था। जो खोया था वह राजपरिवार ने खोया था और पाया था वह आर्य संस्कृति की धरोहर के रूप में था। इस सांस्कृतिक युद्ध में आर्यों की अनार्यों, असुरों, राक्षसों पर सबसे बड़ी विजय थी। हमें अपनी आगे आने वाली पीढ़ियों को जिसको अक्षुण्ण बनाए रखने की सीख देनी थी और इन सब में और अधिक

न भी कहा जाये तो कम से कम यह तो स्वीकारना पड़ेगा कि कैकेयी ने एक उत्प्रेरक की भूमिका निभाई थी, अन्यथा यह हो सकता था कि अन्य रघुवंशियों की तरह राम भी अयोध्या के अच्छे शासक बनकर रह जाते। अयोध्या की इस शान्त झील में पत्थर मैंने ही फेंके थे।

अब ठीक से तो याद नहीं कि उस रात मेरे और राम के बीच संवाद कैसे आरम्भ हुआ था। मेरे और राम के बीच दशकों लम्बी संवादहीनता थी, जिसे तोड़ना कोई सरल काम नहीं था। राम मेरे महल आया। उसने मेरे चरण-स्पर्श किये। आशीषों का एक प्रकार से टोटा ही टोटा था। जो कुछ राम प्राप्त कर सका था, उससे अधिक और क्या प्राप्त किया जा सकता था? और जो वह खो चुका था, वह हमेशा के लिए खोया जा चुका था। उसे प्राप्त करना अब सम्भव नहीं था। अब मैं उसे और क्या आशीष देती? केवल सुखी रहो, कह सकी थी। महाराज को उपयुक्त आसन प्रदान कर एक पात्र जल रख कर दासी मेरा संकेत पा वहाँ से चली गई।

"आज्ञा माँ।" कहकर शायद राम ने ही संवाद प्रारम्भ किया था।

राम वहाँ का राजा था।

"महाराज, मैं सोचती हूँ कि अपनी बूढ़ी दासी मंथरा को मुक्त कर दूँ। उसने मेरी बहुत सेवा की है। अब वह अपने देश केकय जाना चाहती है।"

मेरी बात को ध्यान से सुनने के बाद राम ने कहा, "माँ, यह जो व्यक्ति आपके सामने बैठा है, अवध का नरेश रामचन्द्र नहीं, आपका बेटा राम है। आप आज्ञा दें। उसके बाद एक मँजे हुए खिलाड़ी की तरह राम ने पूछा, "पर माँ, आप 'मन' को स्वयं से अलग कर पायेंगी?"

जब राम ने मंथरा के लिए 'मन' शब्द का प्रयोग किया, तब मैं स्तम्भित रह गयी थी। मंथरा के लिए मन सम्बोधन का प्रयोग मैं केवल अपने अंतरंग क्षणों में ही करती थी। इसका अर्थ तो यह हुआ कि राम का गुप्तचर तन्त्र इतना सक्षम था कि जो हमारे अंतरंग क्षणों में भी उपस्थित रहता था। क्या वास्तव में राजमहल की भीतियों में इतने छिद्र थे कि उनमें कुछ अनसुना-अनदेखा नहीं रह सकता था या यह हो सकता है कि राम ने मेरी तथा मंथरा की अंतरंगता को ध्यान में रखकर हमें एक मन दो शरीर मान उसे मन कह दिया हो। कुछ भी हो, राम में अपने विरोधियों को अपनी राजनीतिक, कूटनीतिक चालों से, अपनी वाक्‌पटुता से आश्चर्यचकित कर देने की क्षमता थी। राम मुझसे योग्यतर प्रमाणित हुआ था। मेरे तथा सुमित्रा के पुत्र उसके सामने नहीं ठहरते थे। इसे स्वीकार कर लेने के अतिरिक्त मेरे पास कोई चारा नहीं है कि मैं उससे बार-बार पराजित हुई हूँ। ये ही पराजय यदि मुझे भरत से मिली होती तो मैं अपने आप कर कितना गर्व करती।

मुझे चिन्तन में घिरा देखकर राम ने आगे जो कहा, वह तो मुझे और भी चकित कर देने वाला था।

"वैसे माँ, केकय देश के प्रसिद्ध कूटनीतिज्ञ दिशाआश्वासन की पुत्री मंथरा कोई साधारण दासी थोड़े ही है। यदि वह दासी बन केकय देश का हित साधते हुए अपना सारा जीवन निकाल देती है, तो कोई साधारण बात है? वह तो जब चाहे यहाँ से जा सकती थी, उसने जाना चाहा होता तो। मंथर गति से चलने वाली मंथरा में तो तेज से तेज दौड़ने वाले अश्व से भी अधिक गति थी। वंदनीय है वह देश जिसकी पुत्रियाँ उसकी इतनी हित-चिन्तक हों।"

मुझे अच्छे से याद है कि उसने पुत्रियाँ ही कहा था। पुत्रियाँ अर्थात् मंथरा और मैं।

कुछ देर चुप रहने के बाद राम ने फिर से कहना आरम्भ किया, "पर सोचता हूँ माँ कि मंथरा को मुक्ति दिलाना तो वह कारण नहीं रहा होगा जिसके लिए राजमाता कैकेयी स्वयं राज्यसभा में आना चाहती थी? निश्चित रूप से कोई अन्य गूढ़ कारण होगा।"

राम मेरे मन की परतों को उधेड़ रहा था। आज वह मेरे अंतरतम में रचा-बसा सच सामने देखना चाहता था। और सच तो यह है कि उस राम में मैं भी उसी सच को खोज रही थी। आवरण से मुक्त सच।

यह कैसी विडम्बना है कि हम चाहते तो नंगा सच हैं पर बोलते श्लेषों में हैं। मैंने भी राम को श्लेष में ही उत्तर दिया, "मन के साथ-साथ शायद यह शरीर भी मुक्तिकामी है पुत्र।"

मैंने राम से अपने तरीके से कहा था कि पुत्र मंथरा के साथ-साथ मैं भी जाना चाहती हूँ और राम का उत्तर था, "बिना दायित्वों से मुक्त हुए शरीर की मुक्ति कहाँ है माँ।"

"क्या पचासी साल की वय के बाद भी इस जर्जर शरीर के कुछ दायित्व बाकी रह गये हैं?"

"वास्तव में ये दायित्व आपके होने तो नहीं चाहिए थे। पर हैं, जिनके वे दायित्व थे, वे हमारे बीच नहीं हैं और इस राजमहल में कोई और है भी तो नहीं कि जिसे ये दायित्व सौंप सकूँ। सीता नहीं है।" कहते-कहते राम ने अपनी आँखें बंद कर लीं। शायद वह अपने उमड़ते अश्रुप्रवाह को रोकना चाहता था, "अनुज बधू माण्डवी व श्रुतिकीर्ति भी बहुत दूर हैं। और आज उर्मिला भी इस महल को छोड़कर लक्ष्मण के साथ चली गई।"

यहाँ तक आते-आते राम कितना करुण और असहाय लग रहा था।

सीता के वनवास का मूल कारण तो मैं थी। यह राम जानता था। पर उसके मन में भी कहीं अपराध-बोध था। वह अपने आपको इसके लिए कभी क्षमा नहीं कर सका था। आज उसी बोध के कारण वह इतना दुखी था। अपनी-अपनी जगह हम दोनों अपराधी थे। एक षड्यन्त्र रचने का तथा दूसरा षड्यन्त्र में फँसे और उस पर

निर्भर व्यक्ति को बचाने की अपनी असमर्थता का। एक ऐसा न्यायाधीश होने का अपराध जो निर्दोष को सजा सुनाने के लिए विवश था। हम मन ही मन बहुत पछताये थे। दोनों ही।

अपने बड़ों की गलतियों से सीखने की, उसके आधार पर निर्णय लेने की और फिर उस निर्णय पर अटल रहने की राम में अपूर्व क्षमता थी। सैकड़ों पत्नियों के पति अपने पिता दशरथ की दुर्गति को राम ने न केवल देखा था, वरन् अनुभव किया और उससे शिक्षा भी ग्रहण की। सीता के अतिरिक्त फिर उसने दूसरा विवाह नहीं किया। अश्वमेध के लिए भी नहीं। अपने वाम अंग उसने सीता की सोने की प्रतिमा बिठाकर यज्ञ की प्रक्रिया पूरी की, पर दूसरा विवाह नहीं किया।

मैं, जो अपने आप को स्त्री का पक्षधर समझकर राजनीति करती रही, उसमें मुझे हमेशा ही मुँह की खानी पड़ी। इस पुरुष वर्चस्ववादी समाज में मेरे कारण अधिकतर स्त्रियों को कष्ट ही झेलने पड़े। मैं पुरुषों के इस समाज में कठपुतली प्रमाणित हुई थी। इस कारण मैं अपने आप को परास्त अनुभव करने लगी थी और स्वयं को राजनीति से काट-सा लिया था। शायद मैं भी थी अकेली ही। अकेली ही हूँ।

राम और मैं अपनी-अपनी सोच में बहुत समय तक डूबे रहे। मन बहुत अवसाद से भर गया था। उससे निकलने की छटपटाहट थी। जो हो चुका था, उसे वापस नहीं लाया जा सकता था। चुप्पी तोड़ने के लिए पूछा, "और कौन-कौन से दायित्व निभाने हैं पुत्र?"

राम को पुनः वार्तालाप पर वापस आने में समय लगा।

"माँ, कुश व लव का विवाह कर उन्हें साम्राज्य सौंपकर मैं भी मुक्त होना चाहता हूँ। उन कुलवधुओं को कुल-परम्पराओं में दीक्षित कर आप भी मुक्त हो सकेंगी।"

"पुत्र, कैकेयी द्वारा दीक्षित कुलवधुएँ कुल को कहाँ तक पहुँचायेंगी?" मैंने मन हल्का करने के लिए अपनी ही हँसी उड़ाते हुए कह, "न जाने कितने और वनवास होंगे?"

"तब तो निश्चय ही रघुवंशियों का राज्य जम्बूद्वीप की सीमाओं के पार पहुँचेगा माँ। सच कहूँ न, वन मेरे लिए सबसे बड़ा गुरुकुल हुआ माँ। उस गुरुकुल से जितना सीखा, इतना न तो कुलगुरु वसिष्ठ के यहाँ मिला न ही ब्रह्मर्षि भौर्वश्वेरमित्र के यहाँ। मेरे विचार में हर राजकुमार को राजतिलक के पूर्व ऐसे वनवास में भेजा जाना चाहिए।"

ऐसा राम ही कह सकते थे। वन में रहते हुए मृत्यु से साक्षात संघर्ष करते हुए राम ने जीवन के वास्तविक मूल्यों को सीखा था। उन मूल्यों को भी जो अयोध्यावासियों या आसपास के आर्य राजाओं के मूल्य नहीं थे।

इससे पहले कि बातें फिर से बोझिल हों जायें, भोजन का समय देख मैंने राम को भोजन के लिए आमन्त्रित किया। राम को बचपन में जो व्यंजन पसंद थे, वे मैंने बनवाये थे। उन्हें खाकर राम के चेहरे पर तृप्ति के भाव थे। इसी बहाने उसने

अपने बचपन के समय को याद किया, जब चारों भाई किसी भी माता के महल में बैठकर एक साथ भोजन कर लिया करते थे। भोजन समाप्त करने के बाद राम ने कहा, "यह भोजन जरूर माँ मंथरा ने बनाया होगा।" यह राम ही था जिसके मन में धाय माँ मंथरा अलग थी और कूटनीतिज्ञ मंथरा अलग। खाना भरत की धाय माँ मंथरा ने ही बनाया था। खाना खाने के बाद राम वज्र आसन की मुद्रा में बैठ गया। बाद में मैंने भी भोजन खाया।

भोजन खा चुकने के बाद हम फिर आमने-सामने थे। अपने-अपने प्रश्नों के साथ, अपने-अपने तथ्यों के साथ। अपने-अपने अनुभूत सत्यों के साथ।

बात फिर राम ने शुरू की, "माँ, ऐसा क्या अपराध इस पुत्र से हो गया कि आप यहाँ से जाने की इच्छा रखने लगीं।"

"राम, अपराध तो बहुत सारे इस जननी से हुए हैं। यदि उन अपराधों का दण्ड मिला होता तो शायद अधिक अच्छा लगता। इस स्वाभिमानिनी कैकेयी को ज्यादा अच्छा लगता यदि उन अपराधों का, उन षड्यन्त्रों का दण्ड मृत्यु या देश निकाला के रूप में मिला होता। पर तुम या तुम्हारे मन्त्रियों ने ऐसे किसी दण्ड का प्रस्ताव मेरे लिए नहीं रखा। उस काल में, जब मैं एक राजा से अपने किये गये राजनीतिक षड्यंत्रों के लिए मृत्यु दण्ड की आशा किए बैठी थी, तब उसका उल्टा ही हुआ। एक श्रद्धेय जननी की तरह मुझे राजमहल में रखा गया। मेरी बात छोड़ो, मंथरा तक को कोई दण्ड नहीं दिया गया। वह तो राजमहिषी नहीं थी। मात्र दासी थी।"

"यदि ऐसा किया गया होता तो क्या आज धाय माँ के हाथ का इतना अच्छा भोजन मिला होता माँ?"

यह राम की वाक्पटुता थी। एक काल के सुस्वादु भोजन के लिए क्या कोई अपने विरोधी, षड्यन्त्रकारी, कूटनीतिज्ञ को जिन्दा छोड़ता है? हाँ, उसको जिन्दा छोड़ कर, उस पर निगरानी रखकर उन और राजविद्रोहियों तक पहुँचा जा सकता है जिनके बारे में पहले से ज्ञात न हो और यही राम ने किया भी होगा। यदि राम मुझे दण्ड देते या देश निकाला देते तो यह बदले की राजनीति होती जो कि सामान्यतः होती ही है। पर इससे राम अपने आप को सबसे अलग प्रमाणित नहीं कर पाते। सच तो यह है कि मेरे लिए यह क्षमादान दण्ड से भी बड़ा दण्ड था।

"मेरा यह पुत्र ऐसा भोजन भट्ट तो नहीं है कि अपनी पाकशाला में द्रोहियों को स्थान दे।"

राम ने हँसकर कहा, "आज के भोजन में कोई विष तो नहीं था माँ? यदि था तो आपने भी वही भोजन किया है और अब दोनों ही मुक्तिकामी हैं?" फिर हम दोनों ही मुक्त कण्ठ से हँस लिए।

"पर आपने मेरे प्रश्न का उत्तर नहीं दिया माँ।"

"तुमने भी मेरे प्रश्न का उत्तर कहाँ दिया है।"

"किस प्रश्न का?"

"यही कि हमें दण्ड न देना तुम्हारा स्वयं का निर्णय था या तुम्हारी राजसभा का या मन्त्री परिषद का?"

"सच जानना चाहेंगी?"

"सच और केवल सच। सच के अतिरिक्त कुछ भी नहीं।"

"मन्त्री परिषद की गुप्त बैठक में आपके तथा धाय माँ के लिए दण्ड के प्रस्ताव आये थे। जानना चाहेंगी किसने दिए थे?"

"किसने पुत्र?"

"प्रधानमन्त्री व्याघ्रपाद वसिष्ठ ने माँ।"

सुनकर मेरा मुँह विवर्ण हो गया। यह वही व्याघ्रपाद था, जो मेरे कारण वसिष्ठ गुरुकुल का कुलाधिपति, राजपुरोहित, राजगुरु और प्रधानमन्त्री बना था।

"पुत्र, राज-काज में स्वार्थपूर्ण छलों का कभी अन्त होता भी है या नहीं?"

"नहीं माँ, इनका अन्त कभी नहीं होता।"

"व्याघ्रपाद ने उस समय अपने आप को राजा का सबसे बड़ा स्वामीभक्त प्रमाणित करने के लिए ऐसा प्रस्ताव रखा होगा।"

"ठीक ये अनुमान मैंने लगाया था और मैं यह भी जानता हूँ कि मेरी चरणपादुका लाने के नाटक का सूत्रधार भी वही था।"

मैं पुनः अपनी यादों के जंगल में खो गई, जिससे बाहर लाने के लिए राम ने कहा, "माँ, भूत में भटकने से क्या लाभ?"

"यह सब जानते हुए भी तुमने उसको पदच्युत क्यों नहीं किया?"

"माँ, उस समय मेरे लिए सम्भव नहीं था। सशक्त ब्राह्मण समुदाय पर उस समय उसकी बड़ी मजबूत पकड़ थी और मैं उस समुदाय का विरोध नहीं लेना चाहता था।"

"और अब?"

"माँ, अब वह एक परकटे पक्षी की तरह है जो पर फड़फड़ा तो सकता है पर उड़ नहीं सकता। अब वह एक कुलपुरोहित की तरह महाराज राम से दान-दक्षिणा प्राप्त करता है और आशीर्वाद देता है। कीर्ति के गुणगान करता है, अपना खाली समय वेदों के मन्त्रों का द्रष्टा होने में व्यतीत करता है।"

"प्रधानमन्त्री के पास भी क्या कोई खाली समय होता है पुत्र?"

"हाँ, अब तो उसके पास समय ही समय होता है। जानती हैं, अब उसका सबसे नया मिथक क्या है?"

"जानती हूँ पुत्र। उसके द्वारा गढ़े गये पूर्व मिथकों की भाँति मुझे इस पर भी बहुत हँसी आई थी। कितना धूर्त हो सकता है यह आदमी, इसका अनुमान लगाना भी आम आदमी के लिए कठिन है।"

"पर एक बात माननी पड़ेगी माँ कि उसके मिथकों में राजा के रूप में हमें कितनी

सुविधाएँ प्राप्त हो जाती हैं।"

"वह तो है पुत्र। अब इसी मिथक को लो। ब्रह्मर्षि वसिष्ठ कहते हैं कि महाराज रामचन्द्र विष्णु के अवतार हैं। वे पृथ्वी को राक्षसों व असुरों से मुक्त कराने के लिए अवतरित हुए थे। मनुष्य के रूप में/माँ कौसल्या की कोख से जन्म लेकर उन्होंने अपनी लीलाएँ दिखाईं। रावण आदि राक्षसों से पृथ्वी को मुक्त कराकर एक लम्बे समय तक शासन कर उन्हें अपने वैकुण्ठधाम वापस जाना था। अब चूँकि भगवान मनुष्य के रूप में लीला कर रहे थे तो उन्हें मृत्यु भी मनुष्य के रूप में धारण करनी थी, पर यह समस्या थी कि कैसे? जिसे हल करने के लिए स्वयं यमराज भगवान के दर्शनों के लिए पधारे। वे भगवान से उनके गुप्त मन्त्रणा-कक्ष में मन्त्रणा कर रहे थे। राम ने अपने सबसे विश्वासपात्र, अपने छोटे भाई लक्ष्मण को यह करकर पहरे पर लगा रखा था कि कोई अन्दर न आने पाये। दुर्भाग्य देखिए, विधि का विधान देखिए कि तभी महर्षि दुर्वासा आते हैं तथा राम से तुरन्त मिलना चाहते हैं और जब लक्ष्मण मना करते हैं। तब वे लक्ष्मण को उसका कुल नाश करने का शाप देने की धमकी देते हैं। दुर्वासा तो दुर्वासा हैं, यह लक्ष्मण जानते थे। वे कुल को बचाकर राम की अवज्ञा करने का निर्णय लेते हैं तथा दुर्वासा को राम से मिलने के लिए गुप्त मंत्रणा-कक्ष में जाने देते हैं। और राम की विवशता देखिए कि नियम तो सबके लिए एक-से हैं। राजा की आज्ञा की अवमानना करने के लिए महाराज राम को अपने प्रिय भाई को देश से निकल जाने का आदेश देना पड़ता है।"

"है न माँ कितना सहज नदी के सतत प्रवाह जैसा, जिसमें कहीं भी, कुछ भी प्रजा को खटकेगा नहीं। राम भी महान, लक्ष्मण भी महान।"

"पुत्र, इन पाखण्डियों ने अपनी आशीषों को इतना महान बना दिया है कि संसार में जो कुछ भी अच्छा हो रहा है वह सब इनके आशीषों के कारण है। दूसरी तरफ अपने शापों को इतना भयानक कि वह तो फलीभूत होकर ही रहेंगे। अपनी जमात को स्थापित करने के लिए इन्होंने क्या-क्या वाग्जाल नहीं रचे।"

"माँ, उन्होंने वाग्जाल केवल अपने ही लिए नहीं रचे, राजाओं के लिए भी रचे हैं। है न?"

राम मेरी तरफ इंगित कर रहा था कि किस प्रकार वसिष्ठ ने अंधमुनि का मिथक रचकर दशरथ की हत्या को शाप की परिणति बताकर प्रजा में सहज स्वीकृत करा दिया था।

"पुत्र, जो मिथक प्रजा के लिए गढ़ा गया है वह अपनी जगह है पर लक्ष्मण के अयोध्या छोड़ने का असली कारण क्या है? क्या तुमने उसे अयोध्या छोड़ने के लिए कहा? क्या वह स्वयं ही अयोध्या छोड़कर चला गया? और यदि ऐसा है तो क्यों वह अपने उस भाई को छोड़कर चला गया जिसका उसने जीवन के कठिन समय में साथ दिया था? और तुमने उसे क्यों छोड़कर जाने दिया?"

"माँ, आपके प्रश्नों का उत्तर देना बहुत कठिन है।"

"तुम्हारी इच्छा है, मैं तुम्हें बाध्य नहीं कर रही हूँ।"

"उत्तर देने के लिए तो अपराधी को भी बाध्य नहीं किया जा सकता।"

"और तुम तो महाराज हो?"

"माँ, पर राजा को उत्तरदायी होना पड़ता है और वह भी तब, जब उससे उत्तर उसकी माँ माँग रही हो। पर सच तो यह है माँ कि आज मैं आपके प्रश्नों के उत्तर देने नहीं आया हूँ, आज तो मैं अपने आप को आप से बाँटने आया हूँ। आपसे अच्छी तरह आपके इस पुत्र की व्यथा-कथा को कौन समझ सकता है। कौन समझ सकता है इस किरीट में कितने काँटें हैं। माँ, आज न मुझे इस राज की चाह बची है, न आपको। माँ, प्रश्न केवल मेरी तरफ ही नहीं आपकी तरफ भी है। आओ मिल कर बाँट लें अपने दुखों को, अपने अपराध-बोधों को और जो शेष जीवन बचा है, उसे बिना किसी भार के जी लें।"

चाहती तो मैं भी यही थी पर राम ने अपने आप को पहले प्रकट कर अपने महामना होने की बात प्रमाणित कर दी।

"पुत्र, लक्ष्मण के अयोध्या छोड़कर जाने का कारण क्या था?"

"माँ, आप तो जानती ही हैं कि मनुष्य का मन बहुत जटिल है। कभी-कभी वह स्वयं भी नहीं जानता कि वह चाहता क्या है? हम जो चाहते हैं, लगता है प्रकृति की कुछ शक्तियाँ हैं जो हमसे वह कुछ करा लेती हैं जो हम करते हैं और क्योंकि हम उसे समझ नहीं पाते, इसलिए उसे विधि का विधान कहकर स्वीकार कर लेने में ही अपनी भलाई समझते हैं। लक्ष्मण को समझने की बात मैं क्या करूँ, मैं तो यह सोचता हूँ कि क्या मैं स्वयं को ठीक से समझता हूँ? और यदि सच कहूँ तो इसका उत्तर होगा 'नहीं'। लक्ष्मण जैसे भाई के लिए अयोध्या क्या यदि मुझे सारा संसार भी छोड़ना पड़े तो छोड़ सकता हूँ। पर..."

"और सीता जैसी पत्नी के लिए?" मैंने प्रश्न किया। मेरे अन्दर की स्त्री पक्षधरता बार-बार जाग जाती है।

"पर सच तो यह है माँ कि न मैंने लक्ष्मण के लिए अयोध्या छोड़ी और न सीता के लिए। हम जो सोचते हैं कि हम ऐसा कर गुजरेंगे, वैसा हम केवल आवेग की स्थिति में ही करते हैं। विचार कर, ऊहापोह की स्थितियों से गुजर कर हम वह सब नहीं कर पाते जिसे करने का हम दम्भ भरते हुए प्रतीत होते हैं। एक समय था जब सीता व लक्ष्मण के बिना जीवन जीना सम्भव नहीं लगता था। एक समय यह है कि उन दोनों के बिना मैं आपके सान्निध्य में बैठा हूँ। छह दशक से अधिक का समय मैंने लक्ष्मण के साथ दो शरीर एक प्राण होकर व्यतीत किये। आज जब लक्ष्मण मेरे साथ नहीं है, तब अपने आप को ठीक से समझने की सामर्थ्य मेरे पास नहीं है। शायद उसको समझने के लिए मुझ में समझ है ही नहीं। शब्द कहने के लिए शब्द

नहीं हैं। शब्द रचे ही नहीं गये। वहाँ पहुँचते-पहुँचते हमारी शब्द-रचना की सामर्थ्य समाप्त हो चुकी है।"

"तुम आपस में इतना प्रेम करने वाले दो भाई किस कारण अलग हुए?" मैं राम को पुनः अपने प्रश्न पर लायी।

"माँ, आपके प्रश्न का उत्तर देने के लिए ही स्वयं को खँगालने की कोशिश कर रहा हूँ। मनुष्य जिस समय निर्णय लेने की प्रक्रिया से जा रहा होता है तो उस पर दो शक्तियाँ काम कर रही होती हैं। उनमें से एक है प्रकृति और दूसरी है समाज द्वारा उस पर आरोपित किए गये संस्कार। सच यह है माँ कि हमारे संस्कार हमें उन प्राकृतिक शक्तियों के विपरीत दिशा में ले जाते प्रतीत होते हैं। समाज जिस स्थिति में आज वह है उसमें संस्कारों का बहुत बड़ा हाथ है। समाज की इस स्थिरता का कारण यही संस्कार हैं। मैं सोचता हूँ माँ कि यह समाज क्यों? ये नगर, ये गाँव क्यों? शायद समूह के रूप में रहने में हम अपनी सुरक्षा का अनुभव करते हैं। समूह को स्थिर बनाए रखने के लिए ही हमने गढ़ लिए हैं रिश्ते-नाते एवं पदों की प्रतिष्ठाएँ। राजा, प्रजा, सेना, सेनापति। समाज के जिस रूप को हम देख रहे हैं। उसको स्थिरता प्रदान करने वाली एक संस्था है 'विवाह'। राम को लक्ष्मण से अलग करने वाला भी शायद विवाह ही है।"

इतना कह चुकने के बाद राम मौन हो गये। हाँ, इन सबके पीछे विवाह ही तो है। मैं भी सोचने लगती हूँ अपने विवाह के बारे में। दोनों खो जाते हैं अपने-अपने में। मैं सोचने लगती हूँ न महाराज दशरथ से मेरा विवाह होता और न ही यह अयोध्या काण्ड होता। फिर सोचने लगती हूँ कि मेरा विवाह तो एक राजनीतिक समझौता था पर क्या राम का विवाह भी कोई ऐसा ही समझौता था? ऊपर से तो ऐसा नहीं लगता। फिर राम ने ऐसा क्यों कहा कि लक्ष्मण के अयोध्या छोड़ने के पीछे विवाह है? लगता है इसमें कोई बारीक पेंच है। कोई मानसिक गुत्थी है जिसे हममें से कोई भी नहीं समझता सिवाय राम और लक्ष्मण के। और आज से पहले इसका कहीं कोई इंगित भी नहीं मिला। बात केवल राम ही स्पष्ट कर सकता था और आज राम उस स्थिति में था। जीवन के संध्याकाल में ऐसा कुछ कहाँ रह गया था जिस पर बात नहीं की जा सकती हो।

सच तो शायद यह था कि वह कहने के लिए उत्सुक भी था पर शायद संकोच उसे रोक सकता था। संकोच तो तोड़ना आवश्यक था।

"राम, तुमने यह कहा कि लक्ष्मण के निष्कासन में या यह कह लो कि उसके पलायन के केन्द्र में विवाह था। निश्चित रूप से यह विवाह लक्ष्मण का विवाह नहीं हो सकता। क्या तुम्हारा और सीता का विवाह उसका कारण था? क्या तुम्हारा विवाह भी मेरे विवाह की तरह एक समझौता था? उसमें भी कोई दबाव की राजनीति थी?"

"नहीं माँ, उसमें ऐसी कोई राजनीति नहीं थी और न ही कोई दबाव था। कम

से कम मैंने तो राजनीति या दबाव उसमें अनुभव नहीं किया।"

"तो फिर?"

"माँ, समाज हर व्यक्ति की एक छवि का निर्माण करता है। फिर उस व्यक्ति को उसी छवि के भीतर सीमित कर देने का प्रयत्न करता है। समाज नहीं चाहता कि वह व्यक्ति उस छवि के बाहर कुछ भी हो। जब वह व्यक्ति समाज की अपनी बनाई हुई छवि से बाहर आता दिखता है, तो समाज को लगने लगता है कि वह व्यक्ति उसकी पकड़ से बाहर जा रहा है। तो समाज का विरोध प्रबल होने लगता है। जैसे-जैसे व्यक्ति समाज में ऊँची पद-प्रतिष्ठा पर पहुँचता जाता है समाज का विरोध और प्रबल होने लगता है, माँ, मेरी समाज में एक छवि है। आपके मन में मेरी छवि है जिसमें मैं सुसभ्य, सौम्य, मृदुभाषी अपने बड़ों का आदर करने वाला व्यक्ति हूँ। शायद इससे कुछ भिन्न भी हो सकती है।"

"हाँ वह तो है पुत्र, इन सबके अतिरिक्त मैं तुम्हें एक सफल राजनीतिज्ञ, दूरदर्शी, विशाल हृदय और प्रजापालक मानती हूँ।"

"और अब जो प्रश्न मैं आपसे करने जा रहा हूँ वह इस पैमाने पर एक उच्छृंखल प्रश्न होगा जो कोई भी पुत्र अपनी माँ से नहीं कर सकता।"

"पूछो राम! आज जीवन के इस काल में कुछ भी ऐसा नहीं रह गया है, जिस पर बात न की जा सके।"

"माँ, क्या केकय प्रदेश में रहते हुए अपनी उस उम्र में आपने किसी से प्रेम किया था? आपके मन में किसी के प्रति कुछ कोमल भाव उपजे थे?"

"यदि मैं इसके उत्तर में ना कहूँ तो?"

"मैं मान लूँगा।"

"पुत्र, राम को तो यह स्वीकार करते हुए अच्छा ही लगेगा कि उसकी यह माँ मनसा-वाचा-कर्मणा एकनिष्ठ थी। पर महाराजा राम जिनके पास कूटनीतिक निपुणता भी है और दूसरों के बारे में सूचना प्राप्त करने वाले गुप्तचरों की अकाट्य व्यवस्था भी और जो हममें से हर किसी के बारे में सूचनाएँ रखते हैं, क्या वे इस झूठ को ठीक से अभिनीत कर सकेंगे और क्या मुझे स्वयं उनका यह अभिनय स्वीकार होगा? इसलिए राम, तुमसे अब झूठ बोलना मेरा अभिप्रेत नहीं है। हाँ, मेरे मन में किसी के प्रति कोमल भाव था और यही कारण था कि दशरथ मेरे मन को कभी नहीं भाये। मैं उन्हें कभी प्रेम नहीं कर सकी।"

"सच कहा आपने माँ। इस सच की स्वीकृति से आपके प्रति मेरे मन में आदर का भाव बढ़ा ही है। सच को स्वीकार करने का साहस कितने लोग जुटा पाते हैं। समाज व संस्कार सच को कहे जाने से तो रोक सकते हैं पर उसको घटित होने से नहीं रोक सकते। उस उम्र में हमारे चाहते न चाहते कोई हमारे मन में आ ही जाता है। यह उम्र का रसायन है जिसे परिपाक होने से कोई नहीं रोक सकता। और यह

परिपाक ऐसा भी नहीं है कि किसी एक के प्रति बहुतों के मन में न उठ सकता हो और यह भी हो सकता कि किसी के मन में बहुत से व्यक्तियों के प्रति यह रसायन परिपाक हो सकता है।"

राम कुछ समय के लिए चुप हो गया। शायद वह अपने विचारों के लिए उपयुक्त शब्दों को खोज रहा होगा।

"माँ, हम चारों भाई समवयस्क हैं। कुछ दिनों छोटा होने से इस रसायन परिपाक में कोई अन्तर नहीं पड़ता। वह भी उस समय जब हम पच्चीस की वय पार कर चुके हों। मेरी और लक्ष्मण की यही आयु रही होगी, जब हम महर्षि विश्वामित्र के आश्रम से अयोध्या की तरफ चले थे। सिद्धाश्रम वन राक्षसों के प्रभाव से मुक्त हो चुका था। महर्षि का यज्ञ सम्पन्न हो चुका था। सब तरफ शान्ति थी। उसके बाद गुरुदेव हमें हरिद्रुमित गौतम की तपोभूमि ले गये।"

"हाँ, ऋषि गौतम की परित्यक्ता पत्नी अहल्या के विषय में एक मिथक प्रचिलत है कि वह ऋषि के शाप से पत्थर की शिला बन गयी थी और तुम्हारे चरणों के स्पर्श से पुनः पवित्र हो एक रूपवती स्त्री बन गयी। तुमने उसे मुक्ति प्रदान की। उसकी वास्तविकता क्या है?"

"वह स्त्री अपने समय में अवश्य ही सौन्दर्य की प्रतिमा रही होगी पर उस समय गतयौवना थी। गुरुकुल के कुलपति की परित्यक्ता पत्नी गुरुकुल की सीमाओं के पार एक गुफा में एकान्त का जीवन व्यतीत कर रही थी। जब हम वहाँ पहुँचे, तो वह एक शिला पर निश्चेष्ट बैठी हुई थी। दूर से देखने पर शिलावत ही लग रही थी। कृशकाय अपने ध्यान में खोई हुई मटमैले वस्त्रों में थी और उसके अंगों पर जमी हुई धूल के कारण वह दृश्य में कुछ इस प्रकार घुलमिल गयी थी कि उसकी तरफ ध्यान जाना कठिन था। हम भी उसी तरह निकल गये होते यदि गुरुदेव ने हमारा ध्यान उस तरफ आकर्षित न किया होता।

"माँ, महर्षि विश्वामित्र वास्तव में ही विश्व के मित्र हैं। उनके मन में हर किसी के लिए दया है, माया है, मोह है। वे इन तथाकथित ब्रह्मज्ञानियों से बहुत ऊपर हैं। वे ऋषि परम्परा में एक विद्रोही व्यक्ति हैं। और यही कारण है कि ऋषि समाज ने इन्हें कभी ब्रह्मर्षि के रूप में स्वीकार नहीं किया। और उन्होंने कभी इस स्वीकृति या अस्वीकृति की चिन्ता नहीं की। वे अप्रतिम हैं। मैं अपने आप को सौभाग्यशाली मानता हूँ कि मुझे ऐसा गुरु मिला।"

"विद्रोही होने का मूल्य चुकाना पड़ता है पुत्र।"

"इसे आप से अच्छा और कौन जान सकता है माँ, यह मूल्य आपने भी चुकाई है और विश्वामित्र गुरुकुल परम्परा ने भी। जिस प्रकार आप लावण्यमयी, विचार सम्पन्न और पुरुषों के समकक्ष वीर स्त्री थीं और पुरुषों के समाज में रहते हुए उन्हें चुनौती देकर मूल्य चुकाया हैं, उसी प्रकार क्षत्रिय होने के नाते शस्त्र व शास्त्र में इन ब्रह्मर्षियों

से योग्यतर होते हुए भी उन्हें ब्रह्मर्षि स्वीकार किये जाने में कठिनाइयाँ पैदा की गईं और उन्हें कभी भी राजर्षि से अधिक नहीं स्वीकारा गया।"

कुछ याद करते हुए राम कुछ देर के लिए चुप हो गया और फिर बोला, "महर्षि हमें उस चट्टान की तरफ ले गये, जहाँ वह स्त्री बैठी थी। हम दो राजकुमारों को महर्षि के साथ आया देख वह स्त्री खड़ी हो गयी और झुककर महर्षि के चरणों के पास की धरती को छुआ। महर्षि ने जब उसे सुखी होने का आशीष दिया तब वह उनकी ओर देखने लगी जैसे पूछ रही हो इस परित्यक्ता के जीवन में अब सुख के लिए क्या स्थान है।

"आप कौन हैं ऋषिवर? इन दोनों सुन्दर राजकुमारों का परिचय क्या है? इस परित्यक्ता की गुफा में कदम रखकर आपने इस गुफा को पवित्र तो किया पर मुझे डर है कि मुझ अपवित्र स्त्री तथा उसी के सान्निध्य से अववित्र हुई इस गुफा, इस चट्टान की अपवित्रता कहीं आपको भी अपवित्र न कर जाये? कहीं आपको भी समाज से बहिष्कृत न करा दे? इसके पूर्व कि कोई आपको यहाँ देखे और मेरे कारण आपकी मान-हानि हो, आप यहाँ से चले जाइये।"

"देवी अहल्या, मैं विश्वामित्र गुरुकुल का कुलपति विश्वामित्र हूँ। ये मेरे शिष्य महाराज दशरथ के पुत्र राम और लक्ष्मण हैं।"

देवी अहल्या के चेहरे पर न जाने कितने भाव आये और गये, जिनको समझने की क्षमता मुझमें नहीं थी।

"क्षमा महर्षि, आप से पूर्व परिचय न होने के कारण मेरे मुँह से ऐसे शब्द निकल गये जो आपकी कीर्ति के लिए अवमानना भरे हो सकते हैं। आप तो सूर्य के समान स्वालोकित हैं। आप की कीर्ति पर कोई कलंक कैसे लग सकता है?"

फिर कुछ देर सोच कर बोली, "पुरुष वैसे भी अपवित्र कहाँ होता है। अपवित्र तो केवल स्त्री होती है। जो धात्री है वही अपवित्रता धारण करती है। वह इन्द्र तो अपवित्र नहीं हुआ न, वह आज भी पुज रहा है। अपवित्र हुई मैं, एक स्त्री।"

"अधीर लक्ष्मण पूछ बैठा कौन था वह इन्द्र?"

"पुत्र, इन्द्र का एक अर्थ होता है राजा और जब भी किसी राजा को लगता है कि उसके राज्य के आसपास या उसकी सीमाओं में कोई व्यक्ति अपने सत्कर्मों की वजह से राजा से अधिक लोकप्रिय और मान्य हो रहा है, तब उसका सिंहासन हिलने लगता है। तब वह इन्द्र उस व्यक्ति को भ्रष्ट करने का प्रयोजन करता है। उस प्रयोजन में अधिकतर स्त्रियों का प्रयोग होता है। राजा या तो किसी सुन्दर स्त्री के जाल में फँसाकर उसे पतित करता है या फिर उसकी पत्नी को छलबल से भ्रष्ट किया जाता है। ऐसे ही एक षड्यन्त्र का शिकार हो गयी थी देवी अहल्या।"

"फिर महर्षि ने अहल्या से कहा, 'तुम अपवित्र नहीं हो देवी, तुम तो राजाओं और महर्षियों के सत्ता समीकरणों से उपजे द्वन्द्वों का शिकार हो। घर आये अतिथियों

को जल भी प्रदान नहीं करोगी देवी?'

"इस अपवित्र स्त्री के हाथ से जल ग्रहण करेंगे महर्षि?"

"देवी, आप इस विद्रोही को अभी भी समझ नहीं पायीं। जब यह महर्षि और ये दो राजकुमार आपके हाथ से अन्न-जल ग्रहण करेंगे तो समाज में किसका साहस कि आपको बहिष्कृत समझे?"

"और माँ हमने देवी अहल्या का आतिथ्य स्वीकार किया। दूर से बहुत से लोग हमें यह सब करते हुए देखते रहे। हमने अहल्या को आत्मबल प्रदान किया। हमने उसके यथार्थ को महर्षि गौतम के सामने भी रखा/गुरुदेव ने कहा कि पहले तो इसमें अहल्या कहीं दोषी है ही नहीं। वह छल का शिकार हुई है। फिर यदि महामना गौतम उसमें कुछ दोष मानते भी हों तो भी इतने समय पश्चात्ताप की अग्नि में जलती हुई वह स्त्री अब पवित्र हो चुकी है। गुरुदेव के समझाने पर महर्षि गौतम ने अहल्या को स्वीकार कर लिया।

"माँ, उसमें मेरा किया तो कुछ भी नहीं था। जो कुछ कहा, किया था, वह तो सब गुरुदेव का था। पता नहीं क्यों लोगों ने उसका श्रेय मुझे दिया। परन्तु इस बात ने स्त्री-पुरुष सम्बन्धों और समाज में बह रही अन्तर्धाराओं की समझ मुझे दी।"

"लक्ष्मण के उस प्रश्न का उत्तर दिया महर्षि ने?"

"वह प्रश्न अनुत्तरित ही रह गया माँ। उसका उत्तर वे देना नहीं चाहते थे। उन्होंने इतना अवश्य कहा कि इसका दण्ड उस इन्द्र को अवश्य ही मिलेगा।"

"विधि के विधान में इतनी आस्था विश्वामित्र में भी शेष थी? तुमने बाद में उस राजा के विषय में जानने की कोशिश की पुत्र?"

"नहीं माँ। जब गुरुदेव ने ही हमें इस ज्ञान का पात्र नहीं समझा तो शायद इसमें ही हमारा हित होगा।"

"प्रणम्य हैं तुम्हारे गुरुदेव विश्वामित्र। मैं उन्हें इतनी अच्छी प्रकार से नहीं समझ पायी। यह मेरा दुर्भाग्य ही रहा। महर्षि ने एक तीर से कितने ही शिकार किये। एक तरफ विश्व की आधी जनसंख्या अर्थात स्त्रियों में अपने लिए स्थान बनाया दूसरी ओर अपने तर्कों से गौतम को मनवाकर ब्रह्मर्षियों के भी गुरु होने की प्रशस्ति प्राप्त की। तीसरी ओर उन क्षत्रियों को भी मात दी, जो छल का खेल खेल रहे थे। विश्वामित्र अपने समय के सबसे बड़े कूटनीतिज्ञ हैं पुत्र। यह उनका शिष्यत्व ही है कि आज तुम एक चक्रवर्ती सम्राट हो। पर पुत्र, उसी गुरुकुल में तुम्हारे साथ लक्ष्मण भी तो था।"

"यह सत्य है माँ और यह भी सत्य है कि लक्ष्मण मुझसे किसी प्रकार से कम नहीं है, पर शीर्ष पर तो केवल एक ही स्थान होता है। वहाँ या तो मैं हो सकता था या लक्ष्मण। प्रकृति ने मुझे पहले अवसर प्रदान किए। आज मैं वहाँ हूँ, यदि लक्ष्मण बड़ा होता तो वह वहाँ होता।"

"फिर क्या हुआ?"

"महर्षि हमें अयोध्या वापस ला सकते थे पर उन्होंने वैसा नहीं किया। उनके निशाने पर एक और महान ब्राह्मण था। परशुराम। वे उसके गर्व को तोड़ना चाहते थे। उस ब्राह्मण परशुराम को उनका स्थान दिखाना चाहते थे जो? पृथ्वी पर क्षत्रियों का विनाश करने का दंभ भरते फिरते थे। परशुराम के पूज्य शिव का एक भारी-भरकम धनुष महाराज सीरध्वज जनक के यहाँ था। महाराजा जनक ने प्रतिज्ञा कर रखी थी कि जो भी राजा या राजकुमार इस धनुष पर प्रत्यंचा चढ़ा देगा, उसके साथ वे अपनी पुत्री सीता का विवाह कर देंगे। सीता स्वयंवर का यह कार्यक्रम मिथिला में प्रतिदिन चल रहा था। प्रतिदिन राजा, राजकुँवर आते पर कोई भी उस धनुष पर प्रत्यंचा नहीं चढ़ा सका था। इन्हीं दिनों गुरुदेव के साथ हम मिथिला पहुँचे थे। महाराज जनक ने महर्षि के पैर पखार कर स्वागत किया। महर्षि ने हम दोनों राजकुमारों का पूरा परिचय करवाया। हमें राजकीय अतिथिशाला में ठहराया गया। हम दोनों भाई प्रातः भ्रमण के लिए निकले थे, वहीं पर हमने सबसे अनिंद्य सुन्दरी किशोरी सीता को देखा। माँ, वहाँ उस पहली दृष्टि में सीता को देखकर मैं उसके ऊपर मुग्ध हो गया था। माँ, मेरे मन में उस समय सीता के लिए जो भाव आये थे, क्या यह सम्भव नहीं है कि ठीक वैसे ही भाव लक्ष्मण के मन में भी आये हों? उस दिन प्रातः एक प्रहर बाद वह स्वयंवर फिर प्रारम्भ हुआ। बहुत से राजा व राजकुमार उस परीक्षा में खरे नहीं उतर सके। इस पर महाराज जनक बहुत दुखी होकर कहने लगे कि लगता है यह धरती वीरों से खाली हो गयी है। यदि मुझे पहले से ज्ञात होता तो मैं ऐसी प्रतिज्ञा करता ही नहीं। लगता है मेरी पुत्री कुँवारी रह जायेगी। ज्ञान के क्षेत्र में ऋषियों, मुनियों के भी गुरु माने जाने वाले जनक जिन्हें कोई दुख व्याप्त नहीं हो सकता था और इसी कारण उन्हें विदेह भी कहा जाता था, आज दुःखी थे। जनक की वह कातर वाणी सुनकर लक्ष्मण से नहीं रहा गया और वे अपने आसन से उठ खड़े हुए। गुरुदेव से उस धनुष से प्रत्यंचा चढ़ाने के लिए आज्ञा माँगने लगे।"

"माँ, लक्ष्मण के मन में कौन-सा भाव प्रबल था, यह कहना कठिन है। क्या वह जनक के प्रति दयार्द्र था? उनके करुण स्वर से व्यथित था या उसे लग रहा था कि पूरे क्षत्रिय समाज की अवमानना जनक के स्वर में थी और वह उसका प्रतिकार करना चाह रहा था? या उसके मन में भी सीता के प्रति वे ही कोमल भाव थे जो मेरे मन में उपजे थे, जो उसे धनुष पर प्रत्यंचा चढ़ाने के लिए प्रेरित कर रहे थे, या वे सब भाव मिलजुल गये थे? यह तो केवल लक्ष्मण को ही पता हो सकता है।

"गुरुदेव ने लक्ष्मण को बैठ जाने के लिए कहा और बड़ा होने के नाते मुझे उस धनुष पर प्रत्यंचा चढ़ाने की आज्ञा दी। माँ, आपने जो इतना दूध पिलाया था तो आपके इस पुत्र में इतना बल तो था कि उस पर प्रत्यंचा चढ़ा पाता, पर मन में दूसरों की असफलता के कारण उपजी आशंका भी थी। अतः प्रत्यंचा चढ़ाने के लिए उस धनुष

को जरा ज्यादा ही बल से दबा दिया और वह पुराना धनुष इतना झुकना सहन नहीं कर पाया और टूट गया। इस धनुष के साथ परशुराम का दर्प भी भंग हो गया, यह सब तो आपने सुना और अनुभव किया होगा। यहाँ जो बात विशेष रूप से कहने जा रहा हूँ, वह यह कि उसके बाद मैंने लक्ष्मण को कभी सीता की तरफ आँख उठाकर देखते नहीं पाया। उनके बीच कभी देवर-भाभी सी ही हँसी-ठिठोली नहीं देखी। वे लक्ष्मण के संयम शोधित संस्कार थे।"

"माँ, पिताश्री ने मुझे वन में भेजा था। सीता पत्नी के हक से मेरे साथ वन चली थी। लक्ष्मण हम दोनों की सेवा के लिए। सीता एक ऐसी सुन्दरी थी जिसके कारण वन में हमें हमेशा कठिनाइयों का सामना करना पड़ा। चाहे वह विराध का आक्रमण था या कबंध का या खर-दूषण का, स्वर्ण मोह भी सीता का ही था, वह सोने का हरिण और उसका छल-कपट और मुझे बचाने के लिए न जाने पर सीता का वह लक्ष्मण पर लगाया गया लांछन, वह रावण द्वारा सीता का अपहरण। रावण व उसके वीर सेनापतियों से हमारा युद्ध। इन सारी कठिनाइयों में लक्ष्मण ने जान की बाजी लगा दी थी। मेघनाद से हुए युद्ध में तो घायल लक्ष्मण का बचना कठिन ही था। हनुमान सौभाग्य की तरह हमारे साथ था। हम बचे। जीते। अयोध्या लौटे।

"लक्ष्मण हर समय एक परछाईं की तरह हमारे साथ था। मेरा सीता को त्याग करने का निर्णय, जिससे मेरे अपने मुझसे नाराज हो गये। इसके लिए किसी ने भी मुझे क्षमा नहीं किया, लक्ष्मण तो विशेष रूप से। सीता को वन में छोड़कर आने का अवांछनीय त्रासद काम उसे सौंपा था। माँ, लक्ष्मण ने कहा यदि मैं उसका बड़ा भाई न होता तो वह इस राजाज्ञा को मानने की बजाय राज्य ही त्यागकर चला जाता। माँ, उसके बाद मैंने कभी कोई आज्ञा लक्ष्मण को नहीं दी। वह जो कुछ भी करता रहा, अपने स्वभाव व राज के सेनापति के रूप में करता रहा था। हमारे मनों में एक अंतर आ चुका था जो समय के द्वारा भी भरा नहीं जा सका। कुश व लव से मेरी सारी अजेय सेना का लक्ष्मण व हनुमान सहित पराजित हो जाना स्वाभाविक तो नहीं था। हाँ, सुखद अवश्य था।

"कल जब मैंने लक्ष्मण से कहा कि अब मैं थक चुका हूँ, राज्य त्यागकर जाना चाहता हूँ, तुम इसे सँभालो, तो उसने एक सपाट-सा उत्तर दिया, 'मेरे कारण आप किसी धर्मसंकट में न पड़ें। मैं भी आपकी तरह थक चुका हूँ। वैसे भी मुझे राज का कभी लोभ नहीं रहा। कुल-परम्पराओं के अनुसार कुश को यह राज्य सौंप दीजिए। उससे कहिए कि अपने प्रशासन तन्त्र का स्वयं चुनाव कर ले। आपकी मन्त्री परिषद में बहुत से छलतन्त्र से भरे लोग हैं, अपने लिए एक योग्य सेनापति का चुनाव कर लें।' इस प्रकार कहकर वह मेरा प्रिय भाई लक्ष्मण बिना मेरी आज्ञा लिए अनुजवधू उर्मिला सहित कभी अयोध्या न लौटकर आने के लिए चला गया।"

राम की आँखें नम हो आयी थीं। मेरे प्रश्न का उत्तर दे राम ने मुझसे आज्ञा माँगी।

चलते-चलते मैंने राम से भाव पार्श्व के बारे में जानना चाहा तो उसने कहा, "माँ, वह अनुज भरत के साथ तक्षशिला में है। एक गूढ़ पुरुष के समान उसने हमारे राज्य के पश्चिम में हिन्दूकुश पर्वत तक के विस्तार में बहुत सहायता की।"

"पर वह भू-समाधि? वह बचा कैसे?"

"माँ, मैं यह जान चुका था कि वह बहुत ही चतुर गूढ़ पुरुष है। ऐसे व्यक्ति की हत्या करवाकर मैं उसे खोना नहीं चाहता था। मैं उसका उपयोग अयोध्या के राजहित में करना चाहता था। वह केकय के लिए काम करता था। मैं उसे यह समझाने में सफल हो सका कि अब केकय देश और अयोध्या के हित अलग-अलग नहीं हैं। मामा युधाजित का सुरक्षित केकय हमें भी उतना ही प्रिय है। मैं पूरे जम्बूद्वीप को असुरों व राक्षसों से मुक्त कराना चाहता था। भू-समाधि के बहाने उसकी हत्या तो आसान थी। कठिन काम था उसका हृदय परिवर्तन कर उसकी क्षमताओं का उपयोग करना। मृत्युदण्ड के बाद उसे बचाकर एक मनोवैज्ञानिक प्रभाव उसके ऊपर डाला गया। अब वह हमारा ऋणी था। पुनर्जीवन पाकर वह अभिभूत था। किया यह गया कि उसकी समाधि के लिए जो स्थान चुना गया था उसके ठीक नीचे एक गुप्त मार्ग था। प्राणायाम कर भाव पार्श्व समाधि में बैठा। उसके ऊपर मिट्टी डाली गयी और ऊपर से पूरे गड्ढे को ढकते हुए एक शिला रख दी गई तथा अन्दर से भाव पार्श्व को निकाल लिया गया। प्रजा के लिए वह भू-समाधि ले चुका था। उसे समझाने तथा उसका हृदय जीतने के लिए मैं स्वयं कई बार उससे कारा में मिला था और जब उसने मन से हमारे साथ काम करना स्वीकार कर लिया, तब भरत के पश्चिमोत्तर के विजय अभियान में प्रधान गूढ़ पुरुष के रूप में उसका उपयोग किया गया। भरत के साथ काम करने में उसे मानसिक सुविधा भी हुई। तब से वह वहीं तक्षशिला में है। वह हमारे गुप्तचर प्रशिक्षण केन्द्र का कुलाधिपति है।"

प्रणम्य है राजा का उदार हृदय। मेरे लिए ऐसे विरोधी को क्षमा करना कभी सम्भव नहीं होता। प्रणम्य है राम की दूरदृष्टि। प्रणम्य है राम की मनुष्यों को समझने की क्षमता। साम-दान-दण्ड-भेद की उसकी समझ को मैं प्रणाम करती हूँ। मैं उसकी जनहित-चिन्ता के सामने नत-मस्तक हूँ। वन्दनीय है राम का प्रेम तथा सुशासन। वंदनीय है माँ कौसल्या जिसने राम को जन्म दिया, ऐसे संस्कार दिए।

चलते-चलते राम ने पूछा, "माँ, अपने किसी अन्य प्रिय के बारे में जानने की इच्छा रखती हों तो..."

इच्छा रखते हुए भी कोई माँ अपने पुत्र से वह सवाल कैसे कर सकती है? आखिर संकोच भी तो कोई चीज है।

राम ने चलते हुए मेरे चरण स्पर्श किए।

"तुम्हारी सन्तानें विश्व विजयी हों पुत्र।" कहकर मैंने उसे आशीष दिया। राम चला गया।

उस रात मैं सो नहीं सकी। जैसा राम ने चाहा, मुझे तो यहाँ रुकना ही था। अपनी यह आत्मकथा लिखकर समाप्त की। मैं इसे जल्दी से जल्दी मंथरा के हाथों अपने देश केकय भेज देना चाहती थी। मुझे भय था कि यदि यह यहाँ रह गयी तो न जाने कौन ब्रह्मवेत्ता कब इसमें मिथकों व क्षेपकों का मसाला मिलाकर परिपाक तैयार कर दे। मैं चाहती थी इसे इसके यथार्थ रूप में ही समझा जाय। और माना जाय।

पुनश्च :

इस कथा को पूरी लिख लेने के बाद यों तो मैं अब स्वयं को मुक्त अनुभव कर रहा हूँ, पर कहीं एक कसक बाकी है। शायद मेरा सम्प्रेषण उतना प्रभावी न हो सके, जितना अपूर्व चाहती होगी। पहले तो अनुवाद और फिर मेरी स्मृति, दोनों समस्याएँ मेरे साथ थीं। उसकी बात को मैंने अपनी भाषा में लिखा है, कुछ न कुछ खामियाँ तो अवश्य ही रह गयी होंगी, विशेष रूप से भाषा की प्रांजलता की। उसके लिए क्षमा याचना के साथ,

आपका

लेखक